중국인의 생활문화

중국인의
생활문화

권응상

Chinese living culture

역락

머리말

우리가 세계를 이해하는 방식은 국가나 민족을 통하는 것이 가장 전통적이고 직접적이다. 이러한 방식은 민족주의를 바탕으로 한 역사 과정의 산물로서, 꽤 오래되기도 했고, 또 이 틀을 크게 벗어나기도 쉽지 않다. 21세기 들어 세계화가 진행되면서 '지구촌'이라는 패러다임 속에 이러한 민족 단위의 국가주의는 일시 느슨해지기도 했다. 하지만 최근에 그 반작용이 심상치 않다. 브렉시트가 현실화 되고 자국중심주의를 주창하는 트럼프와 시진핑 같은 보수적 지도자가 대거 등장했다. 거기에다 코로나 19의 세계적 창궐은 국가 간의 벽을 더욱 두텁게 만들면서 지구촌을 다시 민족 단위의 국가주의로 되돌리고 있다.

그러나 인류는 운명공동체이다. 인위적인 금 긋기(국가)와 종의 구별(민족)로는 인류 공동의 번영이나 평화를 유지할 수 없을 뿐 아니라 목전에 다가온 유례없는 지구와 지구촌의 여러 위기도 벗어날 수 없다. '문화'란 이러한 상황에서 더욱 필요한 개념이라고 여겨진다. 우리가 굳이 이 세계를 구역화 또는 집단화 하여 이해해야 한다면 '문화'를 토대로 한 이해가 가장 바람직하지 않을까 한다. 국가주의나 민족주의를 바야흐로 문화주의로 대체해야 한다는 것이다. 이 책은 중국과 중국인을 '문화'로 바라본 것이다.

문화란 한 사회의 개인이나 인간 집단이 자연을 변화시켜온 물질적, 정신적 과정의 산물이다. 문화를 의미하는 'culture'라는 단어는 '경작이나 재배' 등을 뜻하는 라틴어 'cultus'에서 유래했다. 즉, 문화란 자연 상태의 사물에 인간의 작용을 가하여 그것을 변화시키거나 새롭게 창조해 낸 것을 의미한다. 이것은 자연 사물이 아닌 인위적인 어떤 사물이나 현상에 모두 문화라는 말을 붙여도 된다는 의미이기도 하다. 이처럼 문화는 가장 넓은 의미에서는 자연에 대립되는 개념으로서, 인류가 유인원의 단계를 벗어나 인간으로 진화하면서부터 이루어낸 모든 역사를 담고 있다고 할 수 있다. 여기에는 정치나 경제, 법과 제도, 문학과 예술, 도덕, 종교, 풍속 등 모든 인간의 산물이 포함되며, 이는 인간이 속한 집단에 의해 공유된다. 이렇게 본다면 문화를 인간 집단의 생활양식이라고 정의하는 사회학 혹은 인류학의 관점이 문화의 본래 의미를 가장 폭넓게 담은 것이라 할 수 있다.

사회학이나 인류학에서는 흔히 문화를 인간의 상징체계나 생활양식으로 정의한다. 인간은 상징체계를 통해 사회를 경험하고 인식하며 다른 인간과 상호작용과 의사소통을 한다. 인간이 한 사회의 구성원이 된다는 것은 그 사회에 이미 존재하는 상징체계를 습득하여 사용할 수 있게 된다는 의미이며, 그 상징체계가 반영하고 있는 사회 질서와 규범, 즉 생활양식을 따르게 된다는 것을 의미한다. 따라서 문화를 개인, 집단, 종족의 총체적인 생활양식으로 정의할 때 '문화'를 이해하는 것은 그 개인이나 집단, 종족을 가장 잘 이해하는 방법이 될 것이다.

이 책의 제목이 '중국인의 생활문화'인 것은 '총체적인 생활양식'으로 정의되는 문화의 상징적 의미에 더하여 실제 중국 사람들의 생활과 가장 밀접한 문화를 중심에 놓겠다는 의도이다. 중국이라는 나라의 면적은 9억 6천만 1,040ha로 세계 4위, 인구는 14억 3,932만 3,776명 세계 1위(2020년 통계청), GDP는 13조 6,081억 5,186만 4,637.8달러로 세계 2위(2018년 한국은행)이다. 조금 더 실감나게 설명하면 세계 육지 면적의 15분의 1, 아시아 면적의 4분의 1을 차지하고 있고, 한반도의 약 44배 크기로서, 남북 5500㎞, 동서 5200㎞에 달한다. 북동쪽으로 대한민국과 러시아, 서쪽으로는 카자흐스탄, 키르기스스탄, 타지키스탄, 아프가니스탄, 남서쪽으로는 인도, 파키스탄, 네팔, 부탄, 남쪽으로는 미얀마, 베트남, 라오스, 북쪽으로는 몽골, 러시아 등과 국경을 맞대고 있다. 이러한 산술적 설명에도 '크고 많다'는 추상적 형용사 외에는 달리 보탤 말이 없다.

그럼 4대 발명이라 불리는 종이, 화약, 나침반, 인쇄술을 처음 발명한 나라라는 소개는 어떨까? 덧붙여 가장 오래된 문자를 가진 나라, 날자, 일식, 월식, 헨리 혜성, 태양의 흑점 등을 가장 먼저 기록하고 세계 최초의 천문학 저서를 가진 나라, 가장 먼저 지진 계측기와 마취제를 발명하고, 정확한 원주율을 가장 먼저 계산한 나라라면. 또 가장 먼저 벼농사를 시작하고 가장 먼저 경작용 쟁기를 이용한 나라, 세계 최초로 양잠과 옻칠을 시작한 나라, 최장 최초의 운하를 만든 나라, 최초로 은행을 만들고 종이돈을 처음 사용한 나라, 그리고 세계 최초로 대항해를 한 나라라면. 여전히 '대단하다'라는 모호한 감탄적 형용사로 지나치고 말 것이다.

이 책은 이처럼 '크고 많고 대단한' 중국을 '학습'하는 방식에서 중국 사람의 생활문화를 '이해'하는 방식으로 접근하고자 했다. 그래서 보통 중국 사람들의 먹고, 마시고, 믿고, 생각하는 여러 이야기들을 '문화라는 관점에서 들여다보고자 했다. 중국의 음식과 음식문화, 술과 음주문화, 차와 차문화, 정신문화 등은 그렇게 해서 뽑아 낸 목차이다. 그러다보니 때로는 시답지 않기도 하고, 또 때로는 너무 하찮아 보이는 것들도 있다. 이런 것들도 문화의 외피를 입고서 중국과 중국인을 이해하는 하나의 설명으로 활개를 칠 수 있으면 좋겠다. 또 이 책이 중국과 중국인을 한걸음 더 '이해'하는 매개가 되었으면 좋겠다.

2020년 7월 저자.

제1장

중국의 음식과
음식문화

중국 음식의 역사

  인간은 먹고 마셔야 생존할 수 있는 존재이므로 음식은 인류의 탄생과 함께 시작되었다. 중국 음식의 기원도 전설의 삼황오제(三皇五帝) 시대에서 찾을 수 있다. 복희(伏羲)는 그물을 만들어 고기를 잡는 법, 울타리를 만들어 짐승을 기르는 방법, 밭을 가는 방법 등을 가르쳤으며, 신농(神農)은 농사짓는 법, 기상 변화를 관찰하는 법, 농기구를 개발하여 곡식을 대량 수확하는 법 등을 가르쳤으며, 여와(女媧) 대신에 삼황으로 거론되는 수인(燧人)은 불을 이용하여 음식 익히는 법을 가르쳤다고 전해진다.

  중국 최초의 왕조라는 하(夏)나라 때는 술을 만들었다는 기록이 있으며, 상(商)나라 때에는 처음으로 문헌에 요리사에 관한 기록이 등장한다. 궁중요리사였던 이윤(伊尹)이 세발솥과 도마를 가지고 탕왕(湯王)에게 요리를 해 올리며 국정에 관해 조언하자 탕왕이 즉시 그를 재상으로 기용했다고 한다. 따라서 이윤은 요리사의 시조로 불린다.[01]

---

01 일설에는 방중술(房中術)의 시조이자 700살 넘게 산 장수의 신으로 알려진 팽조(彭祖)를 요리사의 시조로 본다. 팽조는 요(堯)임금에게 맛있는 음식을 올린 공으로, 지금의

주(周)나라 때는 음식문화가 형성되기 시작했다. 『상서(尙書)』 「홍범(洪範)」에는 기자(箕子)의 팔정(八政: 나라를 다스리는 여덟 가지 사항) 가운데, "첫째가 먹는 것이며, 둘째가 재물이다."[02]라는 기록이 있으니, 이미 국가적으로 음식에 관심을 가졌음을 알 수 있다. 당시 민가를 수록한 『시경(詩經)』에도 먹거리로서 130여 종의 식물과 200여 종의 동물, 10여 종의 어류, 38종의 가축류가 보인다. 이외에 소금, 장, 꿀, 생강, 계피, 후추 등 수많은 조미료도 등장하고 있다. 주나라의 예법서인 『주례(周禮)』에는 다음과 같은 기록이 있다.

> 선부(膳夫)는 왕의 음식과 음료, 희생물과 반찬을 준비하고, 이로써 왕과 왕후, 세자를 봉양한다. 무릇 왕에게 올릴 때는 주식으로는 여섯 가지 곡물을 사용하고, 희생 제물로는 여섯 가지 동물을 사용하고, 마실 것으로는 여섯 가지 음료를 사용하고, 반찬으로는 120가지 종류를 사용하며, 진미로는 여덟 가지 재료를 사용하고, 장은 120개의 독을 사용한다.
> 식의(食醫)는 마땅히 왕에게 여섯 가지 주식, 여섯 가지 음료, 여섯 가지 반찬, 백 가지 식재, 백 가지 장, 그리고 팔진(八珍: 여덟 가지 진귀한 반찬)을 준비한다.[03]

여기의 '선부'는 궁중 요리사이고, '식의'는 영양사 역할을 한 푸드

장쑤성[江蘇省] 쉬저우[徐州]인 팽(彭) 지역에 제후로 봉해져 팽조로 불리게 되었다고 한다. 이를 근거로 팽조를 중화요리의 시조로 보는 것이다. 쉬저우에는 지금도 팽조의 묘가 있다.

02 『尙書』「洪範」: 一曰食, 二曰貨.

03 『周禮』「天官冢宰」: 膳夫掌王之食飮膳羞, 以養王及后世子. 凡王之饋, 食用六穀, 膳用六牲, 飮用六淸, 羞用百二十品, 珍用八物, 醬用百有二十甕. / 食醫掌和王之六食, 六飮, 六膳, 百羞, 百醬, 八珍之齊.

닥터(Food Doctor)이다. 특히 이곳의 '팔진(八珍)'은 가장 진귀한 식자재로서, 이 시기에 이미 음식의 맛까지 매우 따졌다는 사실을 확인할 수 있다.

『예기(禮記)』「내칙(內則)」에 따르면 『주례』의 '팔진'은 순오(淳熬), 순모(淳母), 포(炮), 도진(擣珍), 지(漬), 오(熬), 삼(糝), 간료(肝膋) 등으로서, 모두 개, 돼지, 소, 양, 사슴 등 비교적 구하기 쉬운 재료들로 구성된 요리였다.

> 순오(淳熬)는 젓갈을 쪄서 육도(陸稻: 육지 벼) 밥에 얹고, 여기에 기름을 쳐서 먹는다. 이것을 순오(淳熬)라고 한다.
>
> 순모(淳母)는 젓갈을 쪄서 기장밥에 얹고, 여기에 기름을 쳐서 먹는다. 이것을 순모(淳母)라고 한다.
>
> 포(炮)는 돼지나 양의 수컷을 잡아, 배를 갈라 내장은 버리고, 그 배 속에 대추를 채우고, 갈대를 엮어서 이것을 싼 다음에, 진흙으로 겉을 발라서, 이를 굽는다. 바른 흙이 다 마르면 흙을 떼어 내고, 손을 씻고 만져서 그 속의 껍질을 제거한다. 여기에 쌀가루를 반죽하여 이것으로 죽을 쑤고, 이것을 돼지고기의 겉에 입힌 뒤에, 기름에 넣어 달인다. 기름은 반드시 고기가 푹 담길 만큼 넉넉히 부어야 한다. 큰 가마솥에 물을 끓이고, 작은 솥 속에 향내가 나는 포(脯)를 넣어 큰 가마솥의 끓는 물에 담근다. 다만 끓는 물에 작은 솥이 빠져 들어가는 일이 없게 해야 한다. 그리고는 사흘 밤낮으로 불이 꺼지지 않을 정도로 끓인다. 그렇게 한 뒤에 식초와 젓을 넣어 맛을 조절한다.
>
> 도진(擣珍)을 만드는 방법을 보면 먼저 소, 양, 큰사슴, 사슴, 고라니 등의 고기를 준비한다. 고기는 반드시 등심으로 하고, 고기의 분량은 쇠고기와 동일하게 한다. 그것을 엎치락뒤치락

짓찧어, 힘줄과 질긴 것을 제거하고, 익힌 뒤에 이를 꺼내어, 그 껍질을 제거하고, 초를 넣어 부드럽게 한다.

지(漬)는 쇠고기로 하고, 반드시 새로 잡은 것으로 해야 한다. 얇게 썰어서, 반드시 그 살결을 가로 끊는다. 이것을 좋은 술에 담가서 하루 밤낮이 지난 뒤에 먹는다. 먹을 때에는 젓갈과 초와 매실즙을 섞어서 먹는다.

오(熬)를 만들 때는 쇠고기를 짓찧어서, 그 가죽을 제거한다. 갈대를 엮어서 그 위에 소고기를 펴고, 계피와 생강을 가루로 만들어 그 위에 뿌리고, 여기에 술을 끼얹고 소금도 뿌린다. 그리고 이것을 말린 뒤에 먹는다. 양고기도 역시 이와 같은 방법으로 만든다. 큰 사슴이나 작은 사슴이나 고라니로 만들 때에도 모두 쇠고기나 양고기의 경우와 같은 방법으로 만든다. 촉촉한 고기를 원할 때는 물에 불려 젖을 섞어서 달인다. 마른 고기를 원할 때는 짓찧어 부드럽게 해서 이를 먹는다.

나물죽인 삼(糝)은 소, 양, 돼지의 고기를 가지고 하는데, 세 가지를 하나로 똑같이 한다. 이것을 잘게 썰고, 여기에 볍쌀 가루로 반죽을 한다. 볍쌀 둘에 고기 하나의 비율로 이것을 배합하여 끓인다.

간료(肝膋)[04]는 개의 간 하나를 가져다가 이것을 기름에 흠뻑 담가서, 고기를 적셔서 굽는다. 다 익으면 그 비개 째로 먹으며, 여뀌 나물은 섞지 않는다. 쌀가루를 가져다가 묵은 뜨물을 떠서 반죽을 한다. 이리(狼)의 가슴 부위 기름기를 잘게 썰어 볍쌀가루와 함께 섞어서 죽을 만든다.[05]

---

04 간료(肝膋)는 간(肝)에 기름을 발라 구운 것을 말한다. 요(膋)는 창자 속에 있는 기름이다.

05 『禮記』「內則」: 淳熬. 煎醢加于陸稻上, 沃之以膏, 曰淳熬. 淳母. 煎醢加于黍食上, 沃之以膏, 曰淳母. 炮取豚若牂, 刳之刜之, 實棗於其腹中, 編萑以苴之, 塗之以謹塗, 炮之, 塗皆乾, 擘之, 濯手以摩之, 去其皽. 爲稻粉, 糔溲之以爲酏, 以付豚, 煎諸膏, 膏必滅之.

이처럼 조리방법까지 매우 구체적으로 언급되어 있는 것으로 보아 당시 이러한 요리들이 매우 보편적이었음을 유추할 수 있다.

춘추전국시대에는 미식을 추구하는 경향이 극단적으로 나타나기도 했다. 춘추시대 역아(易牙)는 당시 유명한 미식가였던 제환공(齊桓公)의 요리사로서 솜씨가 매우 좋았다. 그러나 제환공이 점점 더 맛있는 것을 찾으면서 인육(人肉)을 한 번도 먹어보지 못했다고 하자 역아는 자신의 세 살짜리 아들을 죽여서 요리해 바쳤다고 한다.[06]

鉅鑊湯, 以小鼎, 甕脯於其中, 使其湯毋滅鼎. 三日三夜毋絶火, 而後調之以醯醢. 擣珍取牛羊麋鹿麕之肉, 必脄, 每物與牛若一. 捶反側之, 去其餌, 孰出之, 去其皾, 柔其肉. 漬取牛肉, 必新殺者. 薄切之, 必絶其理. 湛諸美酒, 期朝而食之, 以醢若醯醷. 爲熬捶之, 去其皾. 編萑, 布牛肉焉, 屑桂與薑, 以酒諸上而鹽之. 乾而食之, 施羊亦如之. 施麋施鹿施麕, 皆如牛羊. 欲濡肉, 則釋而煎之以醢, 欲乾肉, 則捶而食之. 糝取牛羊豕之肉, 三如一, 小切之, 與稻米, 稻米二, 肉一, 合以爲餌煎之. 肝膋, 取狗肝一, 幪之以其膋, 濡炙之. 擧燋其膋, 不蓼. 取稻米, 擧糔溲之. 小切狼臅膏, 以與稻米爲酏.

06 중국의 식인 기록은 역사서에 220차례나 등장한다고 한다. 구전이긴 하지만 최초의 식인 이야기는 하(夏)나라 때 등장한다. 아들을 죽인 원수를 육장(肉醬)으로 만들어 원수의 아들에게 먹인 여인의 이야기다. 사마천(司馬遷)의 『사기(史記)』「은본기(殷本紀)」에는 폭군 주(紂)왕의 식인 사례가 기록되어 있다. 그는 대신인 구후(九候)의 딸이 절세미인이란 말을 듣고 아내로 삼았다. 그런데 그 아내가 너무 정숙해 자신의 성적 취향에 맞지 않자 그녀를 살해하고, 구후를 해(醢: 소금에 절인 육젓)로 만들어 먹어버린다. 신하인 악후(鄂侯)가 이를 강력히 말리자 주왕은 곽후 또한 포(脯: 찢어 말린 고기)로 만들어 먹어버린다. 그 외 자신에게 간하는 신하 익후(翼候)를 자(炙: 불고기)로 만들어 먹었다는 기록도 있다. 또 공자(孔子)는 '해(醢)'를 무척 즐겨 이것 없이는 식사를 하지 않았을 정도였는데, 그의 수제자 자로(子路)가 위나라의 신하로 있다가 왕위 다툼에 휘말려 살해된 후 그의 시체가 해로 만들어져 자신의 밥상에 올라온 것을 보고 큰 충격을 받아 이후 그렇게 좋아하던 해를 먹지 않았다고 한다. 중국에는 은나라 때에 이미 죄수의 살점을 도려내 다른 죄수에게 먹이는 형벌이 존재했다. 한(漢) 고조(高祖) 유방(劉邦)은 팽월(彭越)을 죽인 후 간장에 절여 신하들에게 나누어 주었고, 『삼국지연의(三國志演義)』에는 여포(呂布)에게 패하여 도망가는 유비(劉備)에게 자신의 아내를 죽여 그 엉덩이 살로 음식을 만들어 바친 자의 얘기가 나온다. 수(隋) 양제(煬帝)는 자신에게 거역하는 신하를 삶은 뒤 그 국을 문무백관에게 내려 마시게 했다는 기록이 있다. 『자치통감(資治通鑑)』「당기(唐紀)」에는 측천무후(則天武后) 때 탐관오리였던 내준신(來俊臣)이 식인형(食人刑)을 당하자 그에게 처형당한 이의 가족들이 다투어 그의 살점을 발라가 눈 깜짝할 사이에 동이 났다는 기록이 있다. 이러한 기록들은 모두 그 진위를 확인할 수 없으므로 역사적 상징으로 이해해야 할 것 같다.

『좌전(左傳)』에는 또 식사를 손으로 했다는 기록이 있는데, 당시에는 숟가락이 없었으며, 젓가락은 국건더기를 집어 먹을 때에만 사용했다고 한다.

어쨌든 이 시기에는 위정자들도 먹고 사는 문제가 가장 관심사였다. "먹는 것과 남녀 간의 일은 인간이 가지고 있는 가장 큰 욕망이며, 죽음과 가난은 인간이 가장 싫어하는 것이다."[07]라는 말이나 "임금은 백성을 하늘로 삼고, 백성은 먹는 것을 하늘로 삼는다."[08]는 말에서 알 수 있듯이 음식은 인간의 가장 원초적인 욕망이자 사회와 국가를 유지시키는 기본이었다. 인간을 유지시키는 최소한의 단계를 넘어서면서 점차 음식에도 맛을 추구하고 조리방법을 따지는 문화가 생겨났다.

공자가 "군자는 먹을 때 배부름을 구하지 않는다."[09]고 한 말도 그러한 단계에서 나온 것이라 할 것이다. 흔히 과식을 하지 않거나 식욕을 부리지 않는 것이 군자의 마음가짐이라 풀이하기도 하지만, 많이 먹는 것보다 제철 음식을 알맞게 먹는 것이 좋다는 의미로 볼 수 있으니, 다음은 그 증거가 될 수 있다.

> 밥은 고운 흰쌀을 싫어하지 않으셨고, 회는 가늘게 썬 것을 싫어하지 않으셨다. 밥이 쉬어 냄새가 나거나 맛이 변한 것, 그리고 생선이 상했거나 고기가 부패한 것을 드시지 않으셨고, 빛깔이 나쁘거나 냄새가 나쁜 것도 드시지 않으셨다. 설익힌 것과 너무 익힌 것도 드시지 않으셨고, 제철에 나는 먹거리가 아닌 것도 드시지 않으셨다. (고기를) 자르는 방식이 바르지 않

---

07 『禮記』「禮運」: 飲食男女, 人之大欲存焉, 死亡貧苦, 人之大惡存焉.

08 『史記』「酈生陸賈列傳」: 君以民爲天, 民以食爲天.

09 『論語』「學而」: 君子食無求飽.

은 것도 드시지 않으셨고, 그 음식에 맞는 장을 얻지 못했어도 드시지 않으셨다. 고기가 많더라도 밥보다 더 많이 드시지 않으셨다. 오직 술만은 양을 정하지 않았으나 어지럽게 될 때까지는 드시지 않으셨다. 사온 술과 저자거리에서 파는 육포는 드시지 않으셨고, 생강은 물리치지 않고 드셨으나 많이 드시지는 않았다. 나라의 제사에서 받은 고기는 하룻밤을 넘기지 않으셨고, 다른 제사에서 나온 고기도 사흘을 넘기지 않으셨는데, 사흘이 넘었다면 드시지 않았다. 식사할 때는 대화하지 않으셨고, 잠자리에서도 말씀이 없으셨다. 비록 거친 밥과 채소 국이라도 반드시 고수레를 하셨는데, 언제나 엄숙하고 삼가는 모습이셨다.[10]

이처럼 잘 도정된 흰쌀밥과 회(육회나 생선회)를 좋아한 공자는 음식에 대해 무척 까다로운 미식가였던 것 같다. 특히 제철 먹거리와 제대로 된 조리방법, 거기에다 음식에 어울리는 소스(장)까지 엄격히 따졌으니, 요리에 상당히 해박했음을 알 수 있다. 이로 보아 당시에 이미 요리문화가 꽤 발달했음을 짐작할 수 있다.

자신의 아들을 요리해 바쳤던 역아의 예처럼 미식의 추구는 인간을 타락시키는 상징이 되기도 한다. 그런가 하면 "요리 속에 그림이 있고, 그림 속에 말이 있고, 말속에 마음이 있고, 마음속에 정이 있다.(菜中有畵, 畵中有話, 話中有心, 心中有情)"는 말처럼 요리가 예술로 확대되고, 다시 대화의 소재로, 마음과 정을 주고받는 매개로 확대되기도 되기도 한다. 이처럼 중국의 음식은 역사가 깊고, 그 스펙트럼도 넓다.

---

10 『論語』「鄕黨」: 食不厭精, 膾不厭細. 食饐而餲, 魚餒而肉敗, 不食. 色惡不食, 臭惡不食. 失飪不食, 不時不食. 割不正不食, 不得其醬不食. 肉雖多, 不使勝食氣. 唯酒無量, 不及亂. 沽酒市脯, 不食, 不撤薑食, 不多食. 祭於公, 不宿肉. 祭肉, 不出三日, 出三日, 不食之矣. 食不語, 寢不言. 雖疏食菜羹, 瓜齊, 必齊如也.

중국 요리의 정체성이 나타나는 소위 '한방식(漢方食)'은 만리장성을 쌓은 진시황(秦始皇)으로부터 시작되었으며, 이때부터 가공식품도 먹기 시작했다고 전해진다.

한(漢)나라로 접어들면서 떡, 만두 등 곡류를 가루로 내서 음식을 만들어 먹는 조리법이 생기기 시작했고, 식기도 금, 은, 칠그릇 등을 만들어 사용하기 시작했다. 당시에는 조나 기장, 보리 등이 주식이었고, 남방의 오(吳)와 촉(蜀) 지역에서 맛 좋은 쌀이 많이 생산되었으나 많이 소비되지는 않았다. 그런데 시베리아로부터 제철기술이 도입되어 농업 생산성이 향상되고, 또 장건(張騫)이 실크로드를 개척하면서 이란, 이라크 등지로부터 석류, 포도, 오이, 향채, 녹두, 파, 밀 등의 새로운 작물이 유입되면서 식생활에도 변화가 생겼다. 서한(西漢) 말에는 밀가루 등 곡류를 가루로 내서 음식을 만들어 먹는 조리법이 출현했고, 동한(東漢) 중엽 이후 밀가루로 만든 음식이 민간에까지 급속히 퍼져나갔다. 또 이 시기에 수공업과 상업이 발달하고 도시가 확대되어 집과 일터 사이의 거리가 멀어지면서 차츰 외식업도 생겨나게 되었다.

| 돈황출토벽화(敦煌出土壁畫) : 장건출사서역도(張騫出使西域圖)

중국인의 생활문화

위진남북조(魏晉南北朝) 시대에는 남북을 중심으로 주식과 부식의 구별이 뚜렷해지는 시기였다. 남방은 쌀을 주식으로 하면서 조리 도구와 기술도 비약적으로 발전했다.

수당(隨唐) 시기에는 베이징에서 항저우까지 1747km에 달하는 대운하가 완공되어 강남의 질 좋은 쌀이 북경까지 전달되면서 북방의 식생활도 풍요로워졌다. 조나 수수를 주식으로 먹던 북방의 식생활에도 변화가 일어나기 시작했으며, 물레방아를 이용하여 제분을 시작함으로써 대량생산의 길이 열려 서민들도 빵이나 전병 같은 밀가루 음식을 먹을 수 있게 되었다. 페르시아에서 설탕이 들어와 재배되기 시작한 것도 이 무렵부터이다.

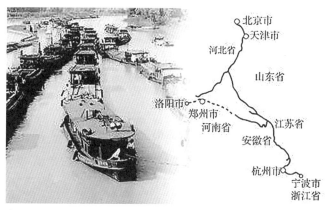

| 경항대운하

식사는 1일 2식이었으며 조리는 원칙적으로 남자의 일이었다. 조리 기법이 크게 발달했을 뿐 아니라 '간석(看席)'도 등장한다. '객석'을 의미하는 간석은 요리가 먹는 단계에서 눈과 귀로 즐기는 단계에까지 이르렀음을 뜻한다. 팔선반(八仙盤)이나 소증음성부(素蒸音聲部)처럼 음식으로 풍경이나 연주 장면 등을 묘사하여 시각과 청각을 즐겁

게 만드는 것이다. 또 승진을 하거나 과거에 장원급제 했을 때 벌이는 성대한 잔치 소미연(燒尾宴)[11]도 유행했다. 소미연에는 쉰여덟 종류의 음식이 있었다고 하는데, 맛도 맛이지만 요리 하나하나를 정교한 조각물처럼 아름답게 장식해 미각과 시각을 모두 황홀하게 만들었다고 한다. 이는 요리의 과정이나 모양, 요리하는 소리나 냄새 등을 관람하고 즐긴다는 측면에서 요즘 방송이나 유튜브에 유행하는 '먹방'이나 'ASMR(Autonomous Sensory Meridian Response: 자율 감각 쾌락 반응)'을 연상시킨다.

송(宋)나라 때는 북송과 남송으로 구분되는 왕조의 특징 때문에 남북의 음식문화가 교류되는 시기였다. 북송 시기를 보면 해안선이 인접한 남쪽에서는 생선요리가 발달했고, 내륙의 북쪽에서는 양고기와 같은 육류를 많이 먹었다. 수도를 지금의 항저우[杭州]로 옮긴 남송 시기에는 육류가 귀해서 채식이 보편화되었으며, 북방의 식생활이 남방으로 퍼지게 되어 남북의 음식문화가 융합되는 양상을 보였다.

원(元)나라 시기는 중국 음식이 서양으로 전파되기 시작한 시기였다. 마르코 폴로의 『동방견문록』에 따르면 이 시기에 국수 만드는 기술이 서양으로 전해졌고, 이것이 이탈리아 파스타 요리로 발전하였다. 원나라를 통치한 몽고인들은 유목민들이었으므로 고기요리와 유제품을 많이 먹었다. 야생 토끼, 사슴, 멧돼지, 족제비, 염소 등의 구이요리가 발달했는데, 이것은 기마민족 요리의 특징이라 할 수 있다.

명(明)나라 시기에는 1560년 회교도들을 통해 미 대륙이 원산지인 옥수수, 고구마, 감자, 고추 같은 작물들이 감숙성(甘肅省)에 전해졌다.

---

11 뒷 부분 '이야기가 있는 요리' 참고.

또 도로와 운하 같은 교통망이 발달하면서 각 지역의 요리재료, 향신료, 과일 등의 유통이 원활하였다. 이에 따라 요리법도 한층 더 발달하기 시작했다. 하북성(河北省)을 주 배경으로 한 소설 『금병매(金瓶梅)』에는 이 지역의 여러 음식이 등장하여 당시의 음식문화를 엿볼 수 있는데, 옥수수 죽이 상류층 연회의 고급 별미식품으로 등장하고 있다. 특히 이 시기는 "입고 먹는 것이 곧 인륜물리(人倫物理)"[12]라거나 "눈으로 세간의 색을 다 보고, 귀로 세간의 소리를 다 들으며, 몸으로 세간의 신선함을 다 겪어보고, 입으로 세간의 이야기를 다 한다."[13]며 인간의 본능적 욕구를 인정하는 사회 분위기 속에서 미식을 추구하게 되었다.

청(淸)나라 시기는 중국 음식문화의 흥성기였다. 중국요리의 진수라고 할 수 있는 '만한전석(滿漢全席)'은 청나라 요리의 화려함과 호사스러움의 극치를 보여준다. 또 서태후(西太后)는 나들이 할 때 요리사를 100명이나 대동하고 음식을 수백 가지나 만들어 먹었다고 한다. 이 시기에는 행사음식도 성행하였는데, 베이징에서는 설날에 물만두를 만들어 먹었고, 2월 1일에는 태양의 탄생일이라고 하여 쌀가루로 오층 떡을 만들어 태양신에게 바치는 의식을 행하였다. 사월초파일에는 콩이나 팥을 삶아서 절에 가는 선남선녀에게 주는 '사연두(捨緣豆)'[14] 풍습이 있었고, 8월 보름에는 월병(月餠)을 만들어 제사지냈다. 12월에는 각종 죽을 만들어 먹으면서 만수무강을 기원했다.

---

12 李贄, 『焚書』: 穿衣吃飯, 即是人倫物理.

13 袁宏道, 「致龔惟長先生書」: 目極世間之色, 耳極世間之聲, 身極世間之鮮, 口劇世間之譚.

14 불교에서 유래된 풍속으로 콩이나 팥을 나누어주면 내세에서 서로 연을 맺는다고 여겼다.

중국 고대의 요리사와 음식문화

1. 중국 고대의 10대 요리사

중국의 오랜 역사 속에 중국 음식은 음식 이상의 의미를 담아왔다. 중국은 넓은 땅과 다양한 기후를 바탕으로 다른 나라에서 찾아볼 수 없는 다양한 식재료가 발달했으며, 요리를 대하는 태도도 매우 특별했다. 중국의 포털사이트 바이두[百度] <백과(百科)>에서는 '중국고대십대명주(中國古代十大名廚)'로 앞서 언급한 이윤과 역아를 포함한 10명의 요리사를 꼽고 있다.[15] 이들의 이야기를 통해 중국에서 음식이 차지하는 의미를 짚어보자.

10대 요리사로 처음 꼽는 사람은 당연히 중국요리의 시조로 불리는 상(商)나라 이윤(伊尹)이다. 앞서 언급했듯이 그는 요리 솜씨로 탕왕(湯王)의 재상(宰相)이 되었으며, '팽조지성(烹調之聖: 요리의 성인)' 혹은 '주신(廚神: 요리의 신)'으로 불린다. 재상을 의미하는 '재(宰)'에 '요리사'라

---

15 한인회의 '중국 역사상 10대 요리사'(<프레시안>, 2016.03.08.)에는 태화공 대신에 '전제'를 꼽았고, 기타 기록들도 약간의 출입이 있다. 그러나 고대 요리사를 이해하는데 충분한 자료가 될 만하여 이어지는 설명에 참고하였다.

| 이윤

는 뜻이 들어있는 것도 이러한 연유이다. 그는 『탕액경(湯液經)』이라는 요리책을 지었다고 전해지는데, 연회가 시작될 때 처음 올라오는 죽 요리를 말하는 '이윤탕액(伊尹湯液)'도 그에게서 비롯된 것이다. 그는 '이정조갱(以鼎調羹)', 즉 솥으로 죽을 조리했다고 했는데, 철이 발견되지 않았던 당시 청동기로 만든 두꺼운 솥으로는 밥을 지을 수 없어서 죽을 만들 수밖에 없었던 것이다. 이윤이 발명한 이 탕액은 지금까지도 중의학(中醫學)에서 치료 효과를 높이는 대표적 음식으로 인식하고 있으니, 중국의 음식은 처음부터 양생(養生)의 중요수단으로 여겼다고 할 것이다. 그는 '조화오미(造化五味)', 즉 단맛, 매운맛, 신맛, 쓴맛, 짠맛을 조화롭게 했으니, 『여씨춘추(呂氏春秋)』「본미편(本味篇)」에서 "오래 두어도 변하지 않고, 익었으나 흐물흐물하지 않으며, 달지만 지나치지 않고, 시지만 강하지 않으며, 쓰지만 떫지 않고, 맵지만 자극적이지 않으며, 담백하지만 싱겁지는 않고, 기름지지만 느끼하지는 않다"[16]고 묘사하고 있다.

제환공(齊桓公)에게 자신의 아들을 요리해 바쳐 충성심을 인정받은 역아(易牙)도 요리사로서 권력의 중심에 섰던 인물이다. 그는 팽임(烹飪: 굽고 삶는 것)으로 독특한 맛을 내었으며, 요리를 의료와 결합시켜 최초로 요양(療養) 요리를 만든 요리사로 전해진다. 불면증에 시달

16　久而不弊, 熟而不爛, 甘而不噥, 酸而不酷, 咸而不減, 辛而不烈, 淡而不薄, 肥而不膩.

리던 제환공이 그의 요리를 먹고 치료되었으며, 환공의 비 장위희(長衛姬)가 병이 났을 때도 그의 요리로써 치료했다고 한다. 원(元)과 명(明)나라 사이에 살았던 한혁(韓奕)의 『역아유의(易牙遺意)』는 바로 역아(易牙)의 이름을 빌어 저술한 요리책이다.

이상 중국 고대의 대표적인 두 요리사 이윤과 역아의 예에서 보듯이 중국의 음식은 '양생'에서 출발하여 '식이요법'으로 확장되고 있다. 인체의 건강에 영향을 주는 요소는 많으나 가장 기본적인 것은 음식이라는 것이다. 자신의 몸에 맞는 음식을 먹고 그 평형을 조절하는 것이 건강의 기본이며, 이것이 바로 양생인 것이다. 음식을 통해 무병장수를 추구한 중국인들은 '식의동원(食醫同源)'이라는 말을 굳게 믿고 있다.

음식에 대한 이러한 인식은 요리사의 지위를 상징하는 것이기도 하다. 이윤이 재상 자리까지 올랐고, 역아는 아들을 요리해 바쳐 권력을 쥐었다. 권력을 쥔 이후 두 사람의 길은 완전히 달랐다. 이윤은 상나라의 개국공신으로 역사에 이름을 남긴 명재상이 되었지만 역아는 자신의 아들을 먹은 제환공이 병들어 눕자 궁문을 막고 담을 높게 쌓아 굶어 죽이는 등 포악무도한 권력자의 모습을 보였다.

십대요리사의 세 번째로 꼽히는 춘추(春秋) 말 오(吳)나라의 태화공(太和公) 역시 요리 솜씨가 정치에 이용당한 경우이다. 그는 태호(太湖)가에서 성장한 우시[無錫] 사람으로, 수산물 요리에 뛰어났는데, 특히 생선구이로 명성을 날려 오왕(吳王) 희료(姬僚)의 총애를 받았다. 오나라의 공자(公子) 희광(姬光)이 왕위를 탈취하려고 전제(專諸)에게 왕을 없애달라고 요청한다. 전제는 왕이 생선구이를 좋아한다는 사실을 알고서 왕에게 접근하기 위해 태화공에게 왕이 좋아하는 생선구이를 배운다. 3개월 후 전제가 생선구이의 달인이 되자 희광은 왕을 연희

중국인의 생활문화

에 초대하였고, 전제는 잉어구이의 배속에 칼을 숨겨놓았다가 요리를 올릴 때 그 칼을 꺼내 왕을 살해했다. 그리고 전제 역시 즉석에서 호위병들에게 죽임을 당한다. 결과적으로 태화공의 요리 솜씨가 궁중의 난에 이용된 것이다.

이처럼 선진(先秦) 시대의 세 요리사는 직간접적으로 정치와 결부되어 있다. 그것은 고대 중국의 음식에 대한 인식이 양생과 치료라는 인간 생명을 보하는 중요 수단이었을 뿐 아니라 정치권력에 버금갈 만큼 특별한 존재였음을 시사하는 것이다.

음식이 정치와 분리되어 고유의 문화를 가지기 시작한 것은 당(唐)나라 이후부터라고 여겨진다. 문헌에 최초의 여성 요리사가 등장한 것도 당나라 때이다. 선조(膳祖)는 중국 최초의 여성 요리사로서, 당시 승상이었던 단문창(段文昌) 집안의 주방장이었다. 단문창은 『식경(食經)』을 편찬했을 정도로 음식에 조예가 깊었다. 그는 자신의 집 주방에 '연진당(煉珍堂)'과 '행진관(行珍館)'이라는 현판을 달았으며, 그녀는 이곳에서 자신의 요리 실력을 발휘했다. 그녀는 요리 재료를 잘 선별하고 맛의 안배에 능했으며, 특히 요리할 때 불의 세기와 시간 조절을 잘하였다. 단문창의 집에서 40년간 봉사한 이 여자 주방장은 이후 자신의 요리비법을 100명의 여자 노비들 가운데 9명을 선발하여 전수했다.

오대(五代) 시기의 비구니 요리사 범정(梵正)은 중국의 소식(素食) 요리, 즉 채식의 새로운 장을 연 인물이다. '봉밀구(蜂蜜球: 꿀로 버무린 튀김)'와 '전우병(煎藕餅: 연뿌리를 갈아 만든 전병)'은 그녀의 대표적 요리이다. 그녀는 문학과 회화에도 정통하여 요리에 응용한 것으로도 유명하다. 중국 문학에 나타난 아름다운 풍경을 과일과 야채 등으로 조각하여 접시를 아름답게 꾸미는데 능했다고 하니, 플래이팅(plating)

을 예술의 경지로 끌어올린 셈이다. 특히 왕유(王維)의 '망천한거(輞川閑居)' 별장을 재현한 '망천소상(輞川小祥)'이라는 요리를 창제하여 명성을 날렸다. 조형 예술을 응용한 이러한 요리는 시각적 아름다움으로써 미각을 돋우고자 한 것으로, 지금도 중국 요리에 그 전통이 계승되고 있다.

당나라 선조가 중국 최초의 여성 요리사라면 남송(南宋) 시기 유낭자(劉娘子)는 중국 최초의 여성 궁중요리사였다. 고종(高宗)의 궁중요리사였던 그녀는 손재주가 매우 뛰어났다. 당시 궁중요리사의 최고 직책은 5품관인 '상식(尚食)'으로서, 이 직책은 대대로 남자가 담당하였다. 그러나 유낭자는 남자 요리사들의 질투와 견제를 뚫고 이 직책에 올랐다. 직책을 맡은 후에도 궁중 주방 사람들의 존경을 받아 '상식 유낭자'로 불렸다.

남송 시기 유낭자가 궁중에서 명성을 떨친 여성 요리사라면 민간에서 유명한 여성 요리사는 송오수(宋五嫂)였다. 그녀는 원래 북송(北宋)의 수도였던 개봉(開封)에서 음식점을 경영했는데, 특히 생선을 잘 만졌다. 금(金)나라 병사들이 침략해오자 남송의 수도인 임안(臨安: 지금의 杭州)으로 내려왔다. 항주는 바다에 연해있고 도시 가운데 담수호인 서호(西湖)가 있어서 각종 물고기들이 풍부했다. 당연히 항주 사람들은 생선요리를 좋아했으며, 그 종류도 매우 다양했다. 송오수는 다른 집과 차별화하기 위해 여러 차례 테스트를 거쳐 마침내 식초를 주재료로 생강, 마늘, 설탕, 소금으로 맛을 낸 새로운 생선요리를 선보였다. 그것이 바로 유명한 '초류어(醋溜魚)'로서, 지금까지도 항주 사람들이 좋아하는 송수어갱(宋嫂魚羹)이 바로 그것이다. 현재도 서호(西湖)가에 있는 '루외루(樓外樓)'나 '오류거(五柳居)' 같은 유명식당에서 이 요리를 맛볼 수 있다.

중국인의 생활문화

| 동소완

명(明)나라 말기의 명기(名妓) 동소완(董小宛: 1624-1651)은 유명한 요리사이기도 했다. 동소완은 소주성(蘇州城) 내의 '동가수장(童家繡庄)'에서 태어났다. 동가수장은 200여 년간 자수를 업으로 한 유명한 소주자수(蘇州刺繡) 집안이었다. 그러나 동소완이 13살이 되던 해에 부친이 세상을 떠나면서 남경(南京)에 기녀로 팔려갔다. 그녀는 기녀로서도 재능이 뛰어나 '진회팔염(秦淮八艶)'으로 불렸으며, 1639년 '사공자(四公子)'의 한 사람이었던 모벽강(冒辟疆)의 첩이 되었다. 동소완은 채소로 만든 케이크를 잘 만들었는데, 특히 과일 잼이나 야채 절임을 잘했다고 한다. 그녀의 요리 명성은 강남 일대에 퍼져나갔으니, 오늘날 양주(揚州)의 관향동당(灌香董糖)이나 권소동당(卷酥董糖) 등도 그녀가 처음 만든 것이다. '동당(董糖)'이란 깨, 백설탕, 강력분, 맥아당 등을 원료로 종이처럼 얇게 만드는 과자를 말한다. 동소완은 늘 특별한 맛을 찾고 새로운 음식을 개발했다. 오늘날 중국인들이 즐기는 호피육(虎皮肉)도 그녀가 창시한 요리다. 호피육은 '동육(董肉)'이라고도 하는데, 절강성(浙江省)의 전통요리로서 돼지고기 삼겹살을 사용해 만든다. 향긋한 단맛에다 느끼하지 않으며, 표면이 마치 호피 같아서 붙은 이름이다.

청(淸)나라 소미인(蕭美人)은 딤섬(點心)의 일인자였다. 소미인은 양주(揚州)와 남경(南京) 사이에 있는 의정(儀征) 사람으로, 미모도 출중하여 '소미인'으로 불렸다. 청대(淸代)의 유명 문인이자 미식가였던 원매(袁枚)의 『수원식단(隨園食單)』에는 "의정(儀征) 남문 밖의 소미인은 딤섬을 잘 만든다. 만두, 땅콩, 씨앗, 케이크 등이 귀엽고 사랑스러우며 눈처럼 하얗다."[17]라고 평가하고 있다. 건륭(乾隆) 52년(1794) 중양절(重陽節)에 칠순이 넘은 원매는 소미인의 딤섬 8종 3000여 개를 특별 주문하여 친구들에게 나누어 주었다고 한다. 이 딤섬을 맛본 문인들이 모두 그 맛과 모양을 칭찬했는데, 오훤(吳烜)은 "섬섬옥수로 고르게 잘 반죽하여 기름 바르고 가루 입혀 신기한 모양냈네. 그 향기 강남에 전해진 날부터 저자거리에 소미인의 명성 전해졌다네."[18]라고 노래했다. 또 조익(趙翼)은 소미인의 딤섬을 동파육(東坡肉)과 미공병(眉公餅)[19]에 비유하기도 했다. 소미인이 25세 되던 해에 옆집에서 난 화재로 인해 남편과 부모가 모두 죽자 생계를 위해 가게를 차렸다. 그녀의 가게는 대단한 인기를 끌며 유명해졌으니, 건륭 황제도 소문을 듣고 2000개의 딤섬을 구입하여 황비와 후궁들에게 맛보게 했다고 한다.

미식가였던 원매의 개인 요리사 왕소여(王小余)는 청대의 가장 뛰어난 요리사로 평가받는다. 왕소여는 다양한 기예와 이론을 겸비했을 뿐 아니라 경험도 매우 풍부했다. 그의 요리는 특히 향이 뛰어났으니, "조리할 때 그 냄새를 맡은 사람들은 열 걸음 밖에서도 급히 입맛을

---

17 儀征南門外, 蕭美人善制點心, 凡饅頭, 花生, 瓜子, 糕點之類, 小巧可愛, 潔白如雪.

18 妙手纖纖和粉勻, 搓酥糝拌擅奇珍. 自從香到江南日, 市上名傳蕭美人.

19 강희(康熙) 연간의 문인 심조초(沈朝初)의 【억강남(憶江南)·차관(茶館)】에 "송강미병이 닭기름에 구워지며, 화초가 거리에 가득하다.(松江眉餅炙雞油, 花草滿街頭)"라는 구절이 있는데, 여기의 '송강미병(松江眉餅)'을 말한다. 『간재잡설(艮齋雜說)』에 따르면 미공(眉公)으로 불리는 송강(松江) 진계유(陳繼儒)는 매사에 새로운 것을 좋아했는데, 그 때마다 사람들이 따라했다고 한다. 그래서 그가 앉는 의자를 미공의(眉公椅)라고 하고, 그가 즐겼던 전병을 미공병(眉公餅)이라고 불렀다.

중국인의 생활문화

다시지 않는 경우가 없었다."[20]고 했다. 그는 음식에 대해 많은 연구를 하여 원매가 『수원식단』을 저술하는데 큰 도움을 주었다. 원매는 왕소여를 총애했지만 요리에 대한 요구도 매우 엄했다. 원매는 그가 죽자 「주자왕소여전(廚者王小余傳)」을 집필하여 그를 기렸다. 왕소여는 고대 요리사 가운데 유일하게 전기를 남긴 인물인 셈이다.

이처럼 중국 역사에 길이 남은 요리사들의 이야기를 보면, 음식은 그 이상의 의미를 내포하고 있다 할 것이다. 음식을 통해서 양생을 하고 치료를 했으며, 때로는 정치에 관여하여 권력을 요리했고, 문학과 예술을 응용하는 예술가의 면모를 보이기도 했다. 앞선 언급했듯이 "먹는 것과 남녀 간의 일은 인간이 가지고 있는 가장 큰 욕망"(『예기』)이며, "임금은 백성을 하늘로 삼고, 백성은 먹는 것을 하늘로 삼는다."(『사기』)고 했으니, 고대 중국에서 음식은 인간 사회의 가장 기본적인 신앙이었다고 할 것이다.

2. 중국의 음식문화와 양생의 식습관

먹는다는 것은 그 자체가 삶이고, 무엇을 먹느냐는 것은 그 자체로 문화이다. 중국은 음식문화도 우리와는 많이 다르다.

우리나라에서는 반찬을 제외한 국과 밥은 개인별로 나누어 상을 차리지만 중국은 일반적으로 회전이 가능한 원탁에 한 가지 요리를 한 접시에 모두 담아 판을 돌려가며 나누어 먹는다. 식당에서 음식을 주문할 경우 채소[素菜]와 육류, 해산물 요리를 조합하고, 찬 요리[凉

---

20 『小倉山房集』「廚者王小余傳」: 工烹飪, 聞其臭者, 十步以外無不顧逐逐然.

菜]와 더운 요리[熱菜]를 적절히 조화시키며, 마지막에 간단히 밥이나 면을 곁들여 주문하면 무난하다. 대개 기호에 따라 바이주[白酒], 황주[黃酒], 맥주 같은 주류나 주스, 콜라 같은 음료수를 시키는데, 그냥 차를 요구하기도 한다.

중국 요리의 전통과 화려한 외양과는 대조적으로 실제 중국 인민들의 식생활은 그리 화려하지도 대단하지도 않다. 아침에는 대개 만터우[饅頭: 일반적으로 속에 아무 것도 없는 찐빵]나 저우[粥: 죽]를 먹고, 점심은 단웨이[單位: 직장] 주위나 구내식당에서 한 끼를 해결한다. 저녁은 대개 각자의 가정에서 요리하여 먹게 되는데, 맞벌이가 대부분인 중국 가정에서는 먼저 귀가한 쪽이 식사 준비를 하는 '센라이 센쭈어[先來先作]'이다.

중국인들은 아침과 점심은 간단히 먹는 반면, 저녁은 가족이나 친지들과 어울려 잘 먹는 경향이 있다. 여럿이 모여 식사할 때는 사람 수에 따라 일반적으로 8가지, 12가지, 16가지 등 짝수로 요리를 올린다. 보통 찬요리가 먼저 나오고, 저렴한 요리부터 시작해 고급요리가 나오므로 먼저 요리가 몇 가지인지 알아두고, 코스 중반부터 본격적으로 먹는 것이 좋다. 이렇게 많은 요리를 내다보니 먹는 것보다 남기는 것이 많고, 또 남는 음식은 가져가는 습관이 있다. 메인 요리로는 생선찜이나 튀김이 많이 나오는데, 생선이 나오면 끝나가는 것이라 볼 수 있다.

중국에서 밥그릇을 들고 밥을 먹는 것은 전혀 흉이 아니다. 여러 가지 이유가 있겠지만 찰기가 없는 쌀 자체의 문제와도 밀접한 관련이 있는 듯하다. 일반적으로 찰기가 없을수록 상등품으로 인정해 주기 때문이다.

중국인의 생활문화

| 중국 가정의 식사 모습

중국에서는 식사 전에 요리와 함께 술을 먼저 마신다. 술잔에 술이 조금만 줄어들어도 중국인들은 '가득 찬 상태[滿]'를 좋아하기 때문에 다시 따른다. 연회를 시작할 때는 일반적으로 간베이[乾杯: 건배]를 하며, 때론 마치면서 간베이를 하기도 한다. 과거에는 남은 음식과 술을 싸가는 것이 초대한 사람을 무시하는 것이라고 여겨 싸가지 않는 경향이 있었으나, 최근에는 남은 음식을 싸가는 것이 일반화되고 있다.

또한 생선 요리는 생선의 머리를 항상 손님 쪽으로 향하게 하며, 생선을 먹을 때 생선을 절대로 뒤집지 않는다. 이는 배가 뒤집어진다는 생각 때문에 특히 연해지역에 사는 사람들에게는 거의 철칙처럼 통한다.

식사를 오랜 시간에 걸쳐 하다 보니 여러 가지 놀이도 생겨났는데 생선요리를 이용한 '어두주(魚頭酒)'와 '어미주(魚尾酒)'도 그 중 하나이다. 종업원이 생선요리의 어두를 주빈 앞에 돌려놓으면, 주빈은 어두를 안주로 술을 한 잔 할 수 있는데, 주로 어안(魚眼)을 먼저 먹는다. 어미가 향한 손님은 또 꼬리를 안주로 반잔을 마실 수 있다. 이를 어두주와 어미주라고 한다. 주빈이 어안을 다른 사람에게 집어주면 그 사람이 어두주를 마실 수 있고, 어미주를 마실 사람이 생선꼬리를 집어 권하고 싶은 사람을 향하게 하면 그 사람이 어미주를 마시게 된다.

그 외 중국인은 '하오커[好客]', 즉 손님 접대를 좋아하여 집으로 초대하는 경우도 많다. 중국인이 집으로 초대하는 것은 상대방과의 우의를 더욱 발전시키고 싶다는 의미이다. 중국에서는 공석(公席)이나 직장단위의 정식 초청을 할 때는 초청장을 사전에 보내는 것이 관례이며, 일반적으로 사적인 자리는 전화로 알린다. 그러나 어떤 초청이든 하루나 이틀 전에 통보하는 것이 예의이다. 중국인들은 연회에 참석할 때 다른 나라와 달리 복장에는 그다지 신경을 쓰지 않는다.

일반 가정에서 손님을 초청할 때는 상당히 신경을 쓴다. 우선 요리의 가짓수가 중요한데 홀수는 불길한 조짐을 의미하므로 반드시 요리의 가짓수를 짝수로 차린다. 식사를 초대한 주인은 풍성한 식사와 좋은 술을 대접하는데, 중국인들은 음식과 술을 적게 내놓으면 손님에 대한 성의가 부족하다고 여기므로 음식의 질과 양에 매우 신경을 쓴다.

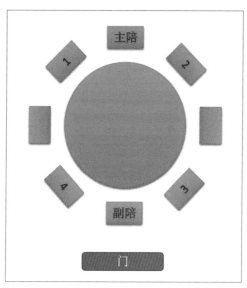

| 초대 시의 식탁배치도

　식탁에서는 친절과 우의의 표시로 음식을 손수 집어 놔준다. 손님의 접시에 음식이 비었을 경우, 주인은 좀 더 드실 것을 손님에게 권하는 것이 예의이다. 혼자 음식을 먹는 것은 다른 사람에게 실례이며, 상대를 불쾌하게 만들 수 있다. 또한 담배를 서로 권하는 것도 친밀함의 표시이므로 피우지 못하더라도 권하는 사람의 성의를 최대한 존중하려는 태도를 취하는 것이 좋다.

　음식을 손님접대의 가장 보편적인 방법으로 이용하고, 또 초대한 손님을 최대한 배려하는 문화는 우리와 크게 다르지 않다 할 것이다. 이것은 모두 음식을 인간 생활의 가장 기본으로 인식하는 관념에서 출발한다. 그래서 중국인들은 음식을 통하여 인간의 건강을 유지하는 양생의 식습관을 중요시했다.

　그러나 권력의 정점에 있었던 역대 황제와 왕들은 그다지 장수하지 못했다. 중국 역사상 황제 칭호를 처음 사용한 진시황(秦始皇) 이후 황제 혹은 왕의 칭호를 받은 인물은 약 559명이다. 이 가운데 3분의 1은 의문의 죽음을 맞았다. 또 황제 235명의 평균 수명은 38세에 불과했다. 권력의 정점에 있는 황제들은 언제나 독살당할 수 있었고, 아편이나 술에 빠져 일찍 숨을 거두는 경우도 많았다. 그렇지 않다 하더라도 역사 속의 황제들은 나쁜 식습관과 운동 부족, 비만 등으로 인해 당뇨병과 암에 걸려 죽은 황제도 적지 않았다.

그 가운데 가장 장수를 한 황제는 89살까지 살면서 60년간이나 재위에 있었던 청(淸)나라의 건륭제(乾隆帝)였다. 그의 장수비결은 여러 가지가 있지만 음식 방면에서 보면 육류를 적게 먹고 신선한 채소를 좋아한 식습관도 중요한 이유였다. 유목민족인 만주족이었지만 육류는 오히려 사슴고기를 좋아했고, 약죽(藥粥)을 즐겼다고 알려져 있다. 조선의 임금들도 '초조반상(初早

| 건륭제

飯床)'으로 죽을 먹었다고 하는데, 건륭제는 특히 일어나자마자 연와탕(燕窩湯: 바다제비집 스프)을 먹었다고 한다. 이 스프는 따뜻하지도 차갑지도 않은 중간 성질로서 음기를 보충하고 원기와 정력을 북돋우는데, 이후 황제들의 전통식이 되었다고 한다. 노년의 건륭제는 또 떡을 즐겨 먹었다. 황실에서 전통적으로 내려오는 여덟 가지 종류의 떡

'팔진고(八珍糕)'를 자신의 체질에 맞도록 각종 약재를 첨가하여 소위 '건륭팔진고(乾隆八珍糕)'를 만들어 먹었다고 한다. 이것은 모두 양생의 관점에서 음식을 잘 활용한 것이며, 이로 인해 다른 황제들과는 달리 장수할 수 있었던 것이다.

근대 이후 유명 정치인들은 장수한 예가 많다. 마오쩌둥은 83세까지 살았고, 덩샤오핑[鄧小平]은 93세, 천윈[陳雲]은 90세, 쉬샹쳰[徐向前]은 89세, 덩리쥔[鄧力群]은 100세, 장쉐량[張學良]은 104세, 쑹메이링[宋美齡]은 106세까지 장수를 누렸다. 그 외 장제스[蔣介石]도 88세까지 살았다. 중국 지도자들이 당시의 평균 수명보다 훨씬 오래 살았으니, 역시 음식을 통한 양생을 잘했기 때문이라 할 수 있다.

흔히 영양학적으로 '네 발 달린 돼지, 소, 양은 두 발 달린 닭과 오리만 못하고, 두 발 달린 닭과 오리는 한 발 달린 버섯류보다 못하며, 한 발 달린 버섯은 다리가 없는 물고기보다 못하다'고 하듯이 이들 대부분은 기본적으로 육식보다는 채소 위주의 소식다찬(小食多饌)의 절제된 식습관을 가졌다. 이 가운데 중국 근대사에 큰 족적을 남긴 두 정치인 마오쩌둥과 장제스의 식습관을 살펴보자.

마오쩌둥은 몸집에 비해 식사량이 많지 않았다. 매번 요리 세 가지와 탕 하나, 소위 '삼채일탕(三菜一湯)'이 기본이었다. 중화인민공화국이 수립되고 경제 상황이 호전되자 '사채일탕'으로 바꾸었고, 손님이 오면 한 두 개의 요리를 추가했다. 그러나 요리마다 양은 그다지 많지 않았다. 그런데 마오쩌둥의 식단에 빠지지 않았던 것은 더우츠[豆豉]와 고추였다. 더우츠는 콩을 발효시켜 말린 청국장과 비슷한 식

품이다.[21]

　장제스도 소식을 하는 편이었고, 취미도 특별하지 않은 무미건조한 인물이었다. 그러나 양생에는 매우 신경을 썼다고 한다. 장제스는 음식과 관련하여 일곱 가지 원칙을 추구했다. 첫째, 소식하고 배가 부르면 적당한 수준에서 멈춘다. 둘째, 단 음식을 피하고 심심하게 먹는다. 셋째, 차는 진하게 마시지 않고 비리고 매운 것은 먹지 않는다. 넷째, 배가 고프지 않아도 밥을 먹되 식사 시간을 엄수한다. 다섯째, 육류와 야채를 조화시키고 요리의 컬러도 매치시킨다. 여섯째, 치매 예방을 위해 두부요리를 많이 먹는다. 일곱째, 장 활동 촉진을 위해 망고와 바나나를 자주 먹는다.

| 장제스

　이 가운데 세 번째 음식 습관은 마오쩌둥과는 정반대였다. 원래 장제스도 고추를 즐겼지만 106세까지 장수한 그의 부인 숭메이링의

21　龍劍宇,『毛澤東家居』, 中共党史出版社, 2013.

권유로 먹지 않았다고 한다. 음식의 컬러를 조화시키려 한 점은 최근 유행하는 컬러 푸드와 같다. 특히 장제스는 두부 새우, 두부 조기, 두부 연근, 두부 해삼, 두부 전복 등 다양한 두부요리를 즐겼다. 이는 모두 중국 전통의학과 음식 자료를 참고한 것들이었다. 이처럼 두 사람은 전혀 다른 식성을 갖고 있었지만 공통되는 점은 소식에다 콩 요리를 즐겼다는 것이다.

중국인들의 삶의 목표는 복록수(福祿壽) 세 가지다. 중국 근대사의 중심에 서 있었던 두 권력자 마오쩌둥과 장제스는 이 세 가지를 다 성취한 사람들인데, 그 기반은 이처럼 절제된 식습관과 생활에 있었던 것이다.

중국의 8대 요리와 지역 별미

　　중국은 음식문화에 관한 한 단연 세계최고의 선진국이라 할 만하다. 음식의 종류와 요리법, 그리고 풍부한 재료와 향료의 발달은 중국요리의 세계적 명성을 얻게 하였다. 그래서 세계 어느 지역을 가나 반드시 빠지지 않는 것이 유태인 전당업자, 인도 점쟁이, 중국 요리집이라는 이야기가 생겨나게 되었으리라. 아무리 변두리의 작은 식당을 들어가도 메뉴판은 매우 두껍다. 그래서 중국여행의 제일 큰 즐거움이 먹는 재미인 반면에 제일 어려운 일 또한 식당에서 음식 주문하는 일이다. 이 복잡한 뎬차이[點菜: 요리 주문하기]는 중국인 스스로도 '하나의 학문'이라고 할 정도로 학습과 경험을 필요로 하는 일이다.

1. 중국의 8대 요리

중국요리는 크게 북방요리와 남방요리로 구분하기도 하고, 또 지역을 기준으로 4대 요리와 8대 요리로 대별하기도 한다. 4대 요리는 동서남북의 대표적인 네 지역 요리로서, 베이징[北京]요리, 난징[南京]요리, 쓰촨[四川]요리, 광둥[廣東]요리 등이다. 동은 또 상하이와 강남[江南], 서는 쓰촨, 남은 광둥과 푸젠[福建], 북은 베이징과 산둥[山東] 지역을 포괄한다. 8대 요리는 대표적인 여덟 지역의 요리로서 다음과 같다.

1) 광둥요리[粤菜]

광둥[廣東]요리는 광저우[廣州], 차오저우[潮州], 둥장[東江]의 세 지역 요리가 유명하다. 이 중에서 광저우 요리가 가장 대표적이다. 하늘을 날고 땅을 달리고 물에서 헤엄치는 모든 동물이 재료로 사용되어 천태만상의 요리를 만들어내며, 특히 신선한 해산물 요리가 많다.

광둥요리 중에서 제일 유명한 것은 새끼돼지 바비큐인 사오루주[燒乳猪]가 있다. 이 요리는 광동 지역에서 각종 집안 행사, 개업, 피로연 등에 필수로 올리는 요리로서, 다른 중국 음식에 비해 기름기가 적고 담백한 맛이 일품이다. 다른 유명 요리로는 광둥식 바다가재요리인

| 사오루주[燒乳猪]

상탕쥐룽샤[上湯焗龍蝦]가 있다. 이 요리는 서양 사람들에게 매우 인기 있는 요리다. 예전에 미국으로 건너간 광둥 사람이 개발했다고 알려져 있다. 약 70%정도 익힌 바다가재에 다진고기, 계란 소스, 스프와 함께 끓여낸 요리이다.

2) 쓰촨요리[川菜]

쓰촨[四川]요리는 청두[成都]와 충칭[重慶] 두 지역이 대표적이다. 쓰촨요리의 가장 큰 특징은 다양하고 깊은 맛인데, 기본적으로 얼얼한 맛, 매운맛, 짠맛, 신맛, 쓴맛, 고소한 맛 등 6가지 맛의 배합으로 이루어진다. 같은 계통의 맛이라 해도 미세하게 차이가 나서 '100가지 요리 100가지 맛'이라는 평을 얻고 있다. 특히 '마라[麻辣]'라고 부르는 '혀가 얼얼한 맛'이 가장 큰 특징이다. 모든 요리에 매운맛을 내는 고추, 후추, 산초가 반드시 들어가기 때문에 매운맛을 좋아하는 우리나라 사람들 입맛에도 잘 맞는다.

제일 유명한 요리는 매운 두부요리인 마파더우푸[麻婆豆腐]이다. 이 요리는 부드러운 두부에 마라 맛특유의 맵고 얼얼한 맛이

| 마파더우푸[麻婆豆腐]

중국인의 생활문화

어우러진 요리로서, 만들기도 쉽고 재료도 구하기 쉬운 것들이라 중국 전역에서 쉽게 찾아볼 수 있다. 그 외 닭고기 요리인 궁바오지딩(宮爆鷄丁)도 유명하다. 닭볶음 요리인 이 요리는 한국인이 좋아하는 대표 요리로 선정되기도 했다. 굵직하게 썰어놓은 닭고기와 야채, 땅콩 등을 함께 볶은 요리로서, 쓰촨요리 특유의 매운맛과 달콤한 맛이 잘 어우러진다.

3) 산둥요리[魯菜]

산둥[山東]요리는 중국 북방을 대표하는 황하(黃河) 유역의 요리로서, 지난[濟南]과 자오둥[胶東] 두 지역의 향토음식이 대표적이다. 산둥요리의 특징은 파와 마늘을 많이 사용하여 맛이 진하며, 지지고, 볶고, 튀기고, 굽고, 찌고, 삶고, 끓이고, 훈제하는 등 다양한 요리법이 있다. 음식의 향이 뛰어나며 사각사각하면서도 부드러운 맛으로 정평이 나 있다. 산둥요리는 특히 음식을 담아내는 그릇을 중요시해 '음식보다 그릇이 100배 낫다'는 말까지 있다. 또한 요리의 이름에도 깊은 뜻을 담아 작명하는 것으로 유명하다.

| 홍사오하이뤄[紅燒海螺]

산둥요리 가운데 가장 유명한 것은 바다소라 요리 홍사오하이뤄[紅燒海螺]가 있다. 이 요리는 소라를 살짝 볶은 다음 간장을 넣어 색을 입히고 다시 조미료를 넣고 조린 요리로

서, 담백하면서도 산둥요리 특유의 진한 맛이 느껴진다. 그 외 새우볶음 요리인 유바오샤오샤[油爆小蝦]가 있다. 이 요리는 작은 새우 샤오샤[小虾]를 고온에서 재빨리 볶은 후 다시 물과 녹말을 넣고 저온에서 볶아 만든다. 유바오[油爆]는 산둥요리에서 자주 쓰이는 조리법으로서, 사각사각하고 부드러운 질감을 만든다.

4) 장쑤요리[苏菜]

장쑤[江蘇]요리는 양저우[揚州], 쑤저우[蘇州], 난징[南京] 등이 대표적이다. 장쑤성[江蘇省]의 성도(省都)로서 제왕의 도시라는 별칭을 가지고 있는 난징, 천당(天堂)이라는 별명의 쑤저우, 천하의 부자 도시로 불리는 양저우 등은 예로부터 뛰어난 요리사들이 많이 배출된 곳이다. 장쑤요리가 명성을 얻은 것도 유명 요리사들이 많았기 때문이라고 한다.

요리는 대체적으로 단맛이 강한 편이며 사계절 별미 야채와 생선요리가 유명하다. 국물을 중요시 하며, 재료 원래의 맛을 보존하는 것이 특징이다. 가장 유명한 요리로는 탕 요리인 지탕주간스[鷄湯煮乾絲]가 있다. 이 요리는 닭고기, 생새우, 겨울 죽순 등이 들어가는데, 특이한 것은 국수 대신 말린 두부를 가늘게 썬 더우푸간[豆腐乾]을 넣는다. 조리법이 쉽기 때문에 가정에서도 많이 만들어 먹는데 장쑤요

| 지탕주간스[鷄湯煮乾絲]

리답게 깔끔하고 시원한 국물 맛이 일품이다. 그 외 돼지족발 편육 수이징야오티[水晶肴蹄]가 있다. 이 요리는 돼지 앞다리로 만드는데, 붉은 살과 윤기 나는 하얀 껍질이 수정(水晶)과 같다 하여 이름 붙었다. 살코기는 씹는 맛과 향이 좋으며, 비곗살은 느끼하지 않고 고소한 것이 특징이다.

5) 저장요리[浙菜]

저장[浙江]요리는 항저우[杭州], 닝보[寧波], 사오싱[紹興] 세 지역이 유명하며, 이 중에서 항저우 요리가 가장 대표적이다. 항저우를 중심으로 발달한 저장요리는 장강(長江) 이남의 강남문화를 대표한다. 전통적으로 끓는 물에 푹 고거나 찌고 불에 굽는 등의 요리법이 발달했다. 맛이 부드럽고 매끄러우며 전원풍의 순박한 맛을 지니고 있다.

| 룽징쌰런[龍井蝦仁]

저장요리 중에서 가장 유명한 요리로는 새우살 볶음 요리 룽징쌰런[龍井蝦仁]이 있다. 이 요리는 룽징차[龍井茶]와 생새우를 같이 조리해서 만든 요리다. 백옥 같이 하얀 생새우에 향긋한 룽징차향이 더해져 색다른 맛과 향을 만들어 낸다. 또 생선요리인 시후추위[西湖醋魚]도 유명하다. 이 요리는 시후[西湖]의 살아 있는 신선한 초어를 재료로 하여 설탕과 식초로써 조리하므로 달달한 맛과 시큼한 맛이 어우러져 독특한 맛을 낸다.

6) 푸젠요리[閩菜]

푸젠[福建]은 타이완[台灣]과 가깝고 우롱차[烏龍茶]의 산지로 유명한 고장이다. 예로부터 민강(閩江) 주변에서 발달한 이 요리는 정갈하고 담백한 맛과 색깔로 명성이 드높았다. 푸젠요리는 푸저우[福州], 취안저우[泉州], 샤먼[廈門] 등지에서 발전한 요리로서, 푸저우[福州]요리가 가장 대표적이다. 해산물 요리가 중심을 이루며 국물이 순하고 자극이 없는 게 특징이다. 기름진 닭고기, 햄, 돼지족발 등을 사용해 국물 맛을 낸다고 한다.

| 포탸오창[佛跳墻]

가장 유명한 요리로는 고급 해산물을 재료로 한 포탸오창[佛跳墻]을 꼽는다. 이 요리는 절에 있던 스님이 이 음식의 향 때문에 담까지 넘었다고 하여 이름 붙었다. 상어 지느러미, 전복, 송이버섯 등 고가의 재료로 만든 보양식이다. 중국에서는 귀빈을 접대할 때 많이 애용되는 음식이다. 그 외 술 취한 닭이라는 뜻의 쭈이짜오지[醉糟鷄]가 있다. 이 요리는 푸젠의 전통주 훙짜오[紅糟]에 닭고기를 절여서 볶아 만든 요리다. 조리법이 까다롭고 재료 역시 구하기 어렵기 때문에 푸젠성에서만 맛볼 수 있는 특별한 요리다. 매콤하면서도 달달한 맛이 잘 어우러진다.

중국인의 생활문화

7) 후난요리[湘菜]

후난성[湖南省]은 토양이 비옥하고 자연조건이 뛰어나 어미지향(魚米之鄕)으로 불린다. 후난요리는 양념을 중요시하는데, 후난 특유의 매운맛과 신맛을 기조로 해 북방의 짠맛, 남방의 단맛도 함께 섞여 있다. 요리법 중에서는 약한 불에 푹 고는 요리법이 특이하고 칼을 다루는 기술도 절묘해서 요리의 맛과 형태가 모두 일품이다. 요리재료로 말린 메주, 평지 씨 기름, 회향, 계피 등이 많이 사용된다.

| 샤오차오러우[小炒肉]

제일 유명한 요리로는 매운 돼지고기 요리 샤오차오러우[小炒肉]가 있다. 이 요리는 썬 돼지고기를 고추와 고추기름을 넣어 볶는 요리로서, 기름을 많이 쓰고 고추를 많이 넣는 것이 특징이다. 돼지고기 특유의 맛과 매운맛이 잘 어우러져 매운맛을 좋아하는 사람들이 많이 찾는 음식이다. 그 외 민물고기 드렁허리 요리인 쯔룽튀파오[子龍脫袍]도 유명하다. 이 요리 역시 후난요리답게 매운맛이 돋보인다. 민물고기 드렁허리는 잘 잡히지도 않을 뿐더러 요리과정도 굉장히 복잡해서 고급 요리로 손꼽힌다. 모양이 옛날 무장이 도포를 벗은 것 같다고 하여 튀파오[脫袍]라는 이름이 붙었다고 한다.

8) 안후이요리[徽菜]

안후이[安徽]요리는 완난[皖南], 옌장[沿江], 옌화이[沿淮] 지역의 요리로서, 그 중에서도 완난 요리가 가장 대표적이다. 안후이성[安徽省]은 귀한 야생 동식물과 약재의 산출지로 유명한 곳이다. 안후이요리의 재료는 주로 이 지방에서 나는 것만 쓰므로 매우 신선하다. 먹음직스러운 색깔을 중시하며 진한 맛과 담백함이 어우러진 것이 특징이다. 예로부터 천연재료를 사용하는 영양보양식이 발달했다.

가장 유명한 요리로는 돼지고기를 만두피에 싸먹는 징장러우쓰[京醬肉絲]이다. 이 요리는 돼지 등심을 춘장에 채를 썬 파와 볶아서 두부피에 싸먹는 음식이다. 안후이요리답게

| 징장러우쓰[京醬肉絲]

색깔이 아주 먹음직스럽고, 아삭아삭한 파와 돼지 등심이 잘 어우러지며, 우리나라 사람들도 익숙한 춘장을 사용해서 우리 입맛에도 잘 맞는다. 그 외 통닭구이 요리 푸리지사오지[符离集燒鷄]도 유명하다. 이 요리는 100년 가까운 역사를 자랑한다. 이 요리 역시 먹음직스러운 색을 띠며, 기름지지만 느끼하진 않고 특수한 향료와 조미료로 다른 통닭구이와는 전혀 다른 맛을 낸다. 중국 전역에서 포장된 팩으로 판매될 만큼 인기가 많다.

2. 지역 별미

1) 베이징 꿀 꽈배기 마화[麻花]

베이징에서 간식으로 즐겨 먹는 꿀 꽈배기는 원래 회족(回族)의 음식이었다. 반죽한 밀가루를 새끼줄처럼 꼰 후 다시 기름에 튀겨내면 된다. 길이가 20㎝ 안팎으로 다양하

| 마화[麻花]

다. 금방 튀겨낸 꽈배기는 윤기가 흐르며 바삭바삭 씹히는 맛이 매우 부드럽다. 여행 중 시장기가 돌 때 간단하게 먹을 수 있어 좋다. 길거리에서 즉석으로 제조하는 곳도 있고 포장된 것을 파는 가게도 있다.

2) 상하이 만두 난샹샤오룽만터우[南翔小籠饅頭]

| 난샹샤오룽만터우[南翔小籠饅頭]

상하이 근교의 냔샹[南翔]이라는 작은 동네에서 만들어 먹던 만두 종류다. 중국식 만두는 원래 크기가 어른 주먹만큼 크다. 그러나 상하이 사람들은 고기소를 넣어 광둥의 딤섬처럼 한입에 들어갈 정도의 작은 크기로 만든다. 이를 구분하기 위해 샤오룽만터우[小籠饅頭] 또는 샤오룽바오[小籠包]라고 부른다. 만두의

크기가 작고 피가 얇아서 속에 들어간 내용물의 색깔이 훤히 비치기도 한다. 샤오룽만터우는 대나무로 만든 작은 원형 찜기에 쪄서 찜기 통째로 내놓는다. 상하이에는 샤오룽만터우를 판매하는 곳이 꽤 많은데, 그 가운데 위위안[豫園]의 것이 가장 유명하다. 샤오룽만터우는 속에 국물이 흥건하므로 먹을 때 국물이 튀지 않도록 조심해야 한다.

3) 톈진[天津]의 별미 거우부리바오쯔[狗不理包子]

| 거우부리바오쯔[狗不理包子]

톈진의 별미로는 거우부리바오쯔를 들 수 있다. 중국 북방 음식으로 알려진 바오쯔[包子]는 남방 음식인 만터우[饅頭]와 비슷하면서도 다르다. 빚은 모양이 금방 피어날 것 같은 흰 국화꽃처럼 예쁘고, 피가 얇고 소가 많이 들어있을 뿐만 아니라 맛이 쫄깃하다. 거우부리바오쯔는 청나라 말기 톈진 사람인 고귀우(高貴友)라는 사람이 처음 만들었다고 한다. 그의 별명이 거우부리[狗不理]여서 이렇게 불렸다. 이 바오쯔는 청나라의 서태후(西太后)가 극찬하고 즐겨 먹으면서 전국적으로 유명해졌다.

4) 광둥[廣東]의 명물 딤섬[點心]

| 난샹샤오룽만터우[南翔小籠饅頭]

광둥의 명물 딤섬은 그 종류가 1천여 종에 달한다고 한다. 모양과 색으로 먼저 느끼는 딤섬은 '백번 먹어도 백번 모두 맛이 달라 결코 질리는 법이 없다'고 한다. 그만큼 종류도 많고 맛도 다양하다는 뜻이다. 이처럼 광둥에서 딤섬이 발달한 것은 중국의 밀가루 음식문화가 홍콩과 마카오를 통해 들어온 서구의 베이커리 기술을 만나 독특하게 발전했기 때문이다.

중국어에서 '뎬[點]'은 '작다'라는 형용사로 쓰이기도 하고 '점을 찍다'는 동사로 쓰이기도 한다. 작은 대나무 통 안에 담아내는 떡의 크기가 아주 작아서 '뎬신[點心]'이라 부르기도 하고, 아침과 저녁 사이에 '마음에 점 하나 찍듯이[點心]' 간단하게 끼니를 해결한다는 뜻도 있다. 중국인들이 추석에 먹는 월병(月餅)도 광둥의 딤섬 가운데 하나이다. 월병은 추석이면 흩어졌던 가족이 단란하게 모인다는 뜻으로, 둥근 달 모양의 월병을 만들어 먹는다. 이 풍속은 명나라 때부터 민간에서 유행했으나 중화인민공화국 수립 후 10월 1일의 국경절이 더 큰 명절로 여겨지면서 점점 사라져 가고 있다.

5) 항저우[杭州]의 고기 약밥 자싱러우쭝[嘉興肉粽]

| 자싱러우쭝[嘉興肉粽]

중국인들은 음력 5월 5일 단오 날, 쭝쯔(粽子)를 먹는 풍습이 있다. 원래 이 음식은 단오의 전통 풍습 가운데 하나인 용선(龍船) 경주와 함께 전국시대 초(楚)나라의 애국시인 굴원(屈原)을 기리기 위해 만든 음식이라고 한다. 우국충정의 슬픔을 안고 멱라수(汨羅水)에 투신자살한 굴원의 시신이 떠오르지 않자 많은 사람들이 배를 띄워 시신을 찾았고 이것에서 용선 경주가 유래했다고 한다. 아울러 물속에서 배가 고플 것이라며 던져 주였던 음식이 쭝쯔인 것이다.

그런데 이 쫑쯔로 유명한 곳이 항저우 인근의 자싱이다. 쭝쯔는 일종의 송편 같은 것으로, 찹쌀에다 대추나 양념한 돼지고기, 계란 노른자 등의 소를 넣고 갈대 잎이나 죽순 껍질로 싸서 찐 것이다. 길거리에서 찰밥을 갈대 잎이나 야자 잎에 넣고 삼각형 모양으로 만들어 실로 묶어 파는 것이 바로 쭝쯔다. 자싱 지방의 쫑쯔는 고기소를 넣은 것도 느끼하지 않고 고소한 맛이 특징이다.

6) 쓰촨[四川]의 매운맛 쓰촨마라탕[四川麻辣燙]

중국에서는 가장 매운 음식을 꼽으라면 흔히 쓰촨의 마라탕을 꼽는다. 온갖 것이 뒤죽박죽 섞여 혼란스러운 모습을 마라탕에 비유하

| 쓰촨마라탕[四川麻辣燙]

기도 한다. 마라탕은 쓰촨 훠궈[火鍋]를 변형시킨 요리로서 그 맛도 비슷하다. 길거리의 노점에서는 손님이 다시마, 감자, 메추리알, 닭 내장, 당면 등과 같은 재료를 선택하면 직접 큰 가마의 국물에 데쳐 소스를 발라준다. 소스도 훠궈와 비슷한데 깨, 장, 생강, 마늘, 고추, 부추, 소금 등 갖은양념으로 만들어지며 취향에 따라 선택할 수 있다. 훠궈와 다른 점이라면 손님이 주문한 재료를 한데 섞어 요리가 된다는 것이다. 전체적인 맛은 매우 맵고 국물도 얼큰하다.

7) 윈난[[雲南]의 쌀국수 귀차오미셴[過橋米線]

| 귀차오미셴[過橋米線]

원난성 특유의 쌀국수로서, 옛날 원난성 시골의 한 노인 이야기가 이 음식과 함께 전설로 전해진다. 노인은 매일 다리를 건너와 아침을 먹고 가곤 했는데 항상 고기 등심 부위와 쌀국수를 사가지고 와서 음식점 요리사에게 특별한 주문을 했다. 등심을 얇게 썰어서 국물에 끓이다가 쌀국수를 넣고 양념해 달라는 것이었다. 동네사람들은 처음에는 기이한 노인이라고 여겼으나 국수 맛

이 특별해 나중에는 모두들 이 노인을 따라하게 되었다. 그리고 국수의 이름은 '다리를 건너와 먹는 쌀국수'라는 뜻인 궈차오미셴이라고 부르게 되었다.

이야기가 있는 요리

| 현대에 재현한 만한전석

1. 청(淸)나라의 궁중요리 만한전석(滿漢全席)

만한전석은 중국요리의 최고 연석으로 알려져 있는데, 이 것은 건륭제가 전국을 순행할 때 강도(江都) 양저우[揚州]의 거부가 황 제를 직접 대접한 식선(食膳)에서 비롯된 것이라고 한다. 이 요리는 천 하의 진귀한 재료를 망라하여 최고의 조리기술로 맛과 영양의 극치 를 추구한 식 예술의 정점으로 꼽힌다. 상비(象鼻: 코끼리 코), 성순(猩脣:

오랑우탄 입술), 낙타배육(駱駝背肉(: 낙타 혹), 표태(豹胎: 표범 태아)에서부
터 학, 백조, 공작에 이르는 수조육(獸鳥肉)과 거북, 뱀, 박쥐, 벌, 애벌
레, 원뇌(猿腦: 원숭이 골), 죽충(竹蟲: 대나무 벌레), 문안(蚊眼: 모기 눈알) 등
상식 밖의 재료가 전설로 남아있다. 여기에 일반적으로 쓰이는 수백
종류의 수조육과 어패류, 중국요리의 진수인 웅장(熊掌: 곰 발바닥), 연
와(燕窩: 제비집), 어시(魚翅: 샥스핀), 해삼, 전복을 합치면 만한전석의 대
략을 짐작 할 수 있다.[22]

　만한전석에는 중국 음식문화의 의미를 알게 해주는 일화가 있다.
만주족이 지배하던 청나라는 만주족 관리와 한족 관리들 사이에 많
은 갈등이 생겨냈다. 정복왕조인 청은 교묘하게도 주요관직의 자리를
복수로 만들어 한족과 만주족을 반반씩 앉히고 상호 합의 하에 정사
를 결정케 하였다. 그러다 보니 소수의 만주족들은 별다른 재능이 없

22　중국 음식문화의 최고 경지를 농축한 만한전석은 그 수량과 기술적인 어려움으로 강
　　희제 이후 한 번도 제대로 재현된 적이 없다고 한다. 현대 중국인들도 그저 전해오는
　　이야기나 책에서 보았을 뿐, 누구도 직접 체험해보지는 못한 까닭에 이 음식상에 대한
　　신비감이 더욱 깊었다. 홍콩의 대륙 반환행사 때 이 '만한전석'을 재현하려는 시도가 있
　　었지만 결국 성공하지 못했다고 한다. 청조가 몰락한 후 1925년에 청조 궁중요리를 표
　　방하는 고급요정 '팡산彷膳'이 북경에서 문을 열고 현재까지 영업을 하면서 만한전석
　　의 명맥을 유지하고 있다. 팡산의 역사는 청나라 말기 서태후 시절로 거슬러 올라간다.
　　당시 서태후의 식사는 128명의 요리사가 담당했다. 그들은 수십 년간 한 가지 요리만
　　을 만들어왔던 그 분야의 최고 전문가였다. 그 황실 요리사 가운데 세 명이 세운 곳이
　　'팡산'이었다. 팡산은 만한전석을 포함한 황실연회로 유명하다. 1979년 처음으로 황실
　　연회를 베풀어 중국 전역을 발칵 뒤집어 놓았던 이 음식점은 1993년엔 중국인과 외국
　　귀빈 35명을 초대해 만한전석의 진수를 선보였다. 당시 귀빈들은 청 황제와 관료, 후궁
　　처럼 차려입고 사흘 동안 화려한 음식을 만끽했다. 팡산은 세 번의 만찬과 한 번의 오
　　찬을 통해 130여 가지의 요리를 제공했다. 이날 제공된 만한전석은 일종의 약식이었
　　던 것이다. 하지만 당시 참석자들은 중국 최고의 요리에 아낌없는 찬사를 보냈다. 음식
　　맛뿐만 아니라 웬만한 공예품을 능가하는 장식에 모든 요리가 하나의 예술작품 같았
　　다는 것이다. 한편 팡산의 한 요리사는 "음식을 준비하기 위해 수많은 요리 전문가들이
　　황실 박물관에서 일주일간 자료를 모아 정리한 후 연회를 준비했다"며 쉽지 않은 과정
　　이었음을 밝혔다.

어도 높은 지위에 오를 수 있었지만, 다수의 한족들은 아무리 뛰어난 재능을 가져도 높은 관직에 오르기가 하늘의 별 따기나 다름없었다. 이런 이유로 당파투쟁이 끝이 없었다. 강희제가 이런 갈등관계를 해소하기 위해 '만한전석'을 마련했다. 만주풍의 요리와 기존 대륙각지의 요리를 총망라하여 999종의 유명 요리로 초호화 연회석이 차려졌던 것이다. 대륙 각지로부터 요리에 관한 명인들이 총 집합한 것은 당연한 일이었다.

2. 당(唐)나라의 축하연 소미연(燒尾宴)

소미연은 선비가 과거에 급제했을 때나 관리가 승진했을 때 베푸는 축하잔치를 말한다. 소미연이라는 이름은 꼬리를 태우는 잔치라는 뜻이다. 이것은 '등용문(登龍門)' 고사와 관련이 있다. 등용문은 어려운 관문을 통과해 출세한다는 뜻으로 잉어가 황하 상류에 있는 급류인 용문을 거슬러 올라가면 용이 되어 하늘로 승천한다는 전설에서 비롯된 말이다. '용문'은 지금의 중국 산시성[山西省] 룽먼현[龍門縣]에 있다고 하는데, 물살이 너무 높고 거세어 잉어들이 떠밀리기를 반복할 뿐 관문을 거슬러 올라가는데 성공하는 잉어는 거의 없다. 따라서 거친 물살을 헤치고 용문을 오르게 된 잉어는 용으로 변신해 하늘로 승천한다는 것이다. 등용문이 어려운 관문을 뚫고 출세했다는 뜻이 된 유래이다. 그런데 잉어가 용이 되어 하늘로 승천하기 직전, 하늘에서는 번개를 내리쳐 잉어의 꼬리를 태워 없앤다. 조선시대 이규보(李奎報)의 시에도 "용문에 올라 용이 되어 공수(鞏水)에서 꼬리를 태우고 싶었다."²³라는 시구가 있다.

| 소미연

소미연은 8세기 초, 측천무후(則天武后) 때 시작됐다고 한다. 당시
위거원(韋巨源)이라는 사람이 상서령이라는 자리에 올랐는데 사방에
서 축하 인사와 격려의 말을 듣자 가까운 사람들을 초청해 잔치를 열
고, 그 잔치 이름을 소미연이라고 불렀다. 당나라 때 문헌인 『봉씨견
문록(封氏見聞錄)』에 나오는 이야기인데, 그 이후 소미연이 유행처럼
번졌다고 한다. 위거원이 열었다는 소미연은 중국 역사상 만한전석
(滿漢全席)과 함께 최고로 성대한 잔치로 손꼽힌다.

소미연이라는 이름에 담긴 뜻은 승천한 잉어가 꼬리를 태워 과거
의 흔적을 지우는 것처럼 진급으로 신분이 상승했으니 자리에 걸맞
게 처신하라는 의미가 담겨있다. 그렇지만 소미연은 점점 처음 뜻과
는 달리 호화스럽고 사치스러운 음식으로써 신분을 과시하는 수단으

---

23 「上座主金相國謝衣鉢啓-良鏡」: 上度龍門化爲龍, 尾欲燒於鞏水.

로 변질돼 결국에는 국법으로 금지했다. 그 후 소미연에 차려진 음식은 대부분 전해지지 않고 있는데, 『변물소지(辯物小志)』라는 문헌에 일부 내용이 전해진다.

『변물소지』에 따르면 소미연에는 보통 쉰여덟 가지의 산해진미를 차리는데, 맛도 맛이지만 요리 하나하나를 정교한 조각물처럼 아름답게 장식해 미각과 시각을 모두 황홀하게 만들었다고 했다. 예컨대 수정용봉고(水晶龍鳳糕)라는 요리는 1m 높이로 떡을 쌓았는데 마치 꽃이 활짝 핀 것 같은 모습이고 겉에는 대추를 촘촘히 박아 장식해 화려하기가 그지없었다. 금은협화평절(金銀夾花平截)이라는 음식은 게살을 발라서 꽃빵 사이에 끼워 층층이 쌓아 올린 것이고, 금령자(金鈴炙)는 당시 서역에서나 먹던 귀한 음식인 버터를 발라서 황금빛 방울처럼 구운 요리이다. 심지어 사람의 젖으로 닭고기를 삶은 선인련(仙人臠)이라는 음식도 있었다고 한다.

3. 패왕별희(霸王別姬) 고사에서 유래한
바왕비에지[霸王別姬]

장쑤[江蘇]의 유명한 요리로 서로 어울릴 것 같지 않은 자라와 닭을 재료로 사용한 요리다. 얼핏 보면 자라탕처럼 여겨지기도 하지만 진(秦)나라 말기에 유방(劉邦)에게 패했

| 바왕비에지[霸王別姬]

던 항우(項羽)에 얽힌 이야기가 요리의 이름 속에 스며있다. 패왕(霸王) 항우에게는 우희(虞姬)라는 총애하던 여인이 있었다. 죽음으로 작별을 하는 두 사람의 이야기를 이 요리에다가 작명한 것은 중국어의 '닭 계(鷄)'자와 아름다운 여성을 지칭하는 '계집 희(姬)'자의 음이 같기 때문이다. 여기서 닭고기는 우희를, 자라는 항우를 상징한다. 자라와 닭을 찌고 고아서 우려낸 시원한 국물 맛이 일품이며, 부드러운 자라고기는 중국에서도 영양이 풍부한 보양식으로 통한다. 바왕비에지는 안후이성, 장쑤성, 산둥성 및 중국 서남쪽의 사람들이 좋아하는 요리다.

4. 스님도 담을 넘는다는 포탸오챵[佛跳墻]

푸젠[福建]의 유명한 이 요리는 쓰이는 재료만 해도 상어 지느러미, 해삼, 닭, 오리, 말린 조개관자, 표고버섯, 전복, 죽순, 계란 등 30여종에 달한다. 이런 재료들을 일일이 정성들여 다듬고 썰어 항아리에 켜켜이 펴놓은 후, 적당량의 양조주를 뿌리고 양념을 곁들여 약한 불에서 천천히 익힌다. 각 재료는 원래의 색깔이 살아있는 동시에 원미를 잃으면 안 된다. 전체적으로 순한 향이 풍기는 담백한 맛의 국물 맛은 실로 형용키 어려울 정도다.

'불도장(佛跳墻)'이라는 이름의 유래에 대해서는 여러 가지 설이 나돈다. 그 가운데 하나는 다음과 같다. 명(明)나라 시절 한 관리가 은퇴해 고향에 내려가 살게 되었다. 어느 날 그는 베이징에서 온 편지를 받았는데 다정했던 친구가 푸저우[福州]로 내려가는 길에 그를 만나고 싶다는 내용이었다. 그 퇴역관리는 주방 일을 맡은 하인에게 옛 친구를 위해 특별한 요리를 만들어 달라고 주문했다. 그러자 하인은 고

심하다가 주방에 음식재료가 많은 것을 보고 기발한 생각이 떠올라 26가지 재료를 모두 항아리에 넣고 향료, 생강, 파 등 양념을 곁들여 불 위에 올렸다. 몇 시간이 지나자 음식에서는 향기로운 냄새가 풍기기 시작했다. 이때 바로 담장 너머 절에서 경을 읽고 있던 한 스님이 이 냄새에 취해 담장을 넘으려다가 하인에게 들켜버렸다. 하인이 스님에게 왜 담을 넘으려느냐고 묻자 스님은 얼굴이 빨개졌고, 다시 절로 돌아가 담 너머에서 냄새만 맡을 수밖에 없었다. 마침내 손님이 도착하고 이 음식으로 식사를 끝낸 손님은 아주 흡족해 하면서 요리의 이름이 뭐냐고 하인에게 물었다. 그러자 하인은 담장을 넘어오려던 스님이 떠올라 '불도장'이라고 대답했다고 한다.

5. 소식(蘇軾)의 둥포러어[東坡肉]와 둥포무위[東坡墨魚]

송대(宋代)의 행정가이자 문인이며 서예가인 소식은 호가 동파(東坡)인데, 중국 음식문화를 이야기할 때 빠질 수 없는 인물로서, 그의 호가 들어간 요리도 많이 전해지고 있

| 둥포러어[東坡肉]

다. 소식은 음식문화와 민간 요리법에 관심이 많았으며, 음식을 소재로 한 시도 적지 않게 남기고 있다.

둥포러우는 돼지고기를 덩이 채 술, 파, 간장, 설탕 등과 함께 넣고 불에 장시간 끓여 만든 음식으로 소동파가 즐겨먹었다. 둥포러우의

원래 명칭은 빨갛게 졸인 고기라는 뜻의 홍사오러우[紅燒肉]였는데, 감사한 마음을 되돌려주었다는 뜻의 후이쩡러우[回贈肉]로 불렸다가 둥포러우로 이름이 바뀌었다. 북송(北宋) 시대의 문학가이자 미식가였던 쑤둥포[苏东坡]와 관련된 음식이기 때문이다. 1077년 소동파가 쉬저우[徐州]의 지주(知州)로 있을 당시 홍수가 나자, 민군을 이끌고 제방을 쌓아 위기를 넘겼다. 이에 주민들이 소동파에게 감사한 마음을 표하기 위해 돼지고기와 양고기를 바쳤는데 소동파는 그것으로 홍사오러우를 만들어 함께 고생한 주민들에게 나누어 주었다. 그때부터 주민들은 자신들이 표한 감사의 뜻을 소동파가 다시 되돌려주었다는 의미로 '후이쩡러우'라고 불렀고, 그 이후로 쉬저우 일대에서 유명세를 타게 되었다.

1080년 소동파는 조정을 비난하는 시를 지었다는 죄목으로 황주(黃州)로 귀양을 가게 되었다. 당시 소동파는 직접 홍사오러우를 만들어 먹으며, "(홍사오러우는) 약한 불과 적은 물로 오랫동안 푹 삶아야 제대로 된 맛이 나온다.(慢著火, 少著水, 火候足時它自美.)"[24]라는 요리법을 시구에 넣기도 했다.

1089년 소동파는 다시 항주(杭州)의 지주(知州)로 부임하게 되었다. 당시 저장성 서부 일대에 폭우가 내려 태호(太湖)가 범람해 주변 마을이 침수되었는데, 소동파의 민첩한 대처 덕분에 위기를 넘길 수 있었다. 뿐만 아니라 소동파는 서호(西湖) 주변에 제방을 쌓고 다리를 건설해 수재를 예방하도록 하였다. 이에 항주 주민들은 소동파에게 감사의 마음을 전하기로 하였는데, 소동파가 황주에 있을 당시 홍사오러

---

24 「食猪肉」: 慢著火, 少著水, 火候足時它自美.

우를 즐겨먹었다는 소문을 듣고 돼지고기를 선물로 보냈다. 이에 소동파는 홍사오러우를 만들어 함께 고생한 주민들에게 나누어 주었고, 이때부터 '소동파가 만든 홍사오러우'라고 하여 '둥포러우'라 불리기 시작했다. 그 후 도처 식당에서 둥포러우를 팔기 시작했고, 항저우 일대의 대표 음식으로 발전하게 되었다.

그러나 조정에는 소동파를 시기하는 정치세력이 있었다. 그들은 소동파가 항주에서 둥포러우를 만들어 주민들에게 강매하고 있다며 모함하였고, 결국 또다시 해남(海南)으로 귀양길에 오르게 되었다. 그러나 그가 떠난 이후에도 소동파를 믿고 따랐던 주민들 사이에서 둥포러우의 인기는 사라지지 않고 후대에까지 전해져 1956년 저장성이 인정한 항저우 36대 대표요리 가운데 하나로 선정되었다.

동포러우와 관련해서는 또 다른 이야기도 전해진다. 소동파가 중국 방방곳곳을 여행하고 있을 때였다. 하루는 날이 너무 더워 나무 그늘 밑에서 더위를 식히고 있는데 저 멀리 아픈 아이를 안고 울면서 황급히 뛰어가는 한 쌍의 노부부를 보았다. 의학에도 능했던 소동파는 그들을 불러 세워 아이의 증상을 진단해 보았다. 아이는 더위를 심하게 먹어 고열을 앓고 있었다. 소동파는 녹나무 잎을 따서 아이의 코밑에 문지르는 민간요법으로 병을 고쳐주었다. 자신들의 아이를 고쳐준 소동파에게 너무 감사했던 부부는 자신들의 집에서 하룻밤 묵어갈 것을 권했다. 소동파에게 맛있는 음식을 대접하고 싶었던 부부는 다음날 새벽 일찍 시장에서 돼지고기 한 덩어리를 사서 지푸라기에 묶어 들고 왔다. 그러나 소동파의 입맛을 몰랐기에 소동파의 방으로 찾아갔다. 농부는 문 앞에 서서 방을 향해 "맛있는 음식을 대접해드리려고 시장에 가 돼지고기 한 덩어리를 사 왔는데 어떻게 요리해야 입맛에 맞으실까요?"하고 물었다. 한편 방안에서 이른 새벽 볏짚에 이슬이 맺혀 있는 모습을 보며 시를 구상하고 있었던 소동파는 "볏짚…, 진주…, 투명한 향기…"라며 혼자 중얼거리고 있었다. 농부는 소동파가 혼자 중얼거린 단어들을 듣고 "볏짚에 돼지고기를 덩어리 채 싸서 삶으면 고깃살이 투명해지고 향이 날 것이다"라는 말로 잘못 해석했다. 농부는 특이한 요리법이라고 생각하면서도 그대로 돼지고기를 요리해 상에 올렸다. 서로 처음 보는 요리에 농부도 소동파도 놀랐지만 예상 외로 그 맛이 일품이었다. 아침을 먹고 농부 부부가 일을 하러 나간 사이 소동파는 '따뜻하게 대해주어 너무 감사했다.'는 쪽지를 남기고 길을 떠났다. 일을 하고 돌아와 쪽지를 본 부부는 그제야 그의 이름이 소동파였음을 알고 그때부터 그에게 대접했던 요리를 '둥포러우'라 부르기 시작했다고 한다.

둥포무위[東坡墨魚]는 원래 무터우위[墨頭魚]라 불리던 검은색의 쓰촨성[四川省] 민장[岷江] 물고기이다. 소동파가 쓰촨성 러산[樂山] 링윈스[凌雲寺]에서 공부하던 시절, 자주 가까운 민장에 내려가 벼루를 씻었다고 한다. 그래서 원래 머리만 검어서 무터우위(墨頭魚)로 불렸던 이 생선이 몸까지 검게 변하여 '둥포무위[東坡墨魚]'가 되었다는 것이다. 후에 이 생선으로 만든 요리를 둥포무위라고 불렀다.

6. 복수의 맛 시후추위[西湖醋魚]

중국의 강남문화를 대표하는 항저우[杭州] 일대는 천혜의 자연환경으로 경치가 수려할 뿐만 아니라 이름난 요리가 많이 있다. 시후추위도 바로 그중 하나인데, 이 요리에는 가슴 아픈 사연이 담겨

| 시후추위[西湖醋魚]

있다. 옛날 서호에서 고기 잡이로 생활하는 송씨 형제가 있었다. 그런데 한 관리가 서호를 유람하다가 송씨 부인의 미모에 반해 빼앗을 계략을 꾸민다. 결국 그 관리는 그녀의 남편을 죽이고, 시동생도 없애버리려 한다. 형수는 시동생을 걱정하며 도망가라고 한다. 길 떠나기 전 송씨 부인은 시동생을 위해 설탕과 식초를 넣은 물고기 요리를 만들었는데 물고기의 맛이 특이했다. 시동생은 형수에게 "오늘의 요리가 달고 신맛이 함께 느껴지는데 무슨 까닭이라도 있는지요?"라고 물었다. 송씨 부인은 "요리의 단맛은 과거의 즐거웠던 기억을, 신맛은 현재의 슬픔을 뜻하지요. 반드시 형의 복수를 해주세요."라고 대답했다. 그 후 시동생은 암행어사가 되어 돌아와 복수를 했다고 한다.

이 요리는 시후[西湖]에 자라는 초어(草魚)가 주재료이다. 송대(宋代) 임승(林升)은 「제임안저(題臨安邸)」라는 시에서 남송 때 시후를 다음과 같이 노래하였다.

山外靑山樓外樓,　　산 너머 푸른 산 누대 밖에 또 누대
西湖歌舞幾時休.　　서호의 노래와 춤은 언제 끝나려나.
暖風薰得遊人醉,　　따뜻한 바람이 노니는 사람을 취하게
　　　　　　　　　만드니
直把杭州作汴州.　　항주를 변경(汴京: 북송 수도로 지금의 開
　　　　　　　　　封)으로 여기는 듯.

시후에는 이 시에 등장하는 '러우와이러우[樓外樓]'의 이름을 딴 식당이 성업 중이다. 1848년에 개업한 이 식당은 쑨원[孫文], 루신[魯迅] 등을 비롯하여 현대 중국의 명사들도 즐겨 찾는 항저우의 대표적인 식당으로, 저우언라이[周恩來]가 외국 귀빈들을 위한 공식 연회를 수차례 열었던 곳으로도 유명하다. 이곳의 메인 요리가 바로 시후추위이다. 단맛 속에 신맛이 들어 있는 이 요리는 시동생에게 훗날 출세를 하더라도 지금의 원수를 잊지 말라는 뜻을 담은 요리로서, 가시가 굵지만 생선의 육질은 매우 부드럽다.

이 요리는 또 앞서 언급한 남송(南宋)의 여성 요리사 송오수(宋五嫂)가 만들었다는 '쑹싸오위겅[宋嫂魚羹]'에서 나왔다는 설도 있다. 쑹싸오위겅은 농어를 주로 사용하는데 중국식 햄과 죽순, 버섯 등을 넣고 끓여낸 국의 일종이다. 남송의 고종(高宗)이 재위 36년 만에 황제 자리를 아들에게 물려주고는 이곳 서호를 찾아 유람할 때 이 요리를 즐겨 먹어 유명해졌다고 한다. 그 후 여러 요리사의 손을 거치면서 서로 다른 요리가 되었다는 것이다.

7. 왕치화(王致和)의 전화위복 처우더우푸[臭豆腐]

이 음식은 소금에 절인 두부를 발효시켜 석회 속에 넣어 보존한 식품으로 향이 아주 강하다. 이것을 즐겨 먹는 사람들은 '냄새는 역겨워도 고소하고 특이한 맛이 난다'고 말한다. 처우더우푸는 왕치화(王致和)라는 사람이 처음 만들었다고 한다. 청나라 강희제(康熙帝) 때, 안후이성에서 과거시험을 보러 베이징으로 올라온 왕치화는 과거에 낙방하고 말았다. 그는 자존심이 강한 사람이라 고향으로 돌아갈

| 처우더우푸[臭豆腐]

면목이 없었다. 그래서 그는 고향으로 내려가지 않고 베이징에서 두부장수를 하게 되었다. 개업한지 얼마 되지 않았는데, 장마가 들어 두부가 전혀 팔리지 않았다. 며칠이 지나자 두부에 곰팡이가 피어 밑천까지 날리게 될 판이었다. 생각 끝에 그는 곰팡이가 핀 두부를 소금물에 절였다. 그 후 두부는 푸른색으로 변했고, 먹어보니 맛이 특이했다. 그는 '처우더우푸'라는 간판을 내걸고 그 발효 두부를 팔기 시작했다. 한번 먹어본 사람은 다시 사러 올 정도로 그의 가게는 손님이 끊이지 않았고, 온 장안에 소문이 자자했다. 얼마 지나지 않아 이 음식은 황제의 식사 메뉴에까지 들어가게 되었다. 그 냄새를 역겨워하지 않는 사람이 없지만 또 일부러 찾는 사람도 많은 특이한 맛의 발효식품이다.

8. 양귀비(楊貴妃)와 리즈[荔枝]

당(唐) 현종(玄宗)과의 로맨스로 유명한 양귀비는 리즈[荔枝]라는 과일을 즐겨 먹었다. 우리에게 여지(荔枝)라는 발음으로 더 알려진 이 과일은 예로부터 이지(離枝)[25], 단려(丹荔)로도 불렸으며, 용안(龍眼) 열매와 비슷하다. 여지나무는 계수나무처럼 크고 푸른 잎이 나는

---

25 여지는 가지에서 따서 하루만 되면 향이 변하고, 이틀이 되면 빛깔이 변하고, 사흘이 되면 그 맛이 변한다고 한다. 그래서 이러한 명칭이 붙었다고 한다.

| 리즈[荔枝]

상록교목이다. 나뭇가지는 약하여 그 가지에 단단하게 붙어 있는 과실을 따기가 쉽지 않아서 보통 가지 통째로 잘라서 판매한다. 중국의 남부 지방에는 집집마다 여지나무가 있다고 한다.

한대(漢代) 이후 여지는 공물(貢物)로 바쳐졌다. 지금이야 중국 어디에서든 쉽게 볼 수 있지만 당시에 싱싱한 리즈를 장안(長安)까지 갖다 바치기란 쉬운 일이 아니었다. 산지에서부터 역마(驛馬)가 릴레이식으로 달리고 달려 날라야 했던 것이다. 이 때문에 수많은 백성들을 괴롭히고 희생시켰다. 후한(後漢) 화제(和帝) 때 여남(汝南) 지방의 당강(唐羌)은 남쪽 지방에는 악충(惡蟲)과 맹수가 도처에 가득한데, 여지를 따서 운반하느라 백성들이 죽는 경우가 허다하다고 상소하였다. 이에 화제가 공물로 받는 일을 줄이라고 명한 기록이 『후한서(後漢書)』에 보인다.[26] 당(唐)나라 한유(韓愈)의 글에는 "여지는 빨갛고 바나나는 노란데, 고기와 채소 곁들여 사당에 올리네."[27]라고 했으니, 남방에서는 오래 전부터 제수(祭需)로 썼던 것으로 보인다.

여지에 관한 전문서적도 여러 권 있다. 송(宋)나라 채양(蔡襄)은 복

---

26 「孝和孝殤帝紀」: 舊南海獻龍眼, 荔支, 十里一置, 五里一候, 奔騰阻險, 死者繼路. 時臨武長汝南唐羌, 縣接南海, 乃上書陳狀. 帝下詔曰, "遠國珍羞, 本以薦奉宗廟. 苟有傷害, 豈愛民之本. 其敕太官勿復受獻" 由是遂省焉.

27 「柳州羅池廟碑」: 荔子丹兮蕉黃, 雜肴蔬兮進侯堂.

건산(福建産) 여지에 대해 기록한 『여지보(荔枝譜)』를 편찬했고, 청(淸)나라 진정(陳鼎)도 『여보(荔譜)』를 편찬했다. 이는 여지가 식용으로나 약용으로나 중요하게 인식되어 왔음을 입증하는 것이라 할 수 있다. 여지에는 비타민 C, 단백질, 레몬산, 철 등의 영양소가 듬뿍 들어있어서 피부 미용에 탁월한 효과가 있다고 한다.

그 때문인지 양귀비는 여지를 매우 즐겼다고 한다. 당시 백성들은 양귀비에게 싱싱한 여지를 바치기 위해 여지의 주산지인 푸졘[福建], 광둥[廣東] 등에서 장안에 이르는 수천 리 길을 파발마로 달려야 했으니, 그 거리는 무려 8천 리였다. 조금이라도 시각을 지체하면 여지의 싱싱한 맛을 잃게 되기 때문에 연도(沿道)에는 역마가 늘 대기하고 있었다. 중당(中唐)의 대시인 두보(杜甫)가 "선제의 귀비는 이제 적막하기만 한데, 여지는 지금 다시 장안으로 들어오누나."라고 노래한 것이나[28] 만당(晚唐) 때의 시인 두목(杜牧)이 "말발굽에 이는 먼지를 양귀비가 좋아하였으니, 여지가 올라오는 줄 아는 사람은 없었으리라.(一騎紅塵妃子笑 無人知是荔枝來)"라고 한탄한 것은 당시의 풍정을 잘 대변해 주고 있다.

양귀비는 27세에 현종의 귀비로 책봉되면서 온갖 부귀영화를 누렸다. 현종의 총애를 한 몸에 받으면서 자신의 세 자매는 한국(韓國), 괵국(虢國), 진국(秦國) 부인(夫人)에 봉해졌고, 육촌 오빠인 양소(楊釗)는 품행이 바르지 못한 인물이었음에도 국충(國忠)이라는 이름까지 하사받았다. 그러나 양귀비의 권세는 그리 오래가지 못하고, 결국 안록산(安祿山)의 난으로 비극적인 죽음을 맞이했다. 양귀비가 죽고 난 후 현

---

28 「解悶」: 先帝貴妃今寂寞, 荔枝還復入長安.

종은 그녀만을 그리워하며 여생을 지냈다고 한다. 두보와 두목의 이 시는 양귀비가 생전에 좋아했던 여지가 여전히 진상되는 사실을 한 탄한 것이다.

소식은 또 「여지탄(荔枝歎)」을 지어 다음과 같이 노래하고 있다.

十里一置飛塵灰,	십 리마다 역참 두어 먼지 나게 말 달리고
五里一堠兵火催.	오 리마다 망루 세워 봉화로 재촉하였네.
顚坑仆谷相枕藉,	구덩이에 엎어지고 골짜기에 쓰러진 시 체가 서로 깔고 누웠으니
知是荔枝龍眼來.	주지하듯 여지(荔枝)와 용안육(龍眼肉) 운 반하다 그런 것이라네.
飛車跨山鶻橫海,	나는 듯한 수레로 산을 넘고 빠른 배로 바다를 건너니
風枝露葉如新採.	흔들리는 가지와 이슬 맺힌 잎사귀가 갓 따 온 듯했네.
宮中美人一破顔,	궁중의 미인 파안대소 한 번에
驚塵濺血流千載.	놀란 먼지와 뿌린 피 천 년에 흐른다오.

소식이 여지를 처음 맛본 것은 송(宋)나라 철종(哲宗) 소성(紹聖) 2 년(1095)으로, 당시 59세였던 그가 혜주(惠州)로 폄적되었을 때이다. 그 는 여지를 맛보고 그 맛에 감탄하였으니, "하루 삼 백 개의 여지를 먹 을 수 있다면 벼슬을 사양하고 영남사람이 되리라."[29]라고까지 하였 다. 영남(嶺南)은 광둥성과 광시성[廣西省] 일대의 남방 지역을 가리킨 다. 하루에 삼 백 개의 여지를 먹는다는 표현은 그만큼 여지를 좋아하

---

29 「惠州一絶·食荔枝」: 日啖荔枝三百顆, 不辭長作嶺南人.

였다는 뜻이다. 그러나 여지가 한(漢)나라와 당(唐)나라의 진상품으로 백성들에게 큰 고통을 안겨주었다는 사실을 알고는 다시 이 시를 썼다고 한다.

여지는 중국 남방에서 나는 과일이라 우리나라 사람 중에 여지를 맛본 사람은 많지 않았던 것 같다. 다만, 고려시대 이규보(李奎報: 1168~1241)가 「여지(荔枝)」라는 시를 지었다.

玉乳氷漿味尙新,	젖빛에 얼음 같은 과액 맛이 아직도 신선하니
星飛馹騎走風塵.	성화같은 역마가 먼지 일으키며 달려와서이지.
却因咫尺三千里,	삼천리를 지척같이 달려왔기에
添得紅顔一笑春.	미인 얼굴에 화사한 웃음 더하였네.

위의 시에서도, 양귀비가 젖 빛깔의 시원한 여지 맛을 볼 수 있는 것은 먼 길을 성화같이 달려왔기 때문에 가능하였다고 말하고 있다. 여지를 양귀비만이 좋아하였던 것은 아닐 것이나 여지를 노래한 거의 모든 시에는 이처럼 '여지는 양귀비가 좋아하였던 과일'로 표현되어 있다.

조선시대 서거정(徐居正: 1420~1488)도 「여지(荔枝)」에서 다음과 같이 묘사하고 있다.

皺縫初綻子如金,	주름 진 열매 막 터지면 씨는 황금 같은데,
雪酪氷漿一味深.	희고 차가운 우유처럼 깊은 맛이 일품이지.

| 蘇老不知閩蜀去, | 소로(蘇老)는 민촉(閩蜀)의 거리를 알지 도 못하면서 |
| 何曾爲汝一長吟. | 어찌하여 너를 위해 길이 읊었던고. |

세 번째 구의 '소로'는 소식(蘇軾)을 가리키고, '민촉'은 중국의 민중(閩中)과 촉(蜀) 지방을 합한 말이다. 마지막 구는 앞서 언급한 소식의 여지에 관한 시를 언급한 것으로서, 역시 소식의 시를 통해 양귀비를 소환하고 있는 것이다.

조선시대 김창업(金昌業)은 1712년 연행사(燕行使)로서 연경(燕京)에 갔다가 여지를 처음 맛보고 감탄하여 쓴 글이 있으며, 홍대용(洪大容)의 『담헌서(湛軒書)』에도 '우리나라에서 진귀하게 여기는 과일 중의 하나가 여지'라고 하였다. 연산군 때에는 중국으로 가는 사신에게 여지를 사가지고 오라는 전교를 내린 기록이 보이며, 또 임금께서 여지를 신하들에게 하사하고 칠언율시를 지어 올리라고 한 기록도 보인다.

중국에는 우리나라에서 구경할 수 없는 과일들이 많은데, 특히 초가을 중앙아시아에 가까운 신장[新疆] 지방에서 운송되어온 신장 포도와 하미과[哈密瓜]는 막 여름 더위에서 벗어나 지친 북경 사람들에게 시원한 미각의 먹거리를 제공해 준다. 그리고 리즈와 유사한 룽옌[龍眼: 일명 桂圓]도 우리나라에서는 볼 수 없는 중국 남방산 과일이며, 여성 미용에 제일이라는 비타민의 보고 훠룽궈[火龍果]는 베트남에서 수입되는 과일이다.

중국인의 생활문화

진기한 음식과 길거리 음식

중국에는 상상을 초월하는 진기한 음식도 많고 길거리 음식도 다양하다. 그 가운데 몇 가지만 소개한다.

1. 진기한 음식

1) 가짜 새우살 요리 룽옌샤런[龍眼蝦仁]과 진짜 새우살 요리 룽징샤런[龍井蝦仁]

고기를 사용하지 않는 전통 사찰요리를 소채(素菜)라고 부르는데, 이 룽옌샤런 역시 대표적인 소채 가운데 하나다. 버섯을 이용해 실제 새우살 모양으로 조각하고, 여기에 계란 흰자와 전분 등으로 튀김옷을 입혀 튀겨낸 후 생강, 향료, 소금, 조미료, 양조주 등의 양

| 룽옌샤런[龍眼蝦仁]

념으로 볶은 요리이다. 겉모양만 보면 누구도 이 음식이 가짜 새우살이라는 의심이 들지 않을 정도로 정교하다. 이렇게 만든 새우살에다 룽옌[龍眼]이라고 부르는 빨간 앵두로 접시를 예쁘게 장식해 낸다고 룽옌샤런이라는 이름이 붙었다. 이러한 사찰요리는 갖가지 채소와 콩 등의 재료를 가공해서 실제 쇠고기나 돼지고기처럼 모양을 내고 맛이나 식감도 비슷하게 재현한다. 전국적으로 가장 유명한 사찰요리 전문식당은 100여 년의 역사를 자랑하는 상하이의 궁더린[功德林]이다.

| 룽징샤런[龍井蝦仁]

룽징샤런[龍井蝦仁]은 새우살에 룽징차[龍井茶]의 향을 가미했다고 해서 붙여진 이름이다. 신선한 새우살에 소금, 계란 흰자, 조미료 등으로 양념한 튀김가루를 묻혀 튀겨낸 후, 여기에 룽징차의 찻잎과 즙, 그리고 약간의 양조주와 파를 넣어 살짝 볶아낸 요리다. 룽징차의 은은한 향과 새우살의 고소함이 어우러진 이 요리는 맛과 향을 동시에 즐길 수 있는 요리이다. 지금은 전국적으로 유명한 요리가 되었는데, 그 계기는 1972년 항저우를 방문한 닉슨 대통령이 이 음식을 맛보고 크게 칭찬했기 때문이라고 한다.

2) 태호(太湖)의 은어요리 타이후인위[太湖銀魚]

중국에서 세 번째로 큰 담수호인 태호는 아름다운 경관으로 인해 수많은 시인묵객들이 칭찬을 아끼지 않는 곳이다. 태호의 맑은 물에

중국인의 생활문화

| 타이후인위[太湖銀魚]

서 나는 바이위[白魚], 바이샤[白蝦], 인위[銀魚]를 '타이후산바이[太湖三白]'라고 부른다. 그래서인지 은어요리는 반드시 태호에서 잡히는 것을 사용해야 제맛이 나온다고 한다. 은어는 멸치만한 작은 물고기로 색깔은 은백색이고 몸체는 투명하다. 청나라 때부터 황제에게 올리는 진상품으로도 유명했다. 이 요리는 은어를 프라이팬에 볶아서 반쯤 익혔다가 다시 살짝 구워내기만 하면 된다. 은어요리는 맛이 좋기도 하지만 눈으로도 즐기는 요리이다. 접시에 담아낼 때는 은어가 강물에서 헤엄치듯이 배열하는데, 이러한 플레이팅에서 요리사의 솜씨가 드러나기도 한다.

3) 껍질 맛으로 먹는 푸리지사오지[符离集燒鷄]

| 푸리지사오지[符离集燒鷄]

앞서 안후이요리의 대표로 소개했던 이 요리는 안후이성 쑤저우시[宿州市]의 푸리진[符离鎭]이라는 작은 동네에서 시작되어 대륙 전역으로 알려진 별미 음식이다. 푸리지사오지의 시작은 1910년 산둥[山東] 더저우[德州]에서 우샹바지[五香扒

鷄]를 만들어 팔던 관짜이저우[管再州]의 외동딸이 푸리지[符离集]로 시집오면서 그도 이곳으로 이사하여 가게를 열면서부터였다. 그는 이곳 사람들의 식성에 맞게 관자훙취지[管家紅曲鷄]를 만들어 대성공을 거두었다. 1915년에 장쑤[江蘇] 펑현[豊縣]의 웨이광밍[魏廣明]이 이곳에서 다시 훙취지[紅曲鷄]를 기초로 하여 이 지역 특유의 닭요리 푸리사오지[符离燒鷄]를 만들었다. 1952년에는 이곳 토박이 한징위[韓景玉]가 다시 두 사람의 방법을 기초로 이 요리를 만들게 된 것이다. 이 요리는 닭 껍질이 연하고 고기가 쉽게 발라지며 향기까지 특이해 많이 먹어도 질리지 않는다고 한다.

4) 개고기 요리 칭탕거우러우[淸湯狗肉]와 뱀 요리 자오옌서돤 [椒盐蛇段]

| 칭탕거우러우[淸湯狗肉]

개고기는 양고기의 부드러움, 토끼고기의 고소함, 닭고기의 신선한 맛을 겸비하고 있어 애호가들 사이에서 최고의 고기로 꼽힌다. 특히 우리나라와 달리 추운 겨울에 먹는 보신 음식이며, 한족들에게 보편화 된 요리는 아니지만 중국 북방지역, 특히 날씨가 추운 동북지방의 가정에서 즐겨 먹는다. 개고기 요리 중에서 가장 널리 알려진 메뉴가 칭탕거우러우다. 중국인들은 이를 탕으로 분류하지만 우리의 찜에 가깝다. 뼈째 토막 낸 개고기를 끓는 물

에 살짝 익힌 다음, 프라이팬에 볶다가 물과 소금을 넣어 약불에서 푹 익힌다. 양념으로는 박하, 조미료, 고춧가루, 소금, 단맛 나는 된장, 화자오[花椒: 산초] 기름, 부추 가루 등이 사용된다. 국물은 담백하고 육질은 매우 부드러운데, 중국에서도 보신 음식으로 알려져 있다.

| 자오옌서돤[椒盐蛇段]

중국에서는 어느 식당을 가든 뱀 요리 한 가지씩은 취급하고 있다. 뱀 요리 가운데 가장 일반적인 것이 튀김이다. 과거에 뱀 요리는 주로 광둥, 푸젠, 하이난[海南], 타이완 등 남방지역에서 즐겨 먹었다. 요즘에는 찾는 사람이 늘면서 대부분의 대중 음식점에서도 자오옌서돤을 요리한다. 뱀의 껍질, 쓸개, 간, 장, 피 등을 모두 요리재료로 사용하는데, 뱀 고기는 풍부한 단백질과 여덟 가지 필수 아미노산이 함유되어 있어 혈관 경화를 방지하는데 효능이 있다고 알려져 있다. 뱀 튀김은 뼈에 붙은 살을 작은 토막으로 잘라 기름에 튀겨 후추와 소금 등으로 간을 맞춘 요리로, 색깔이 노릇노릇하며 닭고기와 비슷한 식감을 느낄 수 있다. 접시에 담겨져 나오면 뱀 요리라는 것을 눈치챌 수 없을 정도로 깔끔하다. 뱀 껍질도 요리해 달라고 요구하면 잘게 썰어서 무침을 만들어 내온다. 중국에서는 여성들도 뱀 요리에 대해 그다지 거부감이 없는 편이다.

5) 자라 거북이탕 칭둔구이[清炖龜]와 동충하초탕 둥충샤차오라 오야바오[冬虫夏草老鴨煲]

| 둥충샤차오라오야바오[冬虫夏草老鴨煲]

| 칭둔구이[清炖龜]

칭둔구이[清炖龜]는 보양과 강장효과가 뛰어난 대표적인 식재료로 알려진 자라와 거북이로 만든 탕이다. 자라나 거북이는 육질이 거의 없는 편이기 때문에 푹 고아서 탕을 만드는 것이 일반적인 요리법이다. 자라탕은 자라를 통째로 넣고 국물이 뽀얗게 우러날 때까지 삶는 반면, 거북이탕은 등껍질에서 몸통 부분만 도려내어 국물을 우려내고 고기와 함께 먹는다. 고급음식으로 분류되는 거북이탕은 국물이 진하고 시원하며 담백한 것이 특징이다.

동충하초탕 둥충샤차오라오야바오[冬虫夏草老鴨煲]는 중약재인 동충하초와 오리고기를 재료로 끓인 탕이다. 기관지와 신장에 좋은 요리로, 특히 병을 앓고 난 사람들의 보신에 좋다고 한다. 깨끗이 손질한 수컷 오리의 머리와 배 속에 동충하초를 넣어서 푹 끓여낸 요리이다. 국물이 담백하고 보양 효과가 뛰어난 음식이지만 동충하초 자체가 중국에서도 값비싼 약재여서 자주 접하기는 어려운 요리이다.

중국인의 생활문화

2. 길거리 음식

1) 길거리 빵 유탸오[油條]와 사오빙[燒餅], 그리고 지단빙 [鷄蛋餅]

유탸오[油條]는 밀가루 반죽을 기름에 튀긴 꽈배기로서, 주로 아침 식사용으로 죽이나 콩국과 함께 먹는다. 또 빵 모양으로 기름에 튀겨낸 유빙[油餅]도 있다. 유탸오는 약간 짠맛이 나고 유빙은 단맛이 나는 게 특징이다. 중국 대도시의 아침 거리를 거닐다 보면 기름 가마에 유탸오를 튀겨내는 난전과 작은 식탁을 사이에 두고 이것으로써 아침 식사를 해결하는 사람들을 볼 수 있다. 이러한 난전들은 아침 식사가 끝날 무렵이면 하나둘 문을 닫는다.

| 유탸오[油條]

| 사오빙[燒餅]

| 지단빙[鷄蛋餅]

사오빙[燒餅]도 유탸오와 마찬가지로 중국인들이

좋아하는 길거리 음식 중 하나다. 사오빙은 밀가루를 반죽해 한쪽에 참깨를 뿌려 구운 것으로, 중국 북방에서 많이 먹는다. 사오빙은 둥근 것, 네모난 것 그리고 소가 들어간 것, 소가 들어가지 않은 것, 설탕소가 들어간 것, 야채소가 들어간 것 등 여러 가지가 있다.

지단빙[鷄蛋餠]은 평평한 철판 위에 밀가루 반죽을 얇고 둥글게 부친 후, 그 위에 계란 하나를 터뜨려 얹고 다시 매운 장이나 단맛 나는 장, 그리고 잘게 썬 파를 뿌려서 만든다. 지단빙은 유탸오나 유빙을 올려 함께 먹기도 하는데, 저렴한 가격에 맛도 좋고 영향도 풍부하여 대학가나 시장에서 쉽게 맛볼 수 있는 음식이다.

2) 길거리 간식 차단[茶蛋]과 반찬 셴야단[咸鴨蛋]

차단[茶蛋]은 찻잎에다 다랴오[大料: 대회향 씨], 간장, 소금, 설탕 등을 넣고 삶아낸 계란이다. 색상은 짙은 적갈색이며, 간이 잘 배게 하려고 일부러 껍질을 깨뜨리므로 보통 계란

| 차단[茶蛋]

보다는 보기가 흉하다. 그러나 차와 다랴오 향을 풍기는 구수한 맛은 보통 삶은 계란에 비길 바가 아니다. 차단은 난전뿐 아니라 현대식 편의점이나 작은 구멍가게에서도 쉽게 살 수 있을 정도로 중국인들이 즐기는 길거리 간식이다.

셴야단[咸鴨蛋]은 오래 보관하기 위해 소금물에 절인 오리알이다.

| 셴야단[咸鴨蛋]

반을 잘라보면 흰자는 응고되어 있고 노른자는 기름이 들 정도로 노랗게 익어있다. 소금과 바닷물을 섞어 만든 진흙 반죽을 오리알에 발라서 약 22일간 발효시켜 만든다. 발효가 끝나면 진흙을 걷어내고 130도 정도의 고온에서 약 5시간 정도 끓여 살균을 한다. 흰자는 짠맛이 강하지만 노른자는 게장처럼 고소하다. 짜고 고소한 맛이 잘 어우러지는 셴야단은 흰죽과 잘 어울리는 길거리 반찬이다.

3) 길거리 군것질 더우푸나오[豆腐腦]와 촨사오[串燒]

| 더우푸나오[豆腐腦]

우리의 순두부에 해당하는 더우푸나오는 남방에서 더우푸화[豆腐花]라고 부르기도 한다. 순두부는 지방에 따라 이름도 다르며 먹는 방법에도 차이가 있다. 보통 북방에서는 팽이버섯, 미역, 당면을 전분 및 각종 양념과 함께 넣어 걸쭉하게 만든 국물에 순두부를 넣어서 먹는다. 그러나 남방에서는 걸쭉한 국물 없이 순두부에 토막토막 자른 유탸오와 간장, 고추장, 참기름 등 양념을

넣고 잘 섞어서 먹는다. 보통 찐빵이나 유탸오와 같은 밀가루 음식을 먹을 때 곁들여 먹는 음식이다.

찬사오[串燒]는 중국 서북부의 신장[新疆] 위구르[維吾爾]족들이 별미로 만들어 먹던 꼬치구이이다. 1978년 개혁개방 이후 위구르족들이 전국 각지에서 꼬치를 팔기 시작하면서 지금은 중국의 보편적인 길거리 음식이 되었다. 지금도 가장 유명한 찬사오는 위구르족의 양고기 꼬치를 꼽는다. 이들은 양고기를 꼬챙이에 꿰어 숯불 위에서 즈란[芝蘭: 양념의 일종], 소금, 고춧가루 등을 뿌려주면서 구워낸다. 요즘에는 참새, 개구리 등 야생동물로 만든 꼬치도 등장했다. 또 철판 위에서 양념장과 함께 오징어, 닭고기, 쇠고기 등을 구워서 꼬치에 끼워주는 철판구이 꼬치도 있다.

4) 길거리 후식 빙탕후루[氷糖葫蘆]와 수이궈[水果]

| 빙탕후루[氷糖葫蘆]

빙탕후루는 산사자(山楂子)라고 하는 붉은 구슬 모양의 과일을 대꼬챙이에 꿰어, 녹인 설탕을 발라서 굳힌 것이다. 그 모양이 작은 조롱박[葫蘆]들을 주렁주렁 꿴 것 같고, 설탕을 발라 굳힌 모양이 얼음 같다고 하여 빙탕후루라는 이름이 생기게 되었다. 요즘

중국인의 생활문화

은 또 산사자 대신에 대추, 귤, 사과, 바나나 등을 사용하기도 한다. 달콤하고 상큼하여 남녀노소 누구나 즐기는 길거리 스낵이라 할 수 있다.

수이궈[水果]는 과일을 말한다. 중국에는 일반 과일가게 외에도 과일을 먹기 좋게 손질하여 꼬챙이에 꿰어 파는 난전들이 많다. 이곳에서 파는 과일은 주로 파인애플이나 하미과[哈蜜瓜] 등이다. 과일 장수들은 껍질을 벗겨내고 여러 조각으로 나눠 꼬챙이에 꿰어서 판다. 특히 무더운 여름날에는 시원한 빙수에 담갔다가 팔기도 하는데, 시원한 아이스크림이나 주스 못지않게 갈증을 해소할 수 있어 인기가 있다.[30]

30 이상 우샤오리의 『중국음식』(김영사, 2004.)과 신디킴, 임선영의 『중국요리 백과사전: 한국인이 좋아하는 진짜 중국 음식』(상상출판, 2019.) 참고.

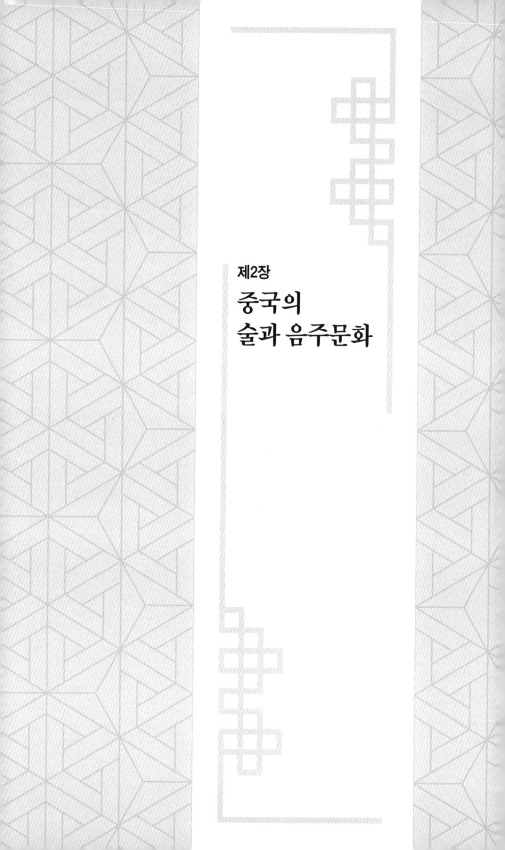

제2장
중국의
술과 음주문화

중국 술의 역사와 의미

| 허난성[河南省] 뤄양시[洛陽市]의 한 공사장에서 발견된 서한(西漢) 때의 청동 술병

1. 기원과 역사

술은 인류와 함께 탄생하였다. 인류가 사냥과 채집으로 생활하고 있던 구석기시대에도 과실주는 있었을 것으로 본다. 과실은 조금이라도 상처가 나면 과즙이 나오고 과실 껍질에 붙어 있는 천연효모(天然酵母)가 쉽게 번식하여 술이 된다.

보름달 아래 원숭이들이 바위나 나무 둥지의 오목한 곳에 잘 익은 산포도를 넣어두고 그 위에서 뛰놀다가 다음 달 보름날에 다시 찾아 와서 술이 된 그것을 마시며 놀았다는 전설은 여러 나라에서 두루 보인다. 과실이나 벌꿀과 같은 당분을 함유하는 액체는 공기 중에서 효모가 들어가 자연적으로 발효하여 알코올을 함유하는 액체가 된다. 이로 미루어 선사시대에 술을 빚던 방식을 짐작해볼 수 있다.

　이처럼 인류의 발달사 측면에서 보면 수렵시대에는 과실주가 만들어지고, 유목시대에는 가축의 젖으로 젖술[乳酒]을 만들었으며, 농경시대부터 곡류를 원료로 한 곡주가 빚어지기 시작하였을 것이다. 따라서 포도주와 같은 과실주는 인류의 역사와 더불어 오래 전부터 있었을 것이다. 청주나 맥주와 같은 녹말질인 곡류의 양조주는 정착 농경이 시작되어 녹말을 당화시키는 기법이 개발된 후에 만들어졌다.

　최근에는 인류 최초의 술이 중국의 황하(黃河)문명에서 시작되었다고 주장하는 학자도 있다. 2000년대 중반, 미국 펜실베니아 대학의 분자고고학 교수인 패트릭 맥가번(Patrick McGovern)은 중국 허난성[河南省] 지아후[賈湖] 지방에서 발굴된 신석기시대의 토기에서 고대인들의 양조 흔적을 발견해냈는데, 그 방법이 오늘날의 맥주, 특히 에일(Ale)에 가깝다는 결론을 내리게 된다.[01] 이것이 사실이라면 세계 최초의 술로서, 메소포타미아 지방에서 발견된 와인의 흔적을 인류 최초의 양조 기술로 추정하던 기존 설을 뒤집는 것이다. 대략 9000년

01　심현희, 『맥주: 나를 위한 지식 플러스』(넥서스BOOKS, 2018.), 32쪽. 제임스 맥가번 교수는 수렵과 유목 생활을 하던 인류가 농사를 짓기 시작한 것은 우연히 발견된 맥주의 맛에 감탄해서였고, 그 황홀한 맛을 재현하기 위해 정착하여 곡식을 재배하기 시작했다고 주장한다. 이것은 이전까지 사냥감의 부족과 기후 등의 조건으로 농경생활을 시작한 인류가 잉여 곡식으로 술을 만들어 냈을 것이라는 설명을 완전히 뒤엎은 학설이다.

전으로 추정하는 신석기시대는 5~6000년 전으로 추정하는 메소포타미아 문명에 비해 3000년 이상 앞선 것이다.[02]

1983년에는 중국 산시성[陝西省] 미현[眉縣] 양자[楊家]촌에서 출토된 술 도기가 약 6000년 전의 신석기시대 앙소문화(仰韶文化) 유물로 확인되기도 했다. 그 외 은(殷)나라 유적지에서도 자주 술 빚는 항아리가 발견되기도 했다. 이로 볼 때 중국 술의 역사는 도자기의 사용에서부터 시작되었다고 할 수 있겠다.

실제 술을 뜻하는 '酒(주)'는 '酉(유)'라는 글자에서 비롯된 것이다. '酉'는 밑이 뾰족하고 목이 긴 항아리에 술을 담아 뚜껑으로 덮어놓은 모양의 상형문자로 추정한다. 이는 술의 침전물을 모으기 위하여 끝이 뾰족한 항아리를 이용한 것에서 유래된 것으로 보이는데, '물수(水)'와 술항아리를 뜻하는 '익을 유(酉)'가 합쳐져 '술주(酒)'가 된 것이다. 실제 묵은 술을 뜻하는 추(酋)나 진한 술을 뜻하는 주(酎), 쓴 술을 뜻하는 항(酐) 등 '유(酉)'가 들어간 한자는 술과 관련되거나 발효(醱酵)와 관련된 식품을 가리키는 경우가 많은 것도 이를 뒷받침한다.

---

02 제임스 맥가번 교수는 발견에 그치지 않고, 추정되는 재료들을 거꾸로 되짚어 당시의 양조술을 추정해 냈고, 현재의 중국 허난성 지아후 지방의 쌀과 꿀, 나무 열매 등을 사용해 맥주를 만들어 내기에 이른다. 그렇게 만들어낸 양조 기술은 미국 델라웨어 주의 괴짜 맥주 양조장 독피쉬 헤드(Dogfish Head)사에 맡겨져 대량 생산을 하게 된다. 완성된 맥주의 이름은 샤토 지아후(Chateau Jiahu)이다. 심현희의 『맥주: 나를 위한 지식플러스』(넥서스BOOKS, 2018. 32쪽)에는 "2009년, 미국 동부 델라웨어주 밀턴의 유명 크래프트맥주 양조장 '도그피시'(Dogfish)는 아주 독특한 맥주를 세상에 내놓아 주목을 받았다. 맥주 이름은 '샤토 지아후'(Chateau JIAHU), 샤토(Chateau)는 프랑스어로, 프랑스 고급 와인산지인 보르도 지방에서 와인을 제조하는 와이너리 이름에 붙는 명칭이며, 지아후는 중국 허난성 황하 유역의 신석기 유적지로 알려진 곳이다. 해석하자면 지아후 지역에서 만든 맥주라는 뜻이다."라고 설명하였다. '조너선 헤네시, 마이클 스미스 글, 아론 맥코넬 그림'의 「만화로 보는 맥주의 역사 BEER』(계단, 2016)에도 맥주의 역사를 황하문명이 탄생한 황하의 진흙 항아리라고 소개하고 있다. 이 맥주는 2009년 미국 맥주축제에서 금메달을 수상하였다.

중국이 인류문명의 발상지 가운데 하나이면서 초기 농경사회를 시작한 곳이니만큼, 중국 술의 역사도 매우 깊다 할 것이다. 발굴된 유물에서도 식기 외에 무속이나 제례에 사용된 것으로 보이는 도구들도 같이 출토되는 것을 보면, 고대부터 이미 술이 상당히 보편화 되었을 것으로 보인다. 최초로 술을 빚었다고 전해지는 사람은 황제(黃帝) 때 두강(杜康)이다.[03] 어느 날 두강은 남은 밥을 주먹밥처럼 뭉쳐 뽕나무 구멍에 넣어두었다. 이 일을 깜빡 잊고 있었던 두강은 뽕나무 근처에서 생소한 냄새가 나서 찾아보니, 자신이 넣어두었던 밥이 발효되어 향기로운 술이 되었다고 한다. 지금의 허난성[河南省] 뉘양현[汝陽縣]에 두강촌(杜康村)이 있는데, 이곳이 바로 두강이 술을 만든 곳이라고 한다. 두강은 중국의 '주신(酒神)'으로서 술의 대명사가 되었으니, 조조(曹操)도 "근심스런 일 잊기 어려운데, 무엇으로 그 근심 풀까. 오직 두강(술)이 있을 뿐일세."[04]라고 노래했다.

여불위(呂不韋)의 『여씨춘추(呂氏春秋)』나 유향(劉向)의 『전국책(戰國策)』 등에는 왕조시대 최초의 양조인(釀造人)으로 하(夏)나라 의적(儀狄)을 기록하고 있다. 술 빚는 직책을 맡고 있었던 의적이 우(禹)임금에게 술을 빚어 바치자 우임금이 술맛을 보고는 후세에 이 술 때문에 나라를 망칠 것이라고 경계하며 의적을 멀리했다고 한다. 이처럼 우임금이 술을 경계할 정도로 하나라부터는 본격적으로 술을 마시기 시작했던 것으로 보인다.

---

03 『說文解字』에는 "두강이 처음으로 수수 술을 만들었다. 또 소강(少康)으로도 부르는데, 하조(夏朝)의 임금이며, 도가(道家)의 명인이다.(杜康始作秫酒. 又名少康, 夏朝国君, 道家名人.)"라고 하여 두강을 하나라의 임금으로 보았다.

04 曹操, 「短歌行」: 憂事難忘, 何以解憂, 唯有杜康.

『사기(史記)』에는 "주왕(紂王)은 술을 좋아하고 음악에 흠뻑 빠졌으며 여자를 탐했다. 특히 달기(妲己)를 총애하여 달기의 말이라면 무엇이든 따랐다. 사연(師涓)에게 음탕한 곡을 새롭게 작곡하게 하고, 북리(北里)라는 저속한 춤과 퇴폐적인 음악을 연주하게 했다. ……또 사구(沙丘)에 큰 놀이터와 별궁을 지어두고 많은 짐승과 새들을 거기에 놓아기르면서 귀신도 우습게 여겼다. 술로 연못을 만들고, 고기를 매달아 숲처럼 만든 후 남녀들을 벌거벗게 하여 그 안에서 서로 쫓아다니게 하면서 밤새도록 술을 마셨다."[05]는 기록이 있다. 이것이 이른바 은(殷)나라 주왕(紂王)의 '주지육림(酒池肉林)' 고사이다. 은나라는 우임금의 염려대로 술 때문에 나라가 망하게 된 것이다.

그러나 이때까지는 술이 제례용이거나 왕후장상들의 귀한 음료 정도로서, 일반 백성들까지 보급되지는 못했던 것으로 보인다. 주(周)나라에서는 전대를 교훈삼아 금주령을 내리고 술을 제례(祭禮)에만 사용하도록 제한했다. 청동기에서 철기시대로 넘어가는 과도기의 주나라 사회는 농경이 본격적으로 발달하지 못하여 식량으로 쓸 곡물도 부족했기 때문이다. 『서경(書經)』「주서(周書)」의 '주고(酒誥)'는 문헌상 남아있는 가장 오래된 금주령이다. 주공(周公)은 나라의 기강을 잡기 위해 엄격한 금주령을 포고하는데, 일반 백성들은 물론 왕공제후들도 예(禮)가 아니면 술을 마시지 못하도록 규정하였다. 그러나 『서경』에는 누룩으로 빚은 '국얼(麴蘖)'이라는 술이 등장하고, 『시경(詩經)』에도 "여

---

05 『史記』「殷本紀」: 帝紂……好酒淫樂, 嬖於婦人, 愛妲己, 妲己之言是從, 於是使師涓作新淫聲, 北里之舞, 靡靡之樂. ……沙丘在巨鹿東北, 多取野獸飛鳥置其中, 慢於鬼神. 以酒爲池, 懸肉爲林, 使男女倮, 相逐其間, 爲長夜之飮.

기 봄에 빚은 술로 장수를 축하하노라.''[06]라는 노래가 나오는 것으로 보아 누룩을 이용한 양조법이나 봄에 술을 빚는 풍속이 이미 이 시기에 형성되었음을 알 수 있다.

본격적인 철기시대에 진입한 춘추전국(春秋戰國) 시기에는 농업을 비롯한 다양한 분야에서 생산성이 향상되었으며, 술을 만드는 기술도 발전했다. 이 시대를 기록한 각종 문헌에서 술과 관련된 기록이 매우 자주 등장하며, 음주문화도 다양한 계층으로 확대되었다. 오월동주(吳越同舟)와 와신상담(臥薪嘗膽) 고사의 배경인 춘추시대 월(越)나라에는 월왕(越王) 구천(勾踐)이 오나라를 정벌하러 갈 때 병사들과 함께 황주(黃酒)를 나눠 마셨다는 기록이 있다. 쌀과 좁쌀로 만든 이 황주가 바로 지금의 사오싱[紹興] 황주의 기원이다.

통일왕국 진(秦)나라도 곡식의 소비를 막기 위해 금주정책을 실시하였고, 한(漢)나라에서도 한동안 술은 제례용으로 한정되어 그다지 보편화되지는 못했다. 2018년 9월에 허난성[河南省] 뤄양시[洛陽市]의 한 공사장에서 2000년이나 발효된 서한(西漢) 때의 청동 술병이 발견되었다. 해당 술병이 발견된 장소가 2000여 년 전 서한시대 때 만들어진 고대 무덤가이며, 이곳에서 발견된 청동 술병 2개는 무덤이 만들어졌을 당시 함께 매장됐던 것으로 보고 있다. 청동 물병에는 총 3.5ℓ의 액체가 들어있었고, 1개월여의 분석 결과 이 액체는 곡물을 발효시킨 일종의 술인 것으로 밝혀졌다. 이 술의 분석을 담당한 전문가들은 '2000여 년 전 이러한 술을 마시는 사람들은 지위가 높은 귀족들이었다'고 설명했다.

---

06 『詩經』「豳風·七月」: 爲此春酒, 以介眉壽. 축수연이기 때문에 '춘주(春酒)'를 올렸던 것으로 보이며, 고급 청주의 대명사가 된 '춘주(春酒)'의 어원도 이 노래로 추정된다.

그러나 동한(東漢) 이후부터 술은 제례용에서 오락용으로 그 성격이 변하기 시작한다. 이 시기에는 밀로 누룩을 만들어 양조를 하였다. 누룩이란 밀을 굵게 갈아 반죽해서 띄운 술의 원료를 말한다. 이처럼 양조 기술이 발전하면서 양조의 양이나 술의 종류도 폭발적으로 증가했다.

위진남북조시대에 이르러서는 술을 금한 진한(秦漢)시대와는 달리 술을 합법적으로 허용하여 일반인들도 자유롭게 술을 빚었다. 이에 따라 양조장이 발전하고 주세(酒稅)가 생겨 국가의 주요 재원이 되었다. 6세기 초 북위(北魏)의 북양태수(北陽太守)였던 가사협(賈思勰)이 지은 『제민요술(齊民要術)』에는 양조법이 상세히 기록되어 있는데, 현재의 양조법과 큰 차이가 없을 만큼 상당히 발달된 것이었다. 이처럼 이 시기는 술이 본격적으로 민간에 스며든 시기이기도 하다.

| 술을 사랑한 시선(詩仙) 이백(李白)

수당(隋唐) 시기에는 반주(飯酒) 문화가 정착되었으며, 음주가 문학 예술의 매개이자 고상한 풍조로서 환영받던 시기였다. 특히 시선(詩仙)으로 불렸던 이백(李白)은 "한번 마시면 삼백 잔은 마셔야지. ……예로부터 성현들은 다 흔적 없어도, 오직 술 마신 사람만이 그 이름을 남겼다."[07]며 호기를 부렸다. 그는 「월하독작(月下獨酌)」(제2수)에서 다

---

07 「將進酒」: 會須一飮三百杯, ……古來聖賢皆寂寞, 惟有飮者留其名.

음과 같이 술을 예찬했다.

天若不愛酒,	하늘이 술을 사랑하지 않았다면
酒星不在天.	주성(酒星)이 하늘에 없었을 것이고.
地若不愛酒,	땅이 술을 사랑하지 않았다면
地應無酒泉.	땅에는 응당 주천(酒泉)이 없었겠지.
天地旣愛酒,	천지도 원래부터 술을 사랑했으니
愛酒不愧天.	애주는 하늘에 부끄러울 것 없으리.
已聞淸比聖,	듣자하니 청주는 성인에 비길 만하고
復道濁爲賢.	또한 탁주는 현자와 같다하네.
賢聖旣已飮,	성현들도 이미 원래부터 마셨거늘
何必求神仙.	굳이 신선되길 바랄 텐가.
三杯通大道,	세 잔 술이면 큰 도와 통하고
一斗合自然.	한 말 술이면 자연과 합해지나니.
但得酒中趣,	술 속의 흥취를 깨달았더라도
勿爲醒者傳.	깨어있는 사람에게는 알려주지 마시게.

송(宋)나라 시기에는 전국 각지에 주점이 생길 정도로 양조업과 술 판매가 성행했다. 그래서 술의 명산지나 명주의 품명 등도 나타나기 시작했다. 또 벽향주(碧香酒), 지황주(地黃酒), 양고주(羊羔酒) 등 약주(藥酒)도 생겨났다. 금원(金元) 시기에는 도수가 높은 술을 많이 마시는 풍습이 생겨나기 시작했으며, 이때 백주(白酒)와 유사한 형태의 증류주가 성행했던 것으로 추정된다.

명청(明淸) 시대에는 몽고(蒙古)의 마유주(馬乳酒), 중원의 금화주(金華酒), 남방의 미주(米酒) 등과 같이 각 지역의 특색 있는 지역주(地域

酒)가 보편화 되고, 절기에 따라 다양한 술을 만들어 마시는 등 음주문화가 더욱 풍성해졌다. 이 시기에 정착된 대표적인 절기주(節氣酒)를 보면 설에는 제사용 초백주(椒柏酒), 전창절(塡倉節)에는 풍년을 기원하는 전창주(塡倉酒)[08], 단오절에는 봄에 기운을 돋우는 양생의 일환으로 창포주(菖蒲酒), 추석에는 사람의 마음을 풀어주는 계화주(桂花酒), 중양절에는 양생과 길상(吉祥)의 의미를 담은 국화주(菊花酒) 등을 마셨다. 이처럼 절기마다 다양한 의미를 담아 때에 맞게 술을 즐겼다. 특히 명대부터 시작된 개성해방 사조는 음주와 오락의 기풍을 더욱 고조시켰다. 다음은 원굉도(袁宏道)의 글이다.

> 눈으로 세간의 색을 다 보고, 귀로 세간의 소리를 다 듣고, 몸으로 세간의 신선함을 다 겪어보고, 입으로 세간의 이야기를 다하는 것이 첫 번째 삶의 즐거움이다. 당 앞에 성찬을 늘어놓고 당 뒤에 음악을 연주하며, 빈객이 자리에 가득하고 남녀가 신발을 뒤섞어 노닐며, 촛불의 기운이 하늘에 자욱하고 옥구슬과 비취가 땅에 널려 있으며, 달빛이 장막 안을 비추고 꽃 그림자가 옷에 드리우는 것이 두 번째 삶의 즐거움이다. 서고 속에 만 권의 책을 비치하되 서적은 모두 진기한 것을 두며, 저택 곁에 별채 한 채를 두되 그 방에 참된 동심을 가진 벗 십여 사람과 약조하여, 그 사람들 가운데 사마천이나 나관중, 관한경 같이 식견이 지극히 높은 한 사람을 세워 주장으로 삼아서, 무리를 나누어 안배하여 각각 글 한 편을 짓고는, 멀리는 당송의 시큼한 유학자들의 고루함을 문채가 나도록 고치고, 가까

---

08 전창절은 창왕야(倉王爺)의 생일이라고 하는 음력 정월 25일로서, 한족(漢族)들이 새해 풍년을 기원하며 기념하는 명절이다. '塡倉'은 곡식 창고를 가득 채운다는 뜻이다.

이는 한 시대에 다 끝내지 못한 글을 완성하는 것이 세 번째 삶의 즐거움이다. 천금으로 배를 하나 사서, 그 안에 악대와 기녀, 그리고 한가하게 노니는 사람 몇몇을 태우고, 물 위에 배를 띄워 늙음이 장차 이르는 것도 모르고 살아가는 것이 네 번째 삶의 즐거움이다. 하지만 인생을 이렇게 즐기다 보면 10년이 채 못 가서 자산과 전답을 탕진하고 말지니, 그런 후에 일신이 곤궁해져 아침에 저녁을 기약하지 못하는 처지가 되어 교방에서 탁발하여 고단한 노인의 밥그릇을 채우고, 고향 친척들 사이를 왕래하면서도 담담하게 수치를 모르는 것이 다섯 번째 삶의 즐거움이다. 선비로서 이 즐거움 가운데 하나라도 있다면 살아서는 부끄러움이 없고 죽어서도 불후하게 될 것이다.[09]

원굉도라는 명대의 대학자가 설파한 이러한 인생의 쾌락 풍조는 일반인들의 음주문화도 더욱 빠르게 확산시켰다. 당시 귀족들은 주로 황주를 마셨고, 일반 백성들은 가격이 상대적으로 저렴하고 도수가 높은 소주(燒酒: 백주의 다른 이름)를 즐겨마셨다고 한다.

세계적인 명성을 얻은 칭다오[靑島] 맥주는 청말 칭다오 지역을 점령했던 독일의 맥주 기술이 들어와 만든 것이었고, 유럽식 포도주 역시 이 시기부터 만들기 시작했다. 현재는 수천 년의 역사를 가진 전통주부터 새롭게 개발한 술까지 다양한 종류의 술을 생산하고 있다.

---

09 袁宏道, 「致龔惟長先生書」: 目極世間之色, 耳極世間之聲, 身極世間之鮮, 口極世間之譚, 一快活也. 堂前列鼎, 堂後度曲, 賓客滿席, 男女交舄, 燭氣熏天, 珠翠委地, 皓魄入帳, 花影流衣, 二快活也. 篋中藏萬卷書, 書皆珍異, 宅畔置一館, 館中約眞正同心友十餘人, 人中立一識見極高, 如司馬遷, 羅貫中, 關漢卿者爲主, 分曹部署, 各成一書, 遠文唐宋酸儒之陋, 近完一代未竟之篇, 三快活也. 千金買一舟, 舟中置鼓吹一部, 妓妾數人, 遊閑數人, 泛家浮宅, 不知老之將至, 四快活也. 然人生受用至此, 不及十年, 家資田產蕩盡矣, 然後一身狼狽, 朝不謀夕, 托鉢歌妓之院, 分餐孤老之盤, 往來鄕親, 恬不知恥, 五快活也. 士有此一者, 生可無塊, 死可不朽穎.

2. 술의 전통적 의미: 의례와 풍류

앞서 언급했듯이 술을 뜻하는 한자 '酒'는 '酉'라는 글자에서 비롯된 것이다. '酉'는 밑이 뾰족하고 목이 긴 항아리의 겉모양에서 따온 상형문자이며, 이 항아리에 물을 뜻하는 삼 수(水)변이 붙어 오늘의 酒자를 이루게 되었으니 술을 담는 항아리라는 뜻이다. 또 이 항아리는 어떤 부족의 우두머리를 뜻하는 추장(酋長)의 '酋'자와 연관되어 있다. 추장의 '酋'자는 항아리의 주둥아리 위로 향기가 나오는 모습을 묘사한 것으로, 술을 담그는 사람을 뜻하는 것이다. 주지하듯이 원시시대에는 제사를 받드는 사람이 무리의 으뜸이었다. 유대인의 제사장이 그렇고, 중국의 고대 임금들이 그러하며 우리의 단군이 그렇다.

술은 고대에 신을 모시거나 조상에 제사지내는 용도였으며, 왕가의 종묘(宗廟) 제사이거나 민간의 사가(私家) 제사이거나 모두 제사 후에 반드시 강과 하천에 술로 고수레를 하였다. 이런 의식 후에야 술과 음식을 베풀 수 있었다. 술을 뿌리는 고수레에도 격식이 있었다. 공손하고 엄숙한 표정으로 잔을 받쳐 들고 묵념한 후에 먼저 술을 세 곳에 뿌리고 다시 반원형으로 술을 부어 "마음 심[心]" 모양을 만들었다. 이것은 마음을 바친다는 의미이다.

술이 제례용에서 일상적 오락용으로 확장되면서 술의 의미와 기능도 더욱 확대되었다. 『한서(漢書)』의 「식화지(食貨志)」에서는 술을 "하늘이 내려준 복(天之美祿)"이라고 칭했다. 이는 술이란 대자연이 인간들에게 주는 아름다운 선물이라는 의미이다. '록(祿)'이라는 글자는 복을 뜻하며, 복이 있는 사람만이 술을 즐길 수 있다고 생각했다. 술을 즐기지 못하는 사람은 창조주가 내려준 대자연의 선물을 누릴 수 있는 복을 내려주지 않았다는 것이다. 그래서 술은 '차주서회(借酒抒懷:

술을 빌어 회포를 푼다)'나 '차주소수(借酒消愁: 술을 빌어 근심을 푼다)'라는 표현처럼 인간의 실존적 고독을 위로해주기도 하고, '이주조흥(以酒助興: 술로써 흥취를 돋운다)'으로써 사람과 사람 사이의 관계를 원활히 해주기도 한다.

이렇게 함께 하는 술자리에는 또 나름의 규칙이 생기게 되었으니, '후래자삼배(後來者三杯)'는 춘추시대부터 있어 온 관습이다. 술자리에 늦게 도착하는 사람이나 초대하지 않은 자가 왔을 때 미리 온 주객(酒客)들이 벌주 세 잔을 요구 할 수 있다. '건배(乾杯)'도 고대부터 생긴 음주문화이다. 건배는 먼저 잔을 비우고 술을 올리는 것으로, 이렇게 하지 않고 술을 올리면 실례가 되며 규칙에 따라 벌을 받았다. 이는 모두 주흥(酒興)을 함께 하기 위한 나름의 규칙이라 할 것이다.

술은 중국 문학예술의 중요 매개이기도 했다. '차주부시(借酒賦詩: 술을 빌어 시를 짓다)'는 고대 시인들의 일상이었다. 만나고 헤어짐의 감정을 매개하는 술이라는 존재는 문학예술에서 가장 자주 등장하는 소재이다. 주선(酒仙)으로 불렸던 이백(李白)은 「금릉주사유별(金陵酒肆留別)」에서 다음과 같이 노래하고 있다.

風吹柳花滿店香,	버들 꽃에 바람 불어 향기는 주막에 가득
吳姬壓酒喚客嘗.	오(吳)나라 미녀는 술을 따르며 맛보라 하네.
金陵子弟來相送,	금릉(金陵)의 젊은이들 전송하러 와서는
欲行不行各盡觴.	차마 못 떠나서 다시 잔을 기울이나니.
請君試問東流水,	물어보라, 동으로 흐르는 저 장강(長江)에게
別意與之誰短長.	이별의 이 슬픔과 어느 것이 더 긴가를!

이백이 한때 떠도는 몸이 되어 중국의 남방을 유랑하던 시절, 시명은 이미 천하에 알려져 가는 곳마다 극진한 대접을 받았고, 또 천성이 호방하여 각처의 협객들과 두루 교유하였다. 이 시는 중국의 대표적인 이별시로서, 지금의 난징[南京]인 금릉(金陵)의 주사(酒肆)에서 지은 것인데, 술로써 멀리 가는 사람을 배웅하는 소위 '이주장행(以酒壯行)'의 장면을 노래한 것이다.

그의 「월하독작(月下獨酌)」(제1수)은 또 술을 통해 인간 존재의 원초적 고독을 자연과 용해시키는 철학적 승화과정까지 보여준다.

花間一壺酒,	꽃 사이에 술 한 병 놓고
獨酌無相親.	벗도 없이 홀로 마시네.
擧盃邀明月,	잔 들어 밝은 달을 맞이하니
對影成三人.	그림자 비쳐 세 사람이 되었네.
月旣不解飮,	달은 본래 술 마실 줄 모르고
影徒隨我身.	그림자는 그저 내 몸을 따라 하네.
暫伴月將影,	잠시 달과 그림자를 벗하며
行樂須及春.	봄날을 마음껏 즐겨보노라.
我歌月排徊,	내가 노래하면 달이 서성이고
我舞影凌亂.	내가 춤추니 그림자 어지럽구나.
醒時同交歡,	취하기 전에는 함께 즐기지만
醉後各分散.	취한 뒤에는 각자 흩어지리니.
永結無情遊,	길이 무정유(無情遊)를 맺어
相期邈雲漢.	아득한 은하에서 다시 만나길.

시성(詩聖)으로 불렸던 두보(杜甫)의 「음중팔선가(飮中八僊歌)」도 당시의 낭만적 음주문화를 짐작하게 해준다.

| 두보(杜甫)의 「음중팔선가(飮中八僊歌)」를 바탕으로 그린 '음중팔선도(飮中八僊圖)'

知章騎馬似乘船,　　하지장(賀知章)은 술에 취해 말 탄 것이
　　　　　　　　　　　배 탄 것 같았고,
眼花落井水底眠.　　눈이 어지러워 우물에 떨어져도 물 바
　　　　　　　　　　　닥에서 잔다네.

汝陽三斗始朝天,　　여왕(汝王) 이진(李璡)은 세 말 술을 마셔
　　　　　　　　　　　야 비로소 조정에 나갔고,
道逢麴車口流涎,　　길에서 누룩 실은 수레만 만나도 침 흘
　　　　　　　　　　　렸으며,
恨不移封向酒泉.　　술샘 있다는 주천(酒泉)으로 관직을 옮
　　　　　　　　　　　기지 못함을 한탄했다네.

左相日興費萬錢,　　좌상(左相) 이적지(李適之)는 흥이 나면
　　　　　　　　　　　하루 잔치에 만전(萬錢)이나 썼고,

중국인의 생활문화

飮如長鯨吸百川,　　　큰 고래가 수많은 강물 들이키듯 술을
　　　　　　　　　　　마셨으며,

衝盃樂聖稱世賢.　　　잔 물고 청주(淸酒)를 즐겨 세상의 현인
　　　　　　　　　　　이라 일컬어졌네.

宗之瀟灑美少年,　　　최종지(崔宗之)는 말쑥한 미소년인데,
擧觴白眼望靑天,　　　잔 들고 흰 눈으로 푸른 하늘 바라보면,
皎如玉樹臨風前.　　　옥 나무가 바람맞고 서있는 듯 교교했
　　　　　　　　　　　다네.

蘇晉長齋繡佛前,　　　소진(蘇晉)은 수불(繡佛) 앞에서 오래 동
　　　　　　　　　　　안 재계(齋戒)했는데,

醉中往往愛逃禪.　　　취중에 종종 좌선(坐禪)하다 도망쳐 나
　　　　　　　　　　　오기를 잘 했다네.

李白一斗詩百篇,　　　이백(李白)은 술 한 말 마시면 시 백 편을
　　　　　　　　　　　썼고,

長安市上酒家眠,　　　장안(長安) 저자거리 술집에서 잠자기
　　　　　　　　　　　일쑤였으며,

天子呼來不上船,　　　천자(天子)가 불러도 배에 오를 수 없을
　　　　　　　　　　　정도로 취하여,

自稱臣是酒中仙.　　　자칭 주중선(酒中仙)이라 하였네.

張旭三盃草聖傳,　　　장욱(張旭)은 세 잔 술로 글씨 쓰는 초서
　　　　　　　　　　　(草書)의 성인으로 전해지는데,

脫帽露頂王公前,　　　모자를 벗고 왕이나 귀족 앞에서도 맨
　　　　　　　　　　　머리를 보였고,

揮毫落紙如雲烟.　　 붓 휘둘러 종이에 대면 구름과 안개가
　　　　　　　　　　 흐르듯 초서가 쓰였다네.

焦遂五斗方卓然,　　 초수(焦遂)는 술 다섯 말을 마셔야 비로
　　　　　　　　　　 소 오연해졌고,
高談雄辯驚四筵.　　 고상한 얘기와 웅변으로 연석(宴席)에
　　　　　　　　　　 있는 사람들을 놀라게 했다네.

　이 시에 등장하는 '팔선(八僊)'은 술로써 이름을 날린 당(唐)나라 최
고의 풍류인들이다. 술에 취해서 곧잘 배를 탄 듯이 말을 타고 갔다는
하지장(賀知章), 길에서도 누룩 수레를 보면 군침을 흘렸다는 여양왕
이진(李璡), 탁주를 싫어하기로 유명한 좌상(左相) 이적지(李適之), 술이
부족하면 하늘을 흘겨보았다는 최종지(崔宗之), 불자이면서도 술에 취
하면 참선을 핑계로 잠을 잤다는 소진(蘇晉), 술 한 말에 시 백 편을 썼
다는 주선(酒仙) 이백(李白), 석 잔 술이면 초서(草書)의 성인이 됐다는
장욱(張旭), 다섯 말의 술을 마셔야 비로소 입을 열어 말을 했다는 초
수(焦遂) 등의 일화는 술과 문학예술의 상관성 및 문인들의 낭만을 보
여주는 예이다.

중국의 음주문화

    중국의 음주문화는 중국인의 생활양식에서 중요한 위치를 차지하고 있다. 고대부터 지금까지 중국인들에게 술은 인간관계의 중요한 척도로 인식되어왔다. 짙은 향, 부드러움, 달콤한 맛, 오래 감도는 맛 등 술의 맛을 표현하는 소위 '濃香, 醇和, 美甛, 回味長' 등은 종종 중국인들이 사람을 품평하는 기준으로 사용하기도 한다.

    중국의 술은 원래 제례용으로 시작되었으므로 술을 마시는 방법이나 문화가 다소 까다로운 면이 있었지만 명나라 이후, 민간에서도 널리 마시게 되면서 식사와 함께 술을 마시는 반주문화가 발달했다. 기본적으로 중국의 술 문화는 반주문화이며, 따로 술을 위한 주연을 가지게 되어도 식사를 겸하는 경우가 많다. 우리나라처럼 1차로 식사를 하고, 2차로 술을 마시는 문화는 개혁개방 이후에 생긴 문화이다.

    중국인들은 술을 따뜻하게 마시는 것을 즐긴다. 소주나 맥주는 냉장고에 넣어두고 시원하게 마시는 것이 일반적이다. 그런데 중국에서는 술을 따뜻하게 덥혀서 마시는 경우가 많다. 너무 높은 온도로 덥히면 술맛이 변하기 때문에 백주는 실온 정도로 유지하고, 황주는

45~50도 정도로 덥혀서 마신다. 중국에서는 또 부부 동반으로 술자리를 갖는 경우가 많다. 우리나라에서 친구들과 왁자지껄 술자리를 계획한다면 대부분 당사자들끼리 모이는 것이 보편적이지만 중국에서는 많은 모임에 부부가 함께 참석하여 술자리를 가지는 것이 보편적이다.

중국에는 술을 즐기는 사람을 일컫는 호칭이 다양하다. 주호(酒豪)는 『삼국지(三國志)』의 장비(張飛)처럼 기개 있고 화끈하게 술을 먹는 사람을 가리키는 말이며, 주선(酒仙)은 당(唐)나라 시인 이백(李白)처럼 품위 있고 낭만적으로 술을 즐기는 사람을 뜻한다. 이보다 한 단계 높은 경지에 이른 사람을 일컫는 주성(酒聖)은 술을 많이 마셔도 흐트러짐이 없고 실수를 하지 않는 사람을 뜻한다. 반면에 주귀(酒鬼)는 술버릇이 매우 나쁘고 거친 사람을 일컫는 호칭으로, 나에게 해가 되는 친구를 일컫는 주러우펑유[酒肉朋友]와 같은 부류이다. 이외에 대주가 혹은 술고래라는 의미의 하이량[海量]이라는 말도 자주 쓰인다. 우리에게도 '취중진담'이라는 말이 있듯이 중국에도 '酒後吐真言[jiǔhòutǔzhēnyán]'이라는 말이 있다.

이것은 음주가 반복되면서 생긴 술버릇이 만들어낸 용어라 할 것이다. 그래서 차를 마실 때 다도(茶道)가 있는 것처럼 술을 마실 때도 주도(酒道)가 있다. 중국에서는 이를 주덕(酒德)이라고 하여 술자리에서의 절제와 예절을 무척 중요시 여긴다. 다음은 우리나라와 다른 중국의 주도이다.

첫째, 건배를 할 때는 잔을 비워야 한다. 중국에서는 연회나 모임을 시작할 때 참여한 모든 사람들이 건배를 한다. '간베이[干杯]'는 말 그대로 잔을 비우라는 뜻이기 때문에 건배를 외치면 잔을 모두 비워야 하며, 상대에게 술잔을 들여 보여주는 것이 예의이다. 따라서 건배 제의는 한 잔을 다 마실 수 있을 때 하거나 술을 잘 못하면 아예 처음에 술을 조금만 따르는 것이 좋다. 첫 건배 이후에는 우리나라와 마찬가지로 각자의 컨디션에 따라 술을 자유롭게 마시면 된다. 마시고 싶은 만큼 마시자는 의미로는 '쉐이이[隨意]'라는 말이 있다.

둘째, 잔이 다 비기 전에 채우는 첨잔 문화가 있다. 우리나라에서는 술을 받으면 모두 마셔서 잔을 비우는 것을 예의로 생각한다. 그런데 중국에서는 반대로 잔을 항상 채워두는 것을 예의로 친다. 잔에 술이 조금 부족하다 싶으면 근처에 자리한 사람이 잔을 채워준다. 술을 더 하기 힘들 때는 술잔을 손으로 살짝 가려 첨잔을 거절하면 된다.

셋째, 술을 따를 때에는 넘칠 정도로 찰랑거리게 따라준다. 우리나라는 술잔을 가득 채우는 것보다 약간의 여유를 두고 따라주는 것이 예의인데, 중국에서는 술잔이 찰랑거릴 정도로 가득 따르는 것이 예의이다. 그리고 일반적으로 술을 따라 준 사람은 술잔을 비워야 하지만, 술을 받은 사람은 다 마시지 않아도 된다. 우리나라에서는 술을 따라 주면 그 술을 다 마시는 것이 예의처럼 통하지만 중국은 우리나라와 반대의 인식을 갖고 있다.

넷째, 중국에서는 자작이 보편적이다. 우리나라에서는 자작을 피하는 경향이 있지만, 중국에서는 오히려 자기 술잔은 자기가 채우는 것이 보편적이다. 그래서 한 술병으로 나눠 먹는 일도 많지만, 자기가 먹을 술병을 자기 앞에 두고 먹는 경우도 많다. '쯔만[自滿]'이 우리나라에서 '자작'으로 통하는 말이다. 요즘은 빈 잔을 서로 채워주는 문화가 생기면서 자작하지 말라는 뜻의 '비에쯔만[別自滿]'도 자주 사용한다.

다섯째, 테이블을 두드리는 것은 '감사'의 의미이다. 우리나라에서 술을 마시다 테이블을 두드리는 것은 흥의 분출이거나 불만의 표시일 정도로 아주 드문 일이지만 중국에서는 일종의 감사를 표시하는 행동이다. 내가 모르는 사이에 누군가 내 술잔에 술을 따라 줄 경우 테이블을 똑똑 두드려 감사의 인사를 전할 수 있다.

여섯째, 잔 돌리기는 비위생적으로 생각한다. 우리나라에서는 술잔 하나로 모임에 참석한 사람들이 번갈아 가면서 술을 마시는 잔 돌리기 문화가 있다. 이를 통해 친근감이나 유대감을 과시한다. 그런데 중국에서는 일반적으로 자신의 잔으로 술을 마시며, 잔 돌리기를 권할 경우 비위생적으로 생각하여 불쾌하게 느낄 수 있으니 주의하는 것이 좋다. 주인이 권하는 술을 마신 손님이 답례로 주인에게 술을 권하는 것을 '후이징[回敬]'이라 하고, 손님들이 서로 술을 주거니 받거니 하며 마시는 것을 '후징[互敬]'이라고 하는데, 자기보다 높은 사람에게 술을 권하고 싶을 때는 '징주[敬酒]'라고 하면 된다.

일곱째, 어른과 술을 마실 때에도 고개를 돌리지 않고 오히려 눈을 보며 마신다. 우리나라에서는 어른이 내가 술 마시는 모습을 볼 수 없도록 살짝 몸을 비틀어 술잔을 들이키는 것이 예의지만, 중국에서는 오히려 상대방의 눈을 마주보며 술잔을 비운다.

여덟째, 술을 사양할 때는 미리 이야기하면 된다. 술을 잘 마시지 못한다거나 운전을 해야 하는 경우, 종교적인 이유 등으로 술을 마시지 못하는 경우에는 모임의 주최자나 가까이 앉은 사람에게 미리 이야기를 해두면 된다. 중국에서는 손님이 술을 마시고 크게 취해야 충분하게 대접했다는 인식이 있기 때문에 잔을 계속 권하지만, 강권하는 경우는 거의 없기 때문에 사양의 의사를 확실하게 표시하면 문제가 없다. 어쩔 수 없이 술을 마셔야 하는 자리라면 술을 대신 마셔달

중국인의 생활문화

라는 '다이인[代飮]'을 부탁할 수도 있다. 우리의 벌주에 해당하는 '파주[罰酒]'는 일반적으로 술자리에 늦게 온 사람에게 세 잔을 마시게 하는 '후래자삼배'의 풍속도 있다.

이처럼 중국인의 음주예절은 한국과는 상당히 다른 편이다. 중국에서는 술잔이 다 비기 전에 첨잔하며, 잔을 돌리는 습관도 없다. 술을 마실 때 상대방의 눈을 보며, 같이 술잔에 입을 대고 같이 입을 떼야 한다. 상대방과 눈을 마주치지 않고 혼자 빨리 마시면 그 상대방과 대작하기 싫다는 의미가 되기 때문이다. 술잔에 술을 가득 따르는 것은 손님을 존경한다는 뜻이다. 상대가 술잔을 권하는데 일언지하에 거절하면 존경하지 않는다는 의미이므로, 정 마시지 못할 경우 사전에 이야기하거나, 다른 동료에게 대신 마시도록 부탁하는 것이 좋다. 잔을 부딪칠 때는 언제나 자리에서 일어나 가볍게 오른손으로 하며, 윗사람과 할 때는 상대방 술잔보다 약간 낮은 위치에 부딪친다.

어느 나라든 술자리의 분위기를 고조시키는 것이 건배이다. 특히 적절하고 유쾌한 건배사는 함께 하는 사람들의 흥을 돋우고 친밀감과 유대감을 더욱 증폭시킨다. '흥해도 청춘, 망해도 청춘'이라는 의미의 '흥청망청', '청춘은 바로 지금부터'의 '청바지', '오래 동안 징그럽게 어울리자'는 '오징어' 등이 우리의 술자리를 유쾌하게 만들 듯이 중국에도 재미있고 의미 있는 건배사가 많다. 중국에서는 건배사를 '祝酒詞[zhùjiǔcí]'라고 하는데, '몸 건강하고 만사형통 하세요'라는 '身体健康[shēntǐjiànkāng], 萬事如意[wànshìrúyì]'나 '우리들의 우정을 위하여 건배'라는 '爲了我们的友誼乾杯[wèilewǒmendeyǒuyìgānbēi]'가 가장 일반적이다. 이 외에 술자리에 모인 사람들과의 관계를 두텁게 만들어 줄 수 있는 몇몇 건배사를 보자.

① 各位相聚就是缘分, 敬大家一杯酒, 祝大家家庭幸福, 身体健康, 事业顺利![Gèwèi xiāngjù jiùshì yuánfèn, jìng dàjiā yì bēi jiǔ, zhù dàjiā jiātíng xìngfú, shēntǐ jiànkāng, shìyè shùnlì!] : '이렇게 한 자리에 모인 것도 인연입니다. 모든 가정의 행복과 건강, 사업의 건승을 빕니다.'라는 뜻으로, 공식적인 비즈니스 모임의 건배사로 적당하다.

② 酒逢知己千杯少, 话不投机半句多.[jiǔ féng zhī jǐ qiān bēi shǎo, huà bù tóu jī bàn jù duō.] : '나를 알아주는 친구와 함께라면 천 잔의 술도 아깝지 않지만, 말이 통하지 않는 사람에게는 반 마디 말도 아깝다'는 뜻이다. 이것은 술을 매개로 친구의 소중함을 가득 담은 건배사로서, 중국에서 많이 쓰이는 건배사 중 하나이다.

③ 酒香十里, 花香百里, 人香千里![Jiǔxiāng shili, huāxiāng bǎilǐ, renxiāng qiānlǐ] : '술 향기는 십 리, 꽃향기는 백 리, 사람 향기는 천 리를 간다.'는 뜻으로, 인간관계에 대한 가장 유명한 건배사이다. 깊은 술의 향보다 멀리 날아가는 꽃향기, 그 보다 더 멀리 날아가는 사람의 향기라는 멋진 문장이다.

④ 结识新朋友, 不忘老朋友![Jiéshí xīn péngyǒu, bú wàng lǎo péngyǒu] : '새로운 친구는 사귀고, 오래된 친구는 잊지 말자'는 뜻으로, 새 친구와 오랜 친구가 한데 어울리는 술자리에 가장 적절한 건배사이다.

⑤ 酒是粮食精, 越喝越年轻![jiǔshì liángshi jīng, yuèhē yuèniánqīng] : '술은 곡식의 정수이니, 많이 마실수록 젊어진다.'는 뜻으로, 주흥을 고조시키는 반전 있는 건배사이다. 곡식

을 먹으면 건강해지듯, 술도 곡식으로 만드니 많이 마실수록 젊어진다는 넌센스 같은 문장이다.

⑥ 感情深一口闷, 感情浅舔一舔![Gǎnqing shēn yikǒu mēn, gǎnqing qiǎn tiǎnyitiǎn] : '우정이 깊다면 원샷, 얕다면 입만 대도 상관없어!'라는 뜻으로, 주로 친구들끼리 하는 건배사이다. 이 외에 '우정이 깊나요? 그렇다면 링거 맞는 것도 두려워 말고 마셔!'라는 "感情深不深? 深! 那就不怕打吊针![Gǎnqíng shēn bùshēn? Shēn! Nàjiù búpà dǎ diàozhēn]"이나 '우정이 단단합니까? 단단합니다! 그렇다면 위출혈 겁내지 말고 마셔!'라는 "感情铁不铁? 铁! 那就不怕胃出血![Gǎnqíng tiě bútiě? Tiě! Nàjiù búpà wèi chūxuè!]"도 친구 사이에 술을 권하는 익살스러운 건배사이다.

⑦ 只要心里有, 茶水也挡酒.[zhǐyào xīnlǐ yǒu, cháshuǐ yě dǎngjiǔ] : '마음만 있다면 차도 술이 될 수 있다.'는 뜻으로, 술을 못 마시는 사람이 음료수로 건배하면서 할 수 있는 건배사이다.

⑧ 春眠不觉晓, 处处闻啼鸟, 举杯问小姐, 我该喝多少?[Chūnmián bùjué xiǎo, chùchù wén tíniǎo, jǔbēi wèn xiǎojiě, wǒ gāihē duōshǎo?] : '봄잠에 취해 깨어나지 못하는데, 여기저기 새 지저귀는 소리 들리네, 잔을 들어 아가씨께 묻노니, 나 도대체 얼마나 마셔야 될까요?'라는 뜻으로, 새 소리 들리는 새벽까지 술을 마셨다는 것이다. 이 건배사는 당나라 시인 맹호연(孟浩然)의 시 「춘효(春曉)」[10]를 패러디한 것이다.

---

10 孟浩然, 「春曉」: 春眠不覺曉, 處處聞啼鳥. 夜來風雨聲, 花落知多少.(봄잠에 취해 깨어나지 못하는데, 여기저기 새 우는 소리 들리네. 지난 밤 사이에 비바람 소리 들렸으니, 얼마나 많은 꽃잎이 떨어졌을까.)

⑨ 百川到东海, 何时再干杯. 现在不喝酒, 将来徒伤悲.[Bǎichuān dào dōnghǎi, héshí zài gānbēi, xiànzài bù hējiǔ, jiānglái tú shāngbēi] : '모든 강이 동해로 흘러가는데 언제 다시 건배하리오. 지금 술을 마시지 않는다면 훗날 공연히 슬프리라'는 뜻의 낭만적인 건배사이다. 이것은 한대(漢代) 악부시(樂府詩) 「장가행(長歌行)」[11]을 패러디한 것이다.

---

11 「長歌行」 : ……百川到東海, 何時復西歸. 少壯不努力, 老大徒傷悲.(……모든 강이 동으로 흘러가고 나면, 어느 때 다시 이 서쪽으로 돌아오리. 사람도 젊었을 때 노력하지 않으면, 늙어서 그저 슬픔뿐이라네.)

중국 술의 종류

| 백주(白酒)

1. 백주(白酒)

중국의 백주는 세계적으로 유명한 6대 증류주 중의 하나로
서, 당(唐)나라 때 기원되었다고도 하고, 원(元)나라 때 국외로부터 전
해왔다는 기록도 있다. 우리가 흔히 빼갈[白干兒]이라고 부르는 술이
이것인데, 중국의 백주는 제작과정이 다른 나라의 술보다 복잡할 뿐
만 아니라 원료나 술의 특징은 물론 이름도 매우 다양하다. 고량주(高

梁酒), 대곡주(大曲酒), 과간주(瓜干酒) 등 원료에 따라 이름을 지은 경우도 있고, 마오타이[茅台], 펀주[汾酒], 징즈백주[景芝白酒], 취푸주[曲埠酒], 란링다취[蘭陵大曲] 등 지역의 이름을 딴 경우도 있으며, 또 특곡(特曲), 진곡(陳曲), 두곡(頭曲), 이곡(二曲) 등 발효시간과 저장시간에 따라 이름을 지은 경우도 있다. 그리고 이과두(二鍋頭), 사룡주(四龍酒) 등은 생산 공정의 특징에 따라 이름을 지은 경우이다. 중국의 백주는 초기에는 도수가 매우 높아 60°가 넘었으나 근래에는 33°에서 53°까지로 비교적 낮아졌다.

백주는 주로 향에 따라 구분한다. 발효문화가 발달했던 중국에서 향은 발효음식의 중요한 요소로서, 매우 세분화되었다. 백주의 향은 장향(醬香), 농향(濃香, 또는 瀘香), 청향(淸香, 또는 汾香), 미향(米香), 봉향(蜂香), 겸향(兼香, 또는 復香), 약향(藥香), 특향(特香) 등 매우 다양하나 장향, 농향, 청향이 가장 흔하다. 이처럼 향이 다양한 것은 넓은 대륙의 기후에 따라 누룩을 달리 띄우고 발효시키고 저장하는 방법이 다르기 때문이다.

2. 황주(黃酒)

황주는 중국에서 가장 오랜 역사를 갖고 있는 술 종류의 하나로서, 중국 술 역사에서 중요한 위치를 차지하고 있다. 황주는 맛과 영양이 뛰어나 중국인들이 즐기는 술 가운데 하나이다. 1988년 중국의 대표적인 황주인 사오싱주[紹興酒]가 국가의 연회용 술로 정했을 정도로 품질도 인정받고 있다. 황주는 주(周)나라 시기에 벌써 대량 생산되었을 정도로 오랜 역사를 갖고 있다.

중국인의 생활문화

| 황주(黃酒)

　황주가 다른 술과 다른 점은 건강을 고려하여 빚었다는 것이다. 황주의 주요성분은 알코올과 물 외에 맥아당, 포도당, 초산, 단백질이 분해된 아미노산 등 유기물질과 무기물질이 함유되어 있다. 때문에 황주는 높은 영양가가 있으며, 마시는 방식에 따라 다양한 보조치료 작용을 한다고 알려져 있다. 차가운 황주를 그대로 마시면 소화를 돕고, 마음을 진정시키는 작용을 한다. 뜨겁게 해서 마시면 혈액순환을 촉진할 수 있고, 허리가 아프고 손발이 저리는 풍습성(風濕性) 관절염에도 효과가 좋다. 끓는 황주에 계란 하나를 풀어 넣고 약한 불에 다려서 주기적으로 마시면 신경쇠약을 예방할 수 있다고 한다.

　황주는 다음과 같은 몇 가지 종류가 있다.

1) 사오싱[紹興]황주

　사오싱황주는 '간[干: 달지 않음]'한 황주에 속하고, 산지는 저장성[浙江省]의 사오싱시[紹興市]이다. 사오싱주[紹興酒]는 중국의 대표적인 황주로서, 2000여 년이 넘는 역사를 갖고 있다. 청조(淸朝) 강희(康熙) 연간에 제조 규모가 확대되면서 광서(光緒) 연간에 와서는 연간 생산량이 6만 톤에 달하였다. 사오싱주는 1910년 이래 6차례나 국제 금상을 받았을 정도 세계적 명성을 자랑한다. 중국이 건립된 후 국가의 지원 하에서 생산량은 16만 톤에 달했으며 그 품질도 많이 개선되었다. 특히 가반주(加飯酒)는 품질이 좋고 오래 저장하면 그 특색이 더욱 독특하기에 사오싱주 중에서 제일 유명한 술이다.

2) 산둥[山東]황주

산둥황주는 지모노주[卽墨老酒]라고도 하는데 중국의 북방 황주를 대표한다. 예로부터 '남소흥북즉묵(南紹興北卽墨)'이라는 말이 있을 정도로 남에 사오싱주가 있다면 북에는 산둥성[山東省] 칭다오[靑島]의 지모[卽墨]노주가 있다. 지모는 현재 칭다오의 현급시(縣級市)이다. 산둥은 중국 고대 문화 발상지 중 한 곳이며, 지모노주는 이곳의 전통주로서, 사오싱주와 쌍벽을 이루는 명주이다.

3) 란링미주[蘭陵美酒]

란링미주는 2600여 년의 역사를 갖고 있다. '란링[蘭陵]'은 지금의 산둥성[山東省] 서남쪽에 있는 도시로, 이 술에는 인체에 필요한 18가지 아미노산 및 비타민이 함유되어 있다. 1915년 파나마 국제박람회에서 금상을 받았으며, 1987년 상해에서 거행된 '중국 제1차 黃酒節'에서 일등상을 받았다.

이 술은 특히 이백(李白)의 「객중작(客中作)」이라는 시로써 더욱 유명하다.

蘭陵美酒鬱金香,	난릉(蘭陵)의 아름다운 술은 울금(鬱金)[12]의 향기가 나니,
玉碗盛來琥珀光.	옥잔에 가득하여 옴에 호박의 빛이로다.
但使主人能醉客,	오로지 주인으로 하여금 능히 객을 취하게 하길.
不知何處是他鄉.	어느 곳이 타향임을 알지 못하도록.

4) 푸젠[福建]황주

푸젠황주 중에서 비교적 유명한 술로는 노주(老酒), 회반주(回半酒), 오월홍(五月紅), 경장주(璟醬酒), 옥액주(玉液酒) 등이 있다. 특히 푸저우[福州]에서 생산하는 푸젠[福建]노주는 240여 년의 역사를 갖고 있으며, 여러 차례 중국 우수품질 술로 선정되었다.

이 외에도 다롄[大連]황주, 산시[山西]황주, 단양[丹陽]황주가 있으며, 남방의 푸젠[福建], 타이완[台灣], 저장[浙江] 등지에서 많이 생산되는 홍주[紅酒], 알코올 함량이 1-2도인 쉐이주[水酒] 등이 있다.

---

12 생강과의 다년초로서 노란 뿌리줄기는 굵고, 잎은 긴 타원형이다. 가을에 노란 꽃이 피는데, 뿌리줄기는 한방에서 지혈제로 쓰고, 카레의 원료로 쓰인다. 주로 열대 지방에서 재배한다.

3. 보건주(保建酒)

보건주는 건강을 위하여 만든 술을 말한다. 대부분 곡식으로 만드는 고량주에 몸에 좋은 약재 등을 첨가한 술이므로 우리의 약주(藥酒)에 해당한다고 할 수 있다. 보건주는 약 20~40도 정도의 술(양조주, 증류주 등)에 약재나 꽃, 과실 등을 넣은 후 각 제품에 따른 가공 과정을 거쳐 만든다. 중국의 보건주는 약 3000년 전부터 만들어졌다는 기록이 있을 정도로 오랜 역사를 갖고 있다.

1) 주예칭주[竹葉淸酒]

| 주예칭주[竹葉淸酒]

주예칭주는 역사가 깊고 품질이 좋으며, 독특한 풍격으로 세계적 명성을 쌓았다. 산시성[山西省] 싱화촌[杏花村] 펀주[汾酒] 공장에서 생산하는 주예칭주가 가장 품질이 좋은 제품으로 알려져 있다. 지금 주예칭주는 10여 가지의 약재를 넣어 제조한 약술이다.

2) 웨이메이스[味美思]포도주

'포도주'이지만 포도로만 만든 술이 아니라 약 20여 종의 약재를 첨가한 화이트와인이다. 가장 대표적인 웨이메이스는 '장위파이옌타이[張裕牌烟台]'이다. 이 술에는 각종 비타민과 영양 물질이 함유되어 있어서 건강에도 매우 이롭다고 한다. 웨이메이스의 도수는 15-20도

중국인의 생활문화

사이이고, '스위트[甘]'형과 '드라이[干]'형으로 나눈다. 스위트 형은 또 색에 따라 홍(紅)과 백(白) 두 가지로 나뉜다.

3) 아자오주[阿膠酒]

아자오주는 유명한 보약주로서, 송(宋)대의 '화제국방(和劑局方)'이라는 전통보약 밀방(密方)에 의거하여 만든 술이다. 이 술은 1988년에 중국중의대학[中國中醫學院]과 산둥성 지난시[濟南市] 핑인[平陰] 주조회사에서 공동으로 연구하여 제조했다. 아자오주는 현지의 아교를 주요 원료로 하여 인삼 등 20여 종의 약재를 배합하여 만드는데, 전문가들에 따르면 약성의 인체 흡수가 용이한 고급 보양주라고 한다.

이 외에도 이름난 보건주로는 역사가 유구한 저장[浙江]의 명주 우쟈피주[五加皮酒], 14가지 약재를 넣어서 만드는 40도의 약술 진포주[金波酒], 장시[江西] 가오안현[高安縣]의 화펀미펑주[花紛蜂密酒], 멧대추로 담근 북방의 쏸짜오주[酸棗酒], 맥반석을 응용한 마이판스바오젠주[麥飯石保健酒] 등이 있다.

중국의 명주

　오늘날 시판되고 있는 중국술의 브랜드 수는 3만 5천여 개가 넘는다. 쓰촨성[四川省] 한 성에서만도 무려 6,900가지 이름의 술이 나온다. 백주를 비롯해 황주, 홍주(포도주), 흑주(맥주), 과일주로 대별되는 술의 이름은 다양하기 이를 데 없다. 거기에다 금가루와 은가루를 섞어 빚은 술, 살모사 등 5종류의 독사와 해구신등 5가지 동물의 음경을 함께 넣어 담근 술, 심지어 술 깨는 술, 간에 특효인 술, 한번 마시면 최소한 1년은 술을 끊게 된다는 술 끊는 술 등 희한한 술까지 나돌고 있다.

　이론이 없진 않으나 오랜 역사를 통하여 변함없이 중국인들의 사랑을 받았던 술로는 저장[浙江] 사오싱[紹興]의 사오싱주[紹興酒], 산시[山西]의 펀주[汾酒], 산시[陝西]의 시펑주[西鳳酒], 쓰촨[四川]의 라오자오주[老窖酒] 등 네 가지를 꼽는 사람이 많다. 중화인민공화국 수립 후에는 콘테스트를 통하여 명주의 반열에 오른 경우가 대부분이다. 1952년 처음으로 중국 명주 콘테스트를 거쳐 마오타이를 비롯한 4대 명주를 선발했는데, 그 이후 1963년, 1979년에는 8대 명주를, 1984년에는 13대 명주를, 1989년에는 17대 명주를 선발한 바 있다. 이 가운데 8대 명주가 가장 널리 알려져 있다. 일반적으로 구이저우[貴州]의 마오타이[茅台], 동주(董酒), 싱화춘[杏花村]의 명주 펀주[汾酒], 우량예[五粮液], 역사를 자랑하는 루저우라오자오[瀘州老窖], 맛으로는 최고라고 하는 젠난춘[劍南春], 상(商)나라 시대부터 시작되었다고 주장하는 시펑주[西鳳酒], 안후이[安徽]의 구징궁주[古井貢酒] 등이 8대 명주로 통용되고 있다.

근래 한 조사에 따르면 중국인들이 좋아하는 술의 순위가 쓰촨[四川]의 우량예[五粮液], 구이저우[貴州]의 마오타이[茅台], 쓰촨 루저우[瀘州]의 라오자오터취[老窖特曲], 장쑤[江蘇]의 양허다취[洋河大曲], 쓰촨의 젠좡[尖庄], 산시[陝西]의 시펑주[西鳳酒], 산시[山西]의 주예칭[竹葉靑], 베이징의 얼궈터우주[二鍋頭酒], 쓰촨의 젠난춘[劍南春] 순이었다고 한다. 또 최근에는 고급술이 많이 등장하고 있다. 후난[湖南]에서는 독특한 모양의 토기에 담은 주구이[酒鬼]라는 술이 나와 인기를 끌고 있고, 쓰촨에서 쉐이징팡[水井坊]이라는 최고가 술이 등장하여 마오타이, 우량예와 함께 3대 명주로 꼽히고 있다.

아래에서 중국의 대표적인 술을 살펴본다.

1. 마오타이주[茅台酒]

구이저우성[貴州省] 마오타이진[茅台鎭]에서 생산되는 이 술은 알코올 도수가 53도이며 마오타이진의 물로 생산된 것이라 하여 마오타이주로 불린다. 이 곳 사람들은 '中國不倒, 國酒不倒(중국이 무너지지 않으면 국주도 무너지지 않는다)'는 이야기를 입에 달고 산다. 그

| 마오타이주[茅台酒]

만큼 마오타이주에 대한 자부심이 대단하다는 얘기다. 이곳의 자연환경과 기후조건이 국주 마오타이주를 빚어낸다. 해발 440m에 위치한 이 마을은 구이저우 고원의 제일 낮은 분지에 위치해 있어 여름에는 최고 39도의 무더위가 5개월이나 계속되고 연 중 절반이상이 무덥고 습한 안개 속에 잠긴다. 이런 조건에서 3년간 발효와 숙성을 거듭하여 마오타이주는 특유의 '마오샹[茅香]'을 뿜어낸다.

이처럼 이 술은 고원지대의 질 좋은 고량과 소맥을 주원료로 7번의 증류를 거쳐 밀봉 항아리에서 3년 이상 숙성과정을 거친다. 재미있는 것은 마오타이주의 독특한 양조법이 결코 그 술의 특성을 만드는 유일한 조건은 아니라는 것이다. 다른 지방에서 마오타이주의 제조 방법에 따라, 심지어 마오타이진[茅台鎭]으로부터 원료와 물, 지하저장고의 진흙까지 운반해 오고, 풍부한 경험을 가진 양조사를 데려와 수차에 걸쳐 모방해 봤지만 성공할 수 없었다고 한다. 어쨌든 이 술은 마오타이진을 떠나면 성공할 수 없다는 것으로, 심지어 이 마을 주변 지역에서조차 마오타이주를 양조해 낼 수 없다고 한다. 마오타이주는 마오타이진의 자연조건과 밀접한 관계를 가지고 있는 듯하다.

마오타이주는 1915년 파나마 국제박람회에 출품되었을 때 술병이 깨지면서 그 향기가 참가자들의 마음을 사로잡았다는 일화가 전해진다. 당시 마오타이는 스코틀랜드 위스키, 프랑스 코냑과 더불어 세계 3대 술로 선정됐다. 이후 마오타이주는 국내외 품평회에서 약 서른 개에 달하는 각종 상을 휩쓸었다.

　마오타이주는 기원전 135년 한무제(漢武帝)가 칭찬했다는 기록이 『사기(史記)』에 나올 정도로 역사가 깊다. 홍군(紅軍)의 대장정과 관련된 일화도 흥미롭다. 1935년 마오쩌둥[毛澤東]이 이끄는 홍군이 지친 몸으로 지금의 마오타이 지역을 지나갔다. 주민들이 이들에게 마오타이주를 바쳤고, 홍군은 이를 소독제로도 쓰고 피로를 푸는데도 사용하였다. 특히 오랜 행군으로 지친 발을 마오타이주로 닦으면 피로가 가시는 신묘한 효과가 있어 큰 인기를 끌었다. 훗날 호사가들은 이를 두고 '마오타이주가 중화인민공화국을 수립하는 데 공헌을 했다'며 마오타이야말로 진정한 '국주(國酒)'라는 말을 지어냈다. 마오쩌둥을 비롯하여 저우언라이[周恩來], 덩샤오핑[鄧小平] 등 중국 역대 지도자들의 마오타이 사랑은 지극했다. 저우언라이는 감기약 대신 마오타이를 마셨고, 덩샤오핑은 문화대혁명 주도자들을 체포한 뒤 마오타이를 꺼내 스물일곱 잔을 마셨다는 이야기가 있다. 평소 반주를 즐겼던 덩샤오핑은 아흔이 넘어서도 식사 때면 항상 마오타이주를 한 잔씩 곁들였다고 한다.

　마오쩌둥은 소련의 스탈린이나 북한 김일성 등에게 마오타이를 선물로 보내기도 했다. 이처럼 마오타이주는 정치 행사장에 많이 등장해 '정치주'라고도 불린다. 1949년 중국 건국 기념 만찬장에도 올랐고, 1972년 리처드 닉슨 미국 대통령이 방중 했을 때도 건배주로 등장해 국주 대접을 받았다. 그런데 2017년부터 마오타이주는 상표에 '국주(國酒)'라는 글자를 쓰지 못하게 됐다. 중국 국가상표국이 '궈주마오타이(國酒茅台)'라는 상표를 불허했기 때문이다. 중국 국가상표국이

2012년에는 허락했던 '국주'라는 글자를 빼라고 결정한 것은 다른 주류 회사의 반발과 2015년 개정된 광고법 때문이었다.

마오타이주는 "생산량보다 판매량이 훨씬 많다"는 말이 나올 정도로 가짜가 많은 대표적인 술이기도 하다. 마오타이의 한 해 생산량은 2만 톤 정도인데 시중에서 유통되는 물량은 20만 톤에 달한다. 10병 중 9병은 가짜인 셈이다. 마오타이는 위조방지를 위해 다양한 노력을 기울이고 있지만, 일반 소비자는 마시기 전까지 진품 여부를 알기 어렵다.

마오타이주는 전체적으로 70여 종의 제품군을 갖추고 있지만 크게 분류하면 숙성 기간에 따라 80년, 50년, 30년, 15년산 제품과 일반 숙성제품, 그리고 도수에 따라 53도, 43도, 38도, 33도 제품이 있다. 가격은 일반적으로 많이 소비되는 53도 제품이 500ml를 기준으로 30만 원 선이다.[13]

2. 펀주[汾酒]

펀주는 산시[山西] 펀양현[汾陽縣] 싱화촌[杏花村]에서 생산된다. 황하(黃河) 이북에서 생산되는 유일한 명주로서 52년부터 열린 다섯 번의 국가급 주류품평회에서 모두 명주로 선정되었다. 1914년 파나마 국제박람회에서 대상을 차지하기도 하였

---

13 2018년 3월 26일 북한의 김정은 위원장과 시진핑[習近平] 중국 국가주석의 만찬 때 등장한 마오타이주가 화제이다. 이 술은 1960~80년대 생산된 한정판 마오타이주인 아이쭈이[矮嘴: 작은 주둥이] 장핑[醬瓶] 브랜드이다. 황갈색의 독특한 병 디자인의 이 술은 중국 온라인 쇼핑몰에서 540ml 한 병에 128만 위안(약 2억1715만 원)에 팔린다. 한 모금(작은 술잔) 분량이 약 320만 원인 셈이다. 중국 누리꾼들은 '국민의 피로 짜낸 술'이라는 불만을 터뜨렸다고 한다.

중국인의 생활문화

| 펀주[汾酒]

다.[14] 우리나라 사람이 좋아하는 '주예칭주[竹葉靑酒]'는 바로 이 펀주에 약재를 가미한 것이다. 도수는 높은 것이 65도나 될 정도로 독하며 청향형(淸香型) 백주의 대표주자이다. '청향(淸香)'이라는 단어에서 짐작하듯이 맑고 순수한 맛과 향을 가진 술이라 할 수 있다. 색, 맛 향 세 가지 모두가 뛰어나 '삼절(三絶)'이라 칭하기도 한다. 펀허[汾河]의 물에 수수를 원료로 하여 밀과 완두로 만든 누룩으로 두 번 이상 증류하여 2년 정도의 숙성과정을 통해 생산된다. 양조비법으로는 살구나무 씨앗인 행인(杏仁)을 배합하는 것이라고 한다.

산시[山西] 술인 이 펀주는 '마오타이의 원조'로도 불리는데, 다음과 같은 전설이 있다. 지금으로부터 약 200여 년 전, 산시성의 한 소금장수가 구이저우성[貴州省]으로 소금을 팔러 갔다. 그런데 이 소금장수가 소문난 펀주 애호가였다. 펀주가 너무 마시고 싶은데 그 술이 없다보니 직접 만들기로 했다. 그래서 구이저우 현지의 물과 옥수수, 보리를 이용해 펀주의 양조법으로 술을 빚었더니 펀주와는 또 다른 독특한 풍미의 술이 탄생했다. 이 술이 바로 마오타이[茅台]라는 것이다. 그래서 '마오타이의 고향은 산시'라는 말이 생겨났다.

펀주는 4000년이 넘는 유구한 역사를 자랑하는데, 문헌에 직접 등

---

14 이 술의 명성은 1998년에 벌어진 가짜 술 참극 때문에 폭락해버렸다. 1998년 설날 산시성[山西省] 싱화촌 부근 마을주민 수십 명이 공업용 메틸 알콜로 만든 가짜 펀주를 마셔 죽은 참극이 벌어졌다.

장하는 것은 약 1500년 전인 위진남북조(魏晉南北朝) 시기이다. 『북제서(北齊書)』에 북제(北齊)의 무성제(武成帝)가 펀주를 황제가 마시는 궁정어주(宮廷御酒)로 극찬했다는 기록이 남아 있으니, 무성제의 "짐이 펀칭(汾淸) 두 잔을 마셨노라"라는 구절이 나온다. 이 술은 당나라 두목(杜牧)의 「청명(淸明)」 시를 통해 더욱 유명해졌다.

淸明時節雨紛紛,	청명시절에 비가 부슬부슬 내리니,
路上行人欲斷魂.	길 가는 행인의 마음이 서글퍼진다.
借問酒家何處在?	술집이 어느 곳에 있느냐고 물으니,
牧童遙指杏花村.	목동이 행화촌(살구꽃 핀 마을)[15]을 가리킨다.

송(宋)나라 때 『북산주경(北山酒經)』에는 "당나라 때 분주(汾州)에서 간양주(干釀酒)를 생산했다"는 기록이 남아 있고, 『주명기(酒名記)』에는 "송나라 때 분주에서는 감로당(甘露堂)이 제일 유명했다"고 기술돼 있다. 당시의 분청(汾淸), 간양주(干釀酒), 감로(甘露) 등은 황주 계통이지만 모두 펀주가 모태이다.

명(明)나라 말기 농민봉기를 일으켰던 이자성(李自成)은 군대를 이끌고 북경에 들어오는 길에 행화촌(杏花村)에 들러 펀주를 맛보고는 "더없이 선하고 더없이 아름답다(盡善盡美)"는 찬사를 보낸바 있다. 청(淸)나라 소설가 이여진(李汝珍)은 『경화연(鏡花緣)』에서 당시 전국에서 유명하

---

15 하지만 중국 도처에 같은 지명의 이름을 가진 마을이 많아 이 시에서 언급한 행화촌이 산시성의 행화촌을 말하는 것인지는 명확하지 않다. 실제로 두목은 안후이성(安徽省)의 구이츠[貴池]에서 관리를 지낸 바 있어 시에서 언급한 행화촌은 구이츠의 행화촌을 지목한 것이라는 설이 많다. 구이츠 포구는 중국 최고 시인인 이백(李白)의 추포가(秋浦歌)의 배경이 되는 곳이기도 하다.

던 명주 50여 종을 열거하고 그 가운데 편주를 으뜸으로 꼽았다.

이 술은 쑨원[孫文] 덕분에 더욱 유명세를 탔다. 1905년 7월 중국 혁명의 아버지 쑨원은 프랑스 마르세유 항을 출발해 일본에 도착하였다. 이날 쑨원은 훗날 가장 친한 친구이자 중화민국 창건자 중 한 사람이었던 황싱[黃興]을 소개받았다. 이들의 술자리는 저녁까지 이어졌고 황싱은 특별히 쑨원의 고향인 광동 요리와 함께 편주를 준비하였다. 쑨원은 "오늘 우리 조국의 명주로 함께 건배합시다. 낡은 만주족의 군주제를 몰아내고, 중화를 회복하고 민국을 설립합시다."라며 술잔을 들고 힘차게 건배사를 외쳤다. 이후 중국혁명동맹회 설립 대회에서 쑨원은 다시 한 번 편주를 치켜들고 건배를 제의하였으며 회의에서 쑨원은 총리로 추대되었다.

분주는 술을 빚을 때 '신정(神井)' 혹은 '선정(仙井)'이라 불리는 우물 물을 이용하는데 여기 얽힌 전설도 흥미롭다. 옛날 이곳에는 술집이 번창하였는데 어느 겨울날 거지 행색의 두 노인이 추위에 떨며 술을 달라고 했다. 술집 주인이 술을 주자 이들은 고맙다는 말도 않고 가버렸다. 이튿날도 마찬가지였다. 셋째 날 이들은 다시 술을 한 바가지 마시고는 술을 우물에다가 다 토해 버렸다. 이들이 떠나고 난 뒤 우물물은 어느새 술로 변해 있었고, 그 향기가 온 마을을 진동할 정도로 향기로웠다고 한다.

또 오래전 단오절에 이 곳 싱화촌에서 열렸다는 화주회(花酒會)에 얽힌 전설도 있다. 화주회에는 각 지방에서 온 기이한 꽃들과 향기로운 술들이 운집하였다. 그 향기가 천상의 팔선(八仙: 중국 민간 전설 중 8명의 선인)에게까지 닿아 이들이 구름을 타고 지상으로 내려와 편주를 마시고, 기념으로 회화나무 한 그루씩을 심었다는 것이다.

이처럼 펀주는 이야기가 많은 술이다. 나관중(羅貫中)의 『삼국연의(三國演義)』의 첫 문장은 '話說天下大勢, 合久必分, 分久必合.(천하란 것은 분열이 오래되면 합쳐지고, 합친지 오래면 반드시 분열된다)'라고 시작한다. 그래서 펀주를 마실 때 "喝酒必汾, 汾酒必喝.(술을 마신다면 반드시 분주를, 분주는 반드시 마셔야 한다.)"라는 건배사가 빠지지 않고 등장한다.

3. 우량예[五粮液]

| 우량예[五粮液]

우량예는 1952년을 시작으로 국가가 주관한 다섯 번의 주류품평회에서 1963년, 1979년, 1989년 세 차례 1위를 차지했고, 1984년에는 금상을 차지하였다. 또한 미국의 카터 대통령 방중 시 덩샤오핑이 만찬주로 내놓아 마오타이주와 함께 세계적으로 가장 잘 알려진 백주가 되었다.

우량예의 역사는 남북조시대(420~589년)까지 올라간다. 이족(彝族)들이 밀, 보리, 옥수수 등의 공식을 혼합하여 '잡주(咂酒)'를 만들었고, 이것이 각종 곡물을 이용한 양조의 효시가 되었다. 당(唐)대에는 융주(戎州: 지금의 宜賓市) 지역 관영 양조장에서 네 가지 곡식을 혼합하여 '춘주(春酒)'를 만들었다. 743년 두보는 고향으로 가는 길에 융주에서 춘주를 맛보고 즉흥시를 지었으니, "짙푸른 옥색의 춘주를 받쳐 들고 연분홍 여지 열매를 까는구나."[16]라고 노래했다. 이때부터 춘주는 '짙푸른 옥색 술'이

---

16 「宴戎州楊使君東樓」: 重碧拈春酒, 輕紅擘荔枝.

　　　　　　　　　　　　　　　　　　　　중국인의 생활문화

라는 뜻의 '중벽주(重碧酒)'로 불렸다.

우량예의 양조기술 발전 과정 가운데 가장 중요한 사건은 '요자설국(姚子雪麴)'이라는 술의 등장이다. 송대(宋代) 이빈시[宜賓市]의 유지였던 요(姚)씨 가문이 만든 이 술은 옥수수, 쌀, 수수, 찹쌀, 메밀 등 다섯 가지 곡물을 원료로 하여 만들었다. 당시 문인들은 이 술을 '요자설국'이라 불렀고, 평민들은 '잡양주(雜粮酒)'로 불렀다. 북송 4대가로 일컬어지는 시인 황정견(黃庭堅: 1045~1105)은 융주(戎州)에서 우거(寓居)할 때 「안락천송(安樂泉頌)」이라는 시를 지어 이 술의 맛을 극찬했다.

姚子雪麴, 杯色增玉.	요자(姚子)의 설국(雪麴)은 술잔을 옥색으로 빛나게 하네.
得湯郁郁, 白雲生谷.	술 빚는 더운 증기 자욱하니 골짜기에 흰 구름 솟는 듯.
淸而不薄, 厚而不濁.	맑으나 가볍지 아니하고, 두텁지만 탁하지 아니하다.
甘而不噦, 辛而不螫.	달지만 역하지 아니하고, 독하지만 톡 쏘지 아니하다.
老夫手风, 须此晨药.	늙은이 손에 풍이 들어 매일 이 술을 약으로 마셨네.
眼花作颂, 颠倒淡墨.	어두운 눈으로 시를 쓰니 묽은 먹이 엉망이로구나.

황정견은 이 시의 '병서(幷序)'에서 "쇄강(鎖江)의 안락천(安樂泉)은 물맛이 북도(僰道)[17] 제일이다. 요군옥(姚君玉)은 이 물을 가지고 술을

---

17 지금의 중국 서남 지방 차마고도(茶馬古道)로서, 촉(蜀)에서 민강(岷江) 상류 쪽이다. 요

빚는데, 매우 맑고 맛이 있으며, 또 마시면 사람을 안락(安樂)하게 한다. 따라서 내가 두 가지 의미를 아울러 취하여 안락천(安樂泉)이라 이름하고, 이 노래를 짓는다."[18]라고 했다. 따라서 이 시의 '요자'는 요군옥이며, '설국'은 술이 맑고 투명하여 붙인 이름이다. 요군옥은 약효가 좋기로 소문난 안락천 물에다 옥수수, 쌀, 수수, 찹쌀, 메밀 등 다섯 종류의 곡식을 발효시켜 술을 빚었으니, 이것이 바로 '오량(五粮)'으로 빚은 술 '오량액(五粮液)'이 된 것이다.

명(明)나라 초기 이빈[宜賓]에서 온덕양(溫德羊)이라는 양조장을 운영하던 진(陳)씨 가문은 이 잡량주(雜糧酒)를 더욱 개량하였는데, 이 시기에 만들어진 백주가 우량예의 시초로 전해진다. 청나라에 이르러 진씨 가문은 대가 끊어지게 되고 진씨 일가의 양조법을 담은 비방은 조명성(趙銘盛)이라는 제자에게 전해진다. 그 후 조명성은 진씨 가문의 '양조비방'을 그의 제자인 덩쯔쥔[鄧子均]에게 전수해 준다.

덩쯔쥔은 근대 이후 우량예의 역사를 만든 사람이다. 그는 청나라 말기 건어물상으로 시작해 사업에 크게 성공하게 된다. 그 후 그는 리촨융[利川永]이라는 양조장을 세우면서 백주 제조에 뛰어든다. 당시 덩쯔쥔은 양조 대가인 조명성을 스승으로 모시고 양조기술 습득에 몰두했고, 진씨 가문의 양조비법을 터득한 그는 마침내 우량예 양조에 성공한다. 리촨융 양조장의 우량예는 장기간 지하에서 숙성을 해야 했으므로 늘 공급이 부족했다. 더불어 전국 각지에 우량예의 명성이 전해지면서 비싼 값에 날개 돋친 듯 팔려나갔다. 이에 덩쯔쥔은 우

군옥(姚君玉)은 촉인(蜀人)이다.

18 「安樂泉頌幷序」: 鎭江安樂泉, 水味爲僰道第一. 姚君玉取以釀酒, 甚淸而可口, 又飮之令人樂樂. 故予兼二義, 名之曰安樂泉, 幷爲作頌.

중국인의 생활문화

량예 제조법을 '오량배방(五糧配方)'이라 명명하고 비밀에 붙였다.

한편 '우량예(五糧液)'란 명칭의 탄생은 술자리에서 비롯된 것으로 전해진다. 1909년 진씨 비방을 전수 받은 등쯔쥔이 술을 만들어 어느 집의 잔치에 나타났다. 양후이촨[楊惠泉]이라는 선비가 술을 시음한 후 "이처럼 좋은 술을 잡양주라 하는 것은 너무 속되다. 비록 요자설국이라는 이름이 점잖기는 하지만 술의 본체를 드러내기에는 부족하다. 이 술은 다섯 곡식의 정화(精華)로 빚어진 것이니 오량액(五粮液)이라고 해야 마땅할 것이다."라고 하여 우량예란 이름이 탄생했다.

중화인민공화국 수립 후 1954년 중국 공산당 지도부는 전통 주류 산업을 육성한다는 명분으로 등쯔쥔에게 우량예 제조비법 공개를 설득했고, 그를 우량예 공장의 기술책임자로 임명하면서 중국의 간판 명주 우량예의 역사는 지속된다.

현재 우량예그룹[五粮液集團有限公司]은 국연주, 우량춘주, 동방교자, 금육복례주, 경주 등 수십여 종의 브랜드와 다양한 도수, 가격, 용량, 브랜드를 앞세워 현재 100여 종 이상의 제품군을 보유하고 있다.[19]

4. 양허다취[洋河大曲: 洋河藍色經典]

알콜 도수 48도의 양허따취는 장쑤성[江蘇省] 쓰양현[泗陽縣]에서 생산한다. 양허다취는 이미 당(唐)나라 때부터 이름이 났으며,

---

19 보통의 우량예라도 소매가로 52도 500ml가 1000위안이 넘으며, 고유번호 인터넷 조회와 홀로그램 등으로 진품 판별이 가능하다. 월드브랜드평가실[World brand value lab]의 2010년 발표에 따르면 우량예의 브랜드 가치는 595억1400만 위안(한화 약 10조 7000억 원)으로 중국내 20위를 차지하였다. 우량예그룹은 현재 주종인 주류업 이외에도 합성수지가공, 제약, 전자기재, 운송, 대외무역, 샴푸, 화장품, OLED 모니터 등의 업종에도 참여하고 있으며 최근에는 자동차 산업에도 진입하였다.

| 양허다취[洋河大曲]

명(明)나라 때는 전국적인 명성을 얻었다. 명나라 당시 9개 성(省)의 상인들이 이곳 양하진(洋河鎭)에 회관을 설립하였고, 성안에 70여 명의 상인들이 상주하며 다투어 술을 빚어서 양하진의 양조업이 더욱 번성하였다. 명나라 시인 추집(鄒輯)은 「영백양하(詠白洋河)」를 지어 다음과 같이 노래하였다.

白洋河下春水碧,	백양하 아래 봄빛이 푸르니,
白洋河中多沽客.	백양하에 술 사러 오는 사람이 많구나.
春风二月柳条新,	봄바람에 버드나무 가지 새로 나니,
却念行人千里隔.	천리 먼 길 떠난 님 그립네.
行客年年任往来,	나그네는 해마다 마음대로 오고가고,
居人自在洋河曲.	주민들은 자유롭게 양하대곡을 즐기는데.

'백양하(白洋河)'는 양하(洋河)의 원명이다. 이 시를 보면 당시에 양하에 양주업이 번성했음을 알 수 있다. 이 시에 등장하는 '양하곡'이 양허다취로서, 이 술은 양하진의 미인천(美人泉)이라는 샘물을 사용해 빚었다. 청(淸)나라 옹정(雍正) 연간에 양허다취는 이미 강회(江淮) 일대에서 꽤 인기가 있어 "복천(미인천)의 술은 맑은 향이 뛰어나고, 맛은 강회의 제일가(第一家)를 차지한다."[20]는 말이 퍼졌고, 아울러 청 황실의 공품(貢品)이 되었다. 청나라의 4대 황제인 강희제는 재위 중 다섯 번에 걸

---

20   福泉酒海清香美, 味占江淮第一家.

쳐 남쪽 지역을 순회했는데 그 과정에서 두 차례나 양하(洋河)에서 행차를 멈추고 술을 마신 것으로 전해진다. 역대 중국 황제 중 최고의 애주가인 청나라 6대 황제 건륭제도 일부러 이 술을 마시기 위해 장쑤[江蘇]를 방문해 7일간 머무르며 양허다취를 즐겼다고 한다. 특히 건륭제는 직접 붓을 들어 "양하대곡주, 맛과 향기가 진하니 진실로 좋은 술이라.(洋河大曲酒, 味香醇, 眞佳酒也.)"라는 글귀를 남기기도 했다.

양허다취는 중국 국내는 물론 국제박람회에서도 여러 차례 상을 받았다. 중국의 평주가들은 양허다취가 달콤하고, 부드럽고, 연하고, 맑고, 깔끔한 다섯 가지 특색이 있으며, 조금 과음하더라도 음주 후 나타나는 불편한 증상이 없다고 입을 모으고 있다.

이 술을 빚는 미인천(美人泉)에 얽힌 전설도 흥미롭다. 옛날 양하진에 늙은 부자와 그의 하녀 매향(梅香)이 살았다. 어느 추운 겨울날 부자는 매향에게 돈을 주고 술심부름을 시켰다. 매향은 한 노파가 추위에 떨고 있는 것을 보고는 가진 돈을 모두 줘버렸다. 집에 돌아와 주인에게 자초지종을 설명했지만 매향은 주인에게 매만 맞고 다시 술을 가져오라며 쫓겨났다. 서러움에 복받친 매향이 우물에 빠져 자살하려고 할 때 우물에서 한 노파가 나타났다. 그 노파는 "어려울 때 찾아와 '구향(九香) 할머니'를 찾으라."며 술이 찬 물통을 주었다. 기막힌 술맛을 보고 주인은 매향을 이끌고 우물로 구향 할머니를 찾아갔다. 마침 구향 할머니가 선녀로 변신해 하늘로 오르려고 하는데, 늙은 부자는 함께 살자며 손을 잡았다. 구향 선녀는 손길을 뿌리치며 부자를 내동댕이쳤고, 매향을 데리고 하늘로 올라갔다. 그 후 양하진 사람들은 마음씨 착한 매향을 그리워하며 그 우물을 미인천(美人泉)이라고 불렀다.

현재 이 술은 "세상에서 가장 넓은 바다, 바다보다 넓은 하늘, 하늘보다 넓은 남자의 마음,(世界上最寬廣的是海, 比海更高遠的是天空, 比天空更博大的是男人的情懷)"이라는 광고문구로 대표되는 양허란서징뎬[洋河藍色經典]으로 각광받고 있다. 양허란서징뎬은 멍즈란[夢之藍], 톈즈란[天之藍], 하이즈란[海之藍] 세 종류의 브랜드를 출시했다.

5. 루저우라오자오[瀘州老窖]

쓰촨성[四川省] 루저우[瀘州]에서 생산되며, 쓰촨 4대 명주 중의 하나이다. 이 술의 독특한 맛은 오래된 발효 저장고에 있다. 루저우 양조장의 저장고는 이미 400년 이상이나 되었다. 진흙은 홍녹색을 띠며 부드럽고 기이한 향기를 낸다. 여기서 생산된 루저우자오쟈오는 무색투명하며 그 향기가

| 루저우라오자오[瀘州老窖]

짙다. 술맛은 부드럽고 순하며 상쾌하고 깊은 맛이 있다. 45도의 루저우라오자오터취[瀘州老窖特曲][21]는 4백년의 역사를 지니고 있으며, 향기가 농후하고 순수한 것이 특징이다.

루저우라오자오터취는 중국 주류품평회에서 연속 5회 명주 칭호를 얻은 유일한 농향형(濃香型) 백주로서, '농향의 시조[濃香鼻祖]'이자 '술의 태두[酒中泰斗]'로 불린다. 이 술이 농향의 시조라고 불리는 이

---

21 루저우라오자오터취는 루저우라오자오다취[瀘州老窖大曲]로 불리기도 하며 프리미엄제품으로는 궈쟈오[國窖]1573이 있다.

유는 이곳에 중국에서 가장 오래된 술 저장고[老窖]가 있기 때문이다. 이 술 저장고는 1573년부터 오늘날까지 400년 넘게 발효를 쉬지 않고 있다. 저장고의 연수가 오래될수록 술의 품질도 그만큼 좋아진다. 저장고 속에 존재하는 수천 종의 미생물이 술과 상호작용하며 술은 특유의 향을 가진 백주로 천천히 익어가는 것이다. 저장고 속에 술이 한 순간이라도 비워지면 수백 년간 생명을 이어온 미생물들도 모두 죽어버리기 때문에 연속 사용이 중요하며, 이는 곧 명주를 판단하는 기준이기도 하다.

중국 최고(最古)의 술 저장고를 보유한 루저우라오자오는 1996년 국무원으로부터 중요문물보호기관으로 지정되었다. 2006년에는 국가문물국으로부터 '세계문화유산예비목록'에 지정되었고, 같은 해 5월 최초로 '국가급비물질문화유산목록'으로 지정되어 국가로부터 보호받고 있다.

술 저장고뿐만 아니라 루저우라오자오에는 '삼절(三絶)'이 있다. 삼절은 물(水)과 곡식(粮), 누룩(麴)으로서, '물은 술의 피, 곡식은 술의 육체, 누룩은 술의 뼈대(水是酒之血, 粮是酒之肉, 麴是酒之骨.)'라고 한다. 루저우라오자오는 현지 특산인 붉은 찰수수를 사용하는데 껍질이 붉고 윤기가 나며 알맹이가 알차고 촘촘하다. 특히 천연으로 재배하여 영양소가 풍부하고 전분함량이 62.8%나 된다고 한다.

누룩은 양조의 핵심이다. 루저우라오자오의 누룩은 고체 발효법으로 만들어지는데, 이는 자연발효보다 더욱 선진적이고 과학적인 방법으로 알려져 있다. 루저우라오자오의 누룩은 원(元)대 누룩 제조의 아버지라 불리는 곽회옥(郭懷玉)이 창안한 것으로 '천하제일'이라는 명성을 얻었다.

물은 용천정(龍泉井)의 물을 쓰는데 단맛이 돌고 산성이 적어 당화(糖化)와 발효에 유리하며 술맛에 크게 영향을 미친다. 효모의 생장과 번식을 촉진하여 양조용수로서 일품이다. 용천정의 물로 담은 술은 향이 특별히 풍부하고 음주 후에도 향이 입안에 오래 머문다고 전해진다.

6. 구징궁주[古井貢酒]

| 구징궁주[古井貢酒]

구징공주(古井貢酒)는 '술 가운데 모란(酒中牡丹)'으로 불린다. 순정하면서도 풍성한 맛과 향이 나서 부귀영화의 상징인 모란과 닮았기 때문에 붙은 별명이다. 구징공주는 안후이성[安徽省] 보저우[亳州]시에서 생산된다. 보저우는 조조(曹操: 155~220)의 고향이자 전설적인 명의 화타(華陀: 145~208)가 태어난 곳으로 유명하다. 현재 이곳의 구징주문화박물관은 중국의 AAAA급 관광지구로 지정돼 있다.

이곳에는 일찍이 조조와 관련된 이야기가 전해온다. 중국의 농업기술서인 『제민요술(齊民要術)』에 따르면 조조는 자신의 고향에서 생산된 술 구온춘주(九醞春酒)를 헌제(獻帝: 181~234)에게 바치며 술 빚는 방법을 아뢰었다. 이는 양조법에 관한 가장 오래된 문자기록으로 알

려져 있다.[22]

이후 구온춘주는 '구징(古井: 오래된 우물)' 물로 주조한다 하여 '구징주(古井酒)'로 불렸고, 명(明)나라 신종(神宗)이 이 술을 마시고 공주(貢酒)라는 이름을 지어 주었다고 한다. 그 후 명청(明淸) 시기 400여 년 동안 구징공주는 줄곧 황실의 공품이 되었다.

구징공주는 전통의 양조법인 구온주법(九醞酒法)의 기초 위에 현대 기술을 접목하여 1800년이 넘는 역사를 이어가고 있다. 최상급의 수수, 밀, 보리, 완두로 혼증속사법(混蒸續渣法)이라는 복잡한 과정을 거쳐 최고의 누룩을 만들어낸다. 이후 현대적 기술을 통해 만들어진 인공발효 구덩이 속에서 숙성기간을 거친다.

이렇게 만들어진 구징공주에는 향기와 맛을 내는 물질들이 다른 농향형 백주보다 많다. 최근의 분석에 의하면 구징공주는 80여 종의 향과 맛을 내는 물질을 가지고 있는데, 다른 농향형 백주보다 15~30종이 많은 것이며 그 함량도 2~3배가 많다고 한다. 특히 적당량의 고급 지방산 에스테르를 가지고 있어 술 맛이 순하며, 그 향기가 부드럽게 입안을 감싸고 여운이 남는다.

구징공주는 국가급 주류품평회에서 4회 연속 명주로 선정되었으며 제13회 파리 국제식품전람회에서 금상을 수상하는 등 국내외에서 최고의 명주로 대접을 받고 있다. 구징그룹은 백주 생산 이외에 부동산, 여행사, 호텔경영, 금융부문으로 사업영역을 다각화하며 사세를 확장하고 있다.

---

22 '신의 고향 남양곽지(보저우)에는 구온춘주라는 술이 있는데 술을 만들 때 누룩 20근과 흐르는 물 5석을 쓰고 섣달 2일에 누룩을 담그고 정월에 해동을 합니다. 좋은 쌀을 쓰며 누룩찌꺼기를 잘 걸러냅니다. 이 술은 달고 마시기 쉬우며 술병이 나지 않습니다. 삼가 올립니다.'

7. 둥주[董酒]

마오타이의 고향 구이
저우성[貴州省] 준이[遵義]시에
는 마오타이외에도 둥주[董酒]라
는 특별한 명주가 하나 더 있다.
둥주는 중국 주류품평회에서 2,
3, 4, 5회 네 차례에 걸쳐 명주로
선발될 만큼 품질을 인정받고
있다. 둥주는 독특한 약초향으로

| 둥주[董酒]

유명하다. 술의 맛과 향이 독특하기 때문에 '약향형(藥香型)' 또는 '동향
형(董香型)' 백주라고 부른다. 둥주는 또 장향(醬香), 농향(濃香), 청향(淸
香), 미향(米香)을 일정하게 가지고 있기 때문에 '겸향형(兼香型)' 백주라
고도 한다.

둥주에 얽힌 전설도 있다. 옛날 준이시 외각의 동공사(董公寺)에 양
조장이 있었는데, 그 주인에게는 순(醇)이라는 아들이 있었다. 그는 양
조기술을 배우는데 열심이었다. 그러던 어느 날 할머니가 "어딘가에
주화(酒花) 선녀가 사는 술의 정원이 있단다. 그녀에게 양조법을 배울
때는 품행을 바르게 해야 한단다."라고 일렀다. 순이 17세가 되던 어
느 날 저녁 교외에서 산책을 하고 있는데 갑자기 큰 비가 내렸다. 방
향을 잃고 헤매던 중 그는 우연히 술의 정원에 이르렀고 주화 선녀를
만나게 되었다. 둘은 만나자마자 사랑에 빠졌다. 순은 술잔을 기울이
며 주화 선녀로부터 좋은 술을 만드는 방법을 듣게 되었다. 취기가 돌
자 주화 선녀는 얼굴이 빨개져 잠이 들었다. 순간 순은 욕망이 발동하
였으나 할머니의 교훈이 생각나 사념을 없애고 주화 선녀의 옆에 조

중국인의 생활문화

용히 누웠다. 순은 개울가에서 잠이 깼고, 주화 선녀가 가르쳐준 양조법을 기억해냈다. 그 양조법대로 개울의 물을 사용하여 술을 만들자 짙은 향과 달콤한 맛의 술이 됐는데 이 술이 바로 둥주였다는 것이다.

둥주의 실제 역사는 명대(明代)의 동공사(董公寺)라는 작은 불교 사찰에서 시작한다. 동공사 주위에는 10여 개의 양조장이 있었다. 그 중 정(程)씨 집안의 양조기술이 가장 뛰어났는데, 그 후손 정명곤(程明坤, 1903~1963)이 대를 이어 내려온 전통의 양조법에 자신만의 독특한 기술을 더하여 동공사교주(董公寺窖酒)라는 술을 내놓았다. 그가 빚은 술의 비밀은 바로 누룩에 있었다. 누룩에 백여 가지 약초를 넣어 만들었고, 그렇게 만들어진 대곡(大曲: 밀누룩)과 소곡(小曲: 쌀누룩)을 각각 다른 발효지에서 발효시켜 특정한 비법으로 배합하는 방법을 사용하였다.

이후 그가 만든 술은 공급이 수요를 따라가지 못할 만큼 팔려나갔고, 훗날 동공사교주란 긴 이름 대신 간단하게 '둥주'로 바뀌었다. 이 정씨 주방의 양조기술은 문중에서만 이어지는 비방이 되었다. 지금도 둥주 포장에는 국가 기밀이라는 뜻의 '국밀(國密)'이라는 표시가 되어 있다.

8. 시펑주[西鳳酒]

시펑주[西鳳酒]는 산시성[陝西省] 평샹현[鳳翔縣] 류린진[柳林鎮]에서 생산된다. 이곳은 춘추시대 진(秦)나라 왕인 목공(穆公)이 관할하던 지역으로 시펑주의 발원지이다.

기원전 600여 년 전 목공 재위시절 옹성(雍城: 진나라의 수도이자 지금의 평샹현) 부근에서 300여 명의 야인(野人)들이 목공이 아끼던 말 여

| 시평주[西鳳酒]

러 필을 잡아먹은 일이 있었다. 이들은 곧 붙잡혀 압송되었고 죽음을 앞두고 있었다. 이때 목공은 오히려 이들의 죄를 거두고 군에서 보관하고 있던 '진주(秦酒)'를 하사하였다. 말고기를 먹고 술을 마시지 않으면 몸이 상할 수도 있다는 이유에서였다. 시간이 흐르고 진(秦)나라와 진(晉)나라가 한원(韓原)에서 전쟁을 벌일 때였다. 진목공은 진(晉)의 혜공(惠公)이 이끄는 병사들에 의해 용문산 아래에서 포위를 당하여 목숨이 위태로운 상황이었다. 이때 별안간 사방에서 '야인'들이 나타나 진(晉)의 군사들을 물리치고 목공을 구해주었다. 이들이 바로 목공이 일전에 술을 내려 죄를 사하였던 야인들이었다.

기원후 25년 7월 진나라는 제(齊)나라를 무너뜨리고 천하통일의 위업을 달성하였다. 이 때 진시황은 스스로 황제에 오르는 성대한 의식을 열었고 이 때 진주(秦酒)가 연회주로 사용되었다. 이로써 진주는 진왕조의 어주(御酒)가 되었다.

시평주는 다른 백주와 차별화된 맛과 양조법을 가지고 있다. 백주의 다섯 가지 맛이라고 할 수 있는 단맛, 신맛, 매운맛, 쓴맛, 향기로운 맛을 다 갖추고 있으면서 이 다섯 가지 맛이 서로 부드럽게 조화를 이루고 있다. 시면서도 떫지 않고 쓰면서도 달라붙지 않으며 향기로우면서도 코를 자극하지 않고 매우면서도 목구멍을 찌르지 않으며 마신 후엔 단맛이 오래도록 감돈다고 평한다.

시평주의 이러한 독특한 맛과 향은 시평주 만의 특별한 발효구덩

중국인의 생활문화

이와 숙성용기에서 비롯된다. 농향형 백주의 선두주자인 루저우라오자오의 400년 동안 쉬지 않은 발효구덩이와는 달리 시펑주는 한 번 사용한 구덩이는 다시 쓰지 않는다. 구덩이를 바꿀 때는 구덩이의 벽과 바닥까지 모두 새로운 흙으로 바꾸어 발효균의 증식을 제한한다.

또한 시펑주는 '주하이[酒海]'라는 독특한 숙성용기 속에서 숙성과정을 거친다. 주하이는 나뭇가지로 짠 거대한 바구니로서 양조기술의 발달과 함께 점점 커져 현재는 50톤의 술을 한 번에 저장할 수 있을 정도로 커졌다. 싸리나무 가지를 촘촘히 엮어 바구니를 만든 다음 안쪽에 마지를 발라 틈새를 막는다. 마지 위에 돼지피를 바르고 계란흰자, 밀랍, 유채기름 등을 일정한 비율로 섞어 바른다. 이것을 건조시키면 거대한 술 항아리인 주하이가 되는 것이다. 주하이 내부의 도료들이 3년간의 숙성과정에서 술과 섞이면서 시펑주만의 독특한 맛과 향을 형성하는 것이다.

9. 젠난춘[劍南春]

젠난춘은 쓰촨성 멘주[绵竹]시에서 생산된다. 멘주 지역은 원래 주향(酒鄕)으로서, 술 역사가 4천여 년까지 거슬러 올라간다. 광한[廣漢]의 삼성퇴(三星堆) 유적지에서 출토된 술그릇과 멘주의 진투촌[金土村]에서 출토된 전국시대의 구리 술잔 등이 그 역사를 증명한다. 이 술은 이조(李肇)의 『당국사보(唐國史補)』에 "검남지소춘(劍

| 젠난춘[劍南春]

南之燒春)"으로 기록되어 있다. 몐주는 당대 '검남도(劍南道)'에 속했으며, '燒'는 양조의 방법, '春'은 술의 아칭(雅稱)이다. '검남소춘(劍南燒春)'은 당대(唐代)에 이미 수도 장안(長安)까지 명성이 전해졌으니, 『후당서(後唐書)·덕종본기(德宗本記)』에는 또 황제에게 바치는 어주(御酒)로 기록되어 있다. 따라서 젠난춘은 현존하는 유일한 당대 명주로서, 줄곧 '당나라의 궁정주, 성세의 젠난춘(唐時宮廷酒, 盛世劍南春)'이라는 슬로건을 내세우고 있다.

몐주에서 그리 멀지 않은 장유[江油]시는 다섯 살 때 서역에서 이주해 온 이백(李白)이 십년 넘게 살았던 고향이다.[23] 따라서 젠난춘은 이백의 고향 술이라고 해도 무방한데, 그가 살았던 시기에 이름을 떨친 술이 바로 검남소춘(劍南燒春)이다. 일찍이 이백이 모피 옷을 저당 잡히고 통음(痛飲)했다는 '해초속주(解貂贖酒)'의 일화도 이 술에서 비롯된다. 쓰촨에서 9년을 살았던 두보(杜甫)도 '소춘(燒春)' 계열의 촉주(蜀酒)를 매우 즐겼다고 한다. 그는 "촉주(蜀酒)가 시름을 덜게 하는데, 돈이 없으니 어디서 외상을 할까?"라고 노래했고, 또 "촉주(蜀酒)의 진함은 대적할 것이 없구나."라고 칭찬했다. 두보는 청두[成都]의 초당(草堂)에서 직접 소춘(燒春)의 방법으로 양조도 했으니, "저녁상은 시장이 멀어 두루 차리지 못했고, 술도 집이 가난하여 오래 전에 거른 것

---

23 이백이 태어난 곳은 현재의 키르기즈스탄 타커마케[托克馬克]시 부근으로 알려져 있다. 이백의 증조부 이정(李貞)은 측천무후(則天武后)에 반대하여 군사를 일으켰으나 실패하여 자결했으며, 그 아들을 비롯한 족인(族人) 6, 7백 명이 현재의 내몽고 지역으로 추방되었다. 이후 이백의 조부는 지금의 키르기즈스탄 지역으로 이주했으며, 무후가 죽은 뒤 사면되었다는 소식을 듣고 중원으로 돌아오게 되었다고 한다. 그러나 귀환 도중 반역자의 후손들에게는 이 사면령이 해당되지 않는다는 사실을 알고 사천성 면주(綿州: 지금의 몐주)쪽으로 달아났다. 그래서 귀착한 데가 창융현(昌隆縣: 지금의 장유시) 청련향(靑蓮鄕)이었다. 이백은 스무 네 살 때 장강(長江)을 타고 만유(漫遊)를 떠나기 전까지 이곳에서 살았다.

이라오."라고 했고, 또 "초당(草堂)의 술독에 술이 있어서 다행히 맑은 아침 보내겠네."[24]라고 노래했다.

송대(宋代)에는 몐주의 양조 기술이 더욱 발전하여 벌꿀로 만든 밀주(蜜酒)가 유명했다. 이 지역의 역사를 기록한 『면주지(綿州誌)』에 따르면 몐주 무도산(武都山)의 도사(道士) 양세창(楊世昌)이 이 술을 처음 만들었는데, 술맛이 순수하고 진하여 금세 세간에 이름을 날렸다고 한다. 뒷날 소동파가 그 만드는 법을 알아 「밀주가(蜜酒歌)」를 지었는데, 그 서에서 "서촉의 도사 양세창은 밀주를 잘 만드는데, 매우 순수하고 짙다. 내가 그 비방을 얻었으니 이 노래를 지어 남긴다."라[25]고 하며 다음과 같이 노래했다.

一日小沸魚吐沫,	하루가 지나면 물고기가 물방울 토하듯 끓기 시작하고
二日眩轉淸光活.	이틀째가 되니 눈이 아찔하도록 맑은 빛이 살아 돈다.
三日開甕香滿城,	사흘째 항아리를 열면 향기가 성안에 가득 퍼지니,
快瀉銀瓶不須撥.	빨리 은병에 걸러 담아 뚜껑을 열지 말지어다.
百錢一斗濃無聲,	한 말에 백전 가치가 있고 소리 하나 없을 정도로 짙으니

---

24 「草堂卽事」: 蜀酒禁愁得, 無錢何處賖? / 「題寄上漢中王三首」: 蜀酒濃無敵. / 「客至」: 盤飧市遠無兼味, 樽酒家貧只舊醅. / 「朝雨」: 草堂樽酒在, 幸得過淸朝.

25 「蜜酒歌」'幷序': 西蜀道士楊世昌, 善作蜜酒, 絶醇釅. 余旣得其方, 作此歌遺之.

甘露微濁醍醐淸.   약간 탁한 감로(甘露)요 맑은 제호(醍醐)
                            로다.[26]

이 시는 소식이 양세창의 밀주 비방에 따라 직접 양조한 경험을
노래한 것이다. '감로'와 '제호(맑은 치즈)'는 각각 이 술의 맛을 비유한
것인데, 원래 전자는 '맑고[淸]' 후자는 '탁(濁)'하지만 감로보다는 탁하
고 제호보다는 맑다는 표현을 이렇게 한 것으로 보인다.

청대(淸代)에는 섬서성(陝西省) 삼원현(三元縣) 사람 주욱(朱煜)이 이
곳에 주천익초방(朱天益酢坊)이라는 양조장을 열었고, 뒤이어 양(楊)씨,
백(白)씨, 조(趙)씨 세 집안의 양조장이 연달아 술을 생산하면서 이곳은
주향(酒鄕)이 되었다. 청나라 때 태사(太史)를 지낸 이조원(李調元: 1734-
1803년)의 『함해(函海)』에는 "면죽(綿竹)의 청로대곡주는 여름에 더위를
지워주고 겨울에 한기를 막아준다. 토사를 그치게 할 뿐만 아니라 습
하고 더운 지방에서 생기는 독한 기운을 제거한다."[27]라고 했다. 이조
원은 "비웃는 저자거리 사람들 가운데 누가 나를 알리오, 취하여 술집
누대 위에 높이 누웠도다."[28]라고 노래한 애주가인데, 또 스스로 "천하
의 명주는 모두 맛보았지만, 오히려 면죽대곡의 순정한 맛을 사랑하
게 되었다네."[29]라고 했다. 이 술은 광서(光緒, 1880년경) 연간에 공주(貢
酒)가 되었으니, 이때 사람들은 '십리 거리에 면죽 술의 향기가 넘치니
세상 어느 누가 이를 모르랴?(十里聞香綿竹酒 天下何人不識君.)'라고 자

---

26 「蜜酒歌」: ……三日開甕香滿城, 快瀉銀瓶不須撥. 百錢一斗濃無聲, 甘露微濁醍醐淸.

27 『函海』: 綿竹淸露大曲酒是也, 夏淸暑, 冬御寒, 能止嘔瀉, 除濕及山嵐瘴氣.

28 「題靑社酒樓」: 一笑市人誰知我, 醉來高臥酒家樓.

29 『綿竹縣誌』: 天下名酒皆嘗盡, 却愛綿竹大曲醇. 현재 졘난춘 회사에서는 '綿竹大曲'이
라는 브랜드의 술도 생산하고 있다.

랑했다.

청대 말, 이곳에는 17개의 소주방(燒酒坊)이 있었고, 1919년경에는 25개로 늘어났다. 이 무렵 술을 발효하는 구덩이만도 116개에 이르렀으며, 연 생산량은 최고 350여 톤에 달했다. 1922년 몐주다취[綿竹大曲]가 쓰촨성 진흥회에서 1등상을 받은 데 이어 1928년 쓰촨성 물자전람회에서 금상을 받으면서 더욱 명성을 높였다. 1941년 양조장의 수는 2백여 집으로 늘어났으며, 연 생산량 또한 2천 톤으로 증가했다. 당시 명성을 누린 대곡(大曲) 소주방으로는 건원태(乾元泰), 대도생(大道生) 등 38집이었으며, 이들이 가진 발효지는 2백여 개였다. 소곡(小曲) 소주방 또한 100여 집이 있었는데, 그 가운데 제일춘(第一春), 곡강춘(曲江春) 등이 유명했다.

1951년에는 이들 개인 양조장들을 바탕으로 몐주주창[綿竹酒廠]을 세웠으며, 1958년 현재의 졘난춘주창[劍南春酒廠]으로 이름을 바꾸었고, 술의 브랜드도 '졘난춘[劍南春]'으로 확정하였다. 이후 날로 발전을 거듭한 졘난춘은 1963년 '쓰촨 명주'의 이름을 얻었고, 1979년 제3회 전국주류평가대회에서 금장(金獎)을 받아 '중국 명주'의 반열에 들었으며, 이후 제4, 5회의 전국주류평가대회에서도 연이어 금장을 획득했다. 중국 백주 시장에서는 '마오우졘[茅五劍]'이란 말이 널리 쓰이고 있는데, 이는 곧 시장을 지배하고 있는 세 종의 고급 백주 마오타이주[茅台酒], 우량예[五粮液], 졘난춘의 앞 글자를 따서 만든 말이다.

졘난춘은 수수, 쌀, 찹쌀, 옥수수, 밀 등을 원료로 하여 전통적인 회사법(回沙法)에 따라 양조한다. '사(沙)'는 원료 가운데 수수를 지칭하는데, 물에 불린 수수를 찌고 발효시켜 증류하고, 여기서 걸러낸 지게미에 새 수수와 누룩을 섞어 다시 발효시키는 과정을 여러 차례 반복하는 것을 말한다. 다른 술과 마찬가지로 졘난춘도 걸러진 술들은 저장되어 숙성과정을 거친다. 항아리에 담긴 이들 술은 종려나무 가지를 덮은 채 어둡고 서늘한 방에서 오랜 시간 숙면하면서 깊고 짙은 향미를 만들어간다. 중국 백주의 이름에도 많이 들어가는 '窖[쟈오]'는 술 원료를 발효시킬 때 쓰는 구덩이를 뜻한다. 이 구덩이는 오래될수록 좋다고 한다. 오래될수록 향이 그윽해지고 맛이 순정해지기 때문이다. '천익노호(天益老號)'라고 불리는 졘난춘의 발효 구덩이는 수백 년의 역사를 이어오면서 미생물의 독특한 생태환경을 만드는 것으로 소문이 나있다.

2008년 5월에 발생한 쓰촨의 원촨[汶川] 대지진은 사망자만 8만 6천6백 명을 기록한 대참사였다. 졘난춘 회사가 있는 몐주는 지진의 진앙지 원촨(汶川)과 불과 50km 떨어진 거리에 있다. 이 참사로 졘난춘 회사가 입은 직접 손실은 8억 위안에 이르며, 생산 중단에 따른 손실까지 합하면 최대 20억 위안에 달했다고 한다. 저장 숙성 중이던 원주의 독들이 깨져 전체의 3분의 1에 해당하는 1만여 톤의 술이 쏟아졌으며, 술 냄새가 온 시가를 덮었다고 한다. 그나마 다행이었던 것은 졘난춘이 자랑하는 전통 발효 구덩이 천익노호(天益老號)가 안전하게 살아남은 것이었다.

졘난춘 회사는 앞서 언급한 이백의 옛 집이 지척에 있었다는 사실을 빌어 일찌감치 이백을 술 광고에 앞세웠으며, 이 고장과 인연이 있는 두보(杜甫)를 내세워 앞서 인용한 그의 시 「음중팔선가(飮中八僊歌)」의 내용을 원용한 여덟 주선(酒仙)들의 동상을 조성하기도 했다.

중국인의 생활문화

10. 랑주[郎酒]

랑주[郎酒]는 쓰촨성[四川省] 루저우시[瀘州市] 구린현[古藺縣] 얼랑진[二郎鎭]에서 생산된다. 이 곳은 마오타이주가 생산되는 마오타이진[茅台鎭]과 불과 70km 밖에 떨어져 있지 않다. 랑주가 생산되는 얼랑진과 마오타이주가 생산되는 마오타이진 사이에는 '츠수이허[赤水河]'라는 강이 흐르는데,

| 랑주[郎酒]

이 강이 쓰촨성과 구이저우성의 경계이다. "상류는 마오타이[茅台]요, 하류는 루저우[瀘州]를 바라보노라. 배가 얼랑탄[二郎灘]에 도착하면 또 랑주[郎酒]를 마셔야 하리."[30]라는 노래는 츠수이허의 유명한 뱃노래이다. 중국의 대표적인 두 백주 마오타이와 랑주를 키운 이 츠수이허를 '신기한 주허(酒河)'라고 부른다. 랑주의 이름은 이 츠수이허의 한 지류에서 유래한다. 이 곳에는 유독 맑고 맛있는 샘물이 있었는데, 사람들은 이를 '랑취안[郎泉]'이라 불렀다. 이를 이용해 술을 빚었으므로 '랑주'가 된 것이다.

이 지역의 술 역사는 한대(漢代)부터 시작된다. 『사기(史記)』에는 한 무제(漢武帝) 건원(建元) 6년(B.C. 135)에 당몽(唐蒙)이 남원(南越)에 사신으로 갔다가 오늘날 츠수이허 근처에서 생산됐다는 '구장주(枸醬酒)'[31]

---

30 上游是茅台, 下游望泸州. 船到二郎灘, 又該喝郎酒.

31 구장주는 전국시대 중국 서남부의 야랑국(夜郎国)에서 기원했다. 야랑국은 주로 장가강(牂牁江: 지금의 北盤江) 일대가 근거지였으며, 구장주는 닥나무 열매와 꽃으로 담근 걸쭉한 술이다.

를 맛보게 되었다. 그 맛이 하도 좋아 무제에게 바쳤는데 무제 또한 이 술에 대해 "달고도 좋다"는 찬탄을 남겼다.[32] 북송(北宋) 때는 구린[古藺]의 토착민들이 랑취안[郎泉]의 물로 빚은 봉곡법주(鳳曲法酒)가 역사서에 등장한다. 명대(明代)에는 이곳에서 앞서 언급한 '젠난춘'의 양조법이기도 한 '회사(回沙)' 기법[33]이 생겨나 양조기술이 한 단계 발전했다.

청대(清代)에는 얼랑진[二郎镇]에 이미 20여 곳의 양조장이 생겨나 송대부터 명성을 떨친 봉곡법주 외에도 각종 곡주(曲酒)와 백주, 과실주, 잡양주(雜糧酒) 등을 생산하였다. 건륭(乾隆) 10년(1745)에 귀주총독(貴州總督) 장광사(張廣泗)가 소금 운송의 편의를 위해 츠수이허의 뱃길을 얼랑탄[二郎灘]까지 확장하면서 얼랑진은 물자의 집산지로서 번성하게 되었다. 이에 따라 이곳의 양조업도 발전하게 되었으니, 랑주도 이 시기에 탄생하였다. 그 시작은 광서(光緒) 24년(1898)에 영창(榮昌)의 상인 등혜천(鄧惠川)이 얼랑진에 세운 서지주창(絮志酒廠)이다. 서지주창은 광서(光緒) 33년(1907)에 혜천조방(惠川糟房)으로 개명하고, 귀주(貴州) 마오타이 양조장의 전신 가운데 하나인 영필주방(榮筆酒坊)의 기술자 장자흥(張子興)을 초빙하였다. 그는 원래의 봉곡법주 기술에 마오타이주[茅台酒]의 비법과 여러 종의 약초를 섞어 장향형(醬香型) 미주(美酒)를 개발하여 '회사랑주(回沙郎酒)'라고 명명하였다. 이 술은 순정하고 짙은 향으로 큰 인기를 끌었으니, 이것이 랑주의 전신이다.

---

32 司馬遷, 『史記』 卷116, 「西南夷列傳」: 甘美之. 청대(清代)의 시인 진희진(陳熙晋)은 이 고사를 시로 옮기도 했다.

33 '沙'는 수수를 말하는데, 수수가 작고 붉은 색을 띠므로 이렇게 불렀다. 한 번 걸러낸 지게미에 새 수수와 누룩을 섞어 다시 발효시키는 과정을 여러 차례 반복하는 방법으로, 이렇게 하면 술맛이 더욱 순정해진다.

1933년에 레이사오칭[雷紹淸] 등 일군의 상인이 집의신조방(集義新糟坊)을 만들어 마오타이진 성의조방(成義糟坊)[34]의 정인안[郑银安]을 기술 책임자로 스카웃하고 혜천조방(惠川糟坊)의 모사오[莫绍]를 양조사로 채용하여 혜천(惠川)과 마오타이[茅台]의 풍미를 하나로 융합한 술을 만들었다. 랑취안[郎泉]의 물로 빚은 이 술을 랑주[郎酒]라고 명명하였다. 이후 1936년에 화재로 소실된 성의주방을 재건할 때 이 기술자가 랑주의 모주(母酒)를 가지고 돌아가 마오타이주를 다시 만들었다고 한다. 그래서 사람들은 이 술을 '츠수이허의 자매[赤水河畔的姐妹花]'라고 부른다.

무엇보다 랑주의 가장 큰 특징은 술을 천연 동굴에서 숙성시키는 것으로, 이는 중국에서 유일한 제조법이다. 랑주 공장에서 약 2km 떨어진 산의 절벽에 있는 천보동(天寶洞)과 지보동(地寶洞) 두 동굴에서 약 3년간 숙성 과정을 거쳐 랑주가 탄생하는 것이다. 랑주는 장향, 농향, 겸향의 세 가지 제품군을 보유하고 있는데, 장향형 백주인 홍화랑[紅花郎]을 필두로 겸향형 신랑주[新郎酒], 농향형 루이랑[如意廊]과 푸랑[福廊] 등 다양한 제품을 생산하고 있다.

11. 두캉주[杜康酒]

두캉주는 현재 산시[陝西]의 이촨[伊川]과 허난(河南)의 바이수이[白水] 두 곳에서 생산된다. 그러나 오래 동안 두캉주는 이촨의 두캉허[杜康河]에서 빚은 술을 지칭해왔다. 그래서 두캉주 브랜드

---

34 성의주방은 마오타이의 초기 양조장으로, 1915년 파나마 만국박람회에서 최고상을 받은 마오타이주를 출품한 양조장이다.

| 두캉주[杜康酒]

의 기원이 된 주신(酒神) 두강(杜康)의 전설도 이환을 중심으로 전해진다. 두강(杜康)은 동주(東周)의 양조 기술자로서, 술을 빚기 위해 좋은 물을 찾으러 다니다가 용문(龍門)의 이수(伊水) 상류에서 한 샘을 발견하여 술을 빚었다. 두강이 빚은 술의 맛이 빼어나 수많은 사람이 다투어 사갔을 뿐 아니라 마침내 어주(御酒)로 지정되었고, 두강은 주선(酒仙)이라는 칭호를 받았다. 이후 두강의 마을은 두강선장(杜康仙莊), 술을 빚은 샘은 주천(酒泉)으로 불렸다. 이 두강선장과 주천이 바로 이촨과 두캉허라는 것이다.

죽림칠현(竹林七賢)의 한 사람이었던 유령(劉伶)이 두강이 빚은 술을 마시고서 3년을 취해 있었다는 소위 '두강취유령(杜康醉劉伶)'의 이야기는 중국 술의 역사에서 빠지지 않는 전설이다. 그런데 동주(東周) 시대의 두강이 몇 백 년 후 서진(西晉)의 유령(劉伶)을 취하게 했다는 것은 두강이 이미 시공을 넘나드는 주신이 되었다는 것이니, 그 전설은 다음과 같다.

두강의 술 빚는 명성은 하늘에까지 알려져 옥황상제의 초청을 받게 된다. 하늘의 시간은 인간의 시간과 큰 차이가 있어서 두강이 며칠 지내는 사이 지상은 수백 년이 흘렀다. 그러던 어느 날 천상의 한 동자가 서왕모(西王母)의 노여움을 받아 지상으로 쫓겨 가는 일이 발생하였다. 이 동자는 서왕모가 연회에 쓰려고 준비한 술을 마셔버렸고, 더구나 그녀가 아끼는 유리잔을 깨뜨려 버렸던 것이다. 이 동자가 바로 죽림칠현의 유령(劉伶)이다. 유령은 지상으로 쫓겨 온 뒤 매일 술을 마시며 은둔생활을 하였다. 서왕모는 유령의 형기가 끝날 때쯤 두강을 지상으로 보내 그에게 교훈을 주고 사면하고자 했다.

초여름 여행을 떠난 유령은 복우산(伏牛山) 기슭에 자리한 두강산장에 이르렀다. 마을 입구의 주점을 바라보니 문 앞에 대련(對聯)이 붙어있는데, '맹호도 한 잔이면 산속에 취하고(猛虎一杯山中醉), 이무기와 용도 두 잔이면 바다 속에 잠든다(蛟龍兩杯海底眠)'는 구절이었다. 그리고 '삼년 동안 취하지 않으면 돈을 받지 않겠소.(不醉三年不要錢)'라고 적혀 있었다. 이것을 본 유령은 피식 웃고는 주인을 불러, "그대 주점에는 술이 몇 독이나 있소?"하고 물었다. 주인은 "작은 주점이다 보니 술은 한 독밖에 없습니다."라고 하자, 유령은 기가 차다는 표정으로 "한 독이라고? 그것으로야 한 사람도 만족시킬 수가 있겠나?"라고 호기를 부렸다. 그러자 주인은 "손님께서 잘 모르시나본데 우리 집의 술은 천하에 이름 높은 두강주(杜康酒)입니다. 보통의 손님이라면 작은 잔 하나로 만족하실 것이고 웬만한 대장부도 큰 잔 하나면 그만입니다."라고 하였다. 유령은 주인이 허풍 치는 것이라고 여기고, 술독채로 내오라고 큰소리를 쳤다. 주인은 유령의 건강을 염려하며 거절하자 유령은 주인에게 "봄놀이 나온 유령이 술집을 지나다 들러 술 한 독을 청했다. 고주망태가 되어도 다른 사람과는 관계가 없노라."라는 각서를 적어 주었다. 유령은 세 잔을 거푸 마시고나니 더 이상 마실 수 없을 정도로 취해버렸다. 그러나 많은 사람 앞에 큰 소리를 쳤기에 괜찮은 척 자리에서 일어섰지만 몸을 가누지 못하고 쓰러지며 술독을 깨뜨리고 말았다. 깨진 독에서 술이 쏟아졌으나 어찌할 경황도 없이 허겁지겁 도망쳐 나왔다. 집에 돌아와 계속 잠만 자던 유령은 나흘째 되던 날 마침내 숨을 거두고 말았다.

유령의 아내는 남편의 시체를 입관하여 매장을 하였고, 삼년이 지나 유령이 하늘로 돌아갈 날이 되었다. 이날 두강은 유령의 집을 방문하여 유령의 아내에게, "삼년 전 남편이 저의 주점에 들러 술을 마시다가 세 잔을 마시고서 술독을 깨뜨리고 그냥 돌아갔습니다. 오늘 수금을 하러 왔습니다."라고 했다. 이 말을 들은 유령의 아내는 도리어 화를 내며 남편을 죽인 원수를 갚겠다며 함께 관청으로 가자고 했다. 이에 두강은 삼년 전의 일을 자세히 설명해 주고 유령이 썼던 각서도 보여 준 다음, 유령이 죽은 것이 아니라 취한 것이라며 함께 묘를 파서 확인해보자고 했다. 묘를 파고 목관을 열자 과연 유령은 눈을 비비고 일어나는데 입에서는 아직도 술 냄새가 풍겼다. 그리고 두강은 구름에 올라 유령의 손을 잡아끌었다. 두강은 어깨에 걸쳤던 돈주머니를 유령의 아내에게 던져 주었는데, 이것이 땅으로 떨어지다가 하얀 비단으로 변하였고, 그 비단에는 "남편이 서왕모에게 인사를 드리러 가오."라고 적혀 있었다.

이러한 낭만적인 전설의 주인공 두강은 술의 대명사가 되어 역대 문인들의 작품 속에 자주 등장하기도 하다. 위무제(魏武帝) 조조(曹操)는 「단가행(短歌行)」에서 다음과 같이 노래하고 있다.

對酒當歌, 人生幾何.	술 마시며 노래 부르노니, 인생살이 얼마인가.
譬如朝露, 去日苦多.	아침이슬처럼 덧없고, 지난날은 온통 고통스러웠네.
慨當以慷, 憂思難忘.	슬퍼하며 탄식해도, 근심걱정 잊기 어렵네.
何以解憂, 惟有杜康.	무엇으로 근심 풀까, 오직 두강(杜康)뿐이네.

여기의 '두강'은 술을 대신하는 것이다. 진대(晋代) 죽림칠현의 한
사람인 완적(阮藉)의 "벼슬살이 즐겁지 아니하고 오로지 두강만이 소
중하도다.(不樂仕宦, 惟重杜康.)"도 같은 용례라 할 것이다.

한편 두보(杜甫)는 「제장씨은거(題張氏隱居)」에서 다음과 같이 읊었다.

之子時相見,	이 사람 자주 보건만
邀人晩興留.	사람 맞아 늦도록 흥겹게 하는구려.
霽潭鱣發發,	갠 못에 전어(鱣魚)가 뛰고
春草鹿呦呦.	봄풀 사이로 사슴이 울어대노라.
杜酒偏勞勸,	두씨(杜氏)의 술 바삐 권하고
張梨不外求.	장공(張公)의 배도 밖에서 구하지 않는다오.
前邨山路險,	앞마을로 가는 산길 험하지만
歸醉每無愁.	취해서 돌아가니 매번 근심할 일 없어라.

경련의 '두주(杜酒)'는 두강주를 말하고, '장리(張梨)'는 반악(潘岳)의
「한거부(閑居賦)」에 등장하는 "장공대곡지리(張公大谷之梨: 장공의 대곡
배)"의 전고를 빈 것으로, 안주를 빗댄 것이라고 할 것이다. 두강은 두
보(杜甫)와 같은 성이고, 유명한 대곡 배의 생산자 장공(張公)은 또 은
거하는 장씨(張氏)와 같은 성이므로 교묘하게 두 전고를 빌어 두 사람
의 주흥을 빗댄 것이다.

이 외에도 백거이(白居易)는 "두강(杜康)은 고민을 풀어줄 수 있고,
훤초(萱草: 원추리)는 근심을 잊게 한다네."[35]라고 했고, 피일휴(皮日休)
는 "방울방울 이어지는 술 떨어지는 소리, 괜스레 두강(杜康)이 하는

---

35 「酬夢得比萱草見贈」: 杜康能散悶, 萱草解忘憂.

말인가 의심하노라."[36]라고 했으며, 북송(北宋)의 소식(蘇軾)은 "지금부터 동파 집에서는 두강의 제사를 모시지 않으리라."[37]라고 했고, 반대로 소옹(邵雍)은 "한평생 두강주 마시며 도도하게 취해 즐기리라."[38]라고 했다. 또 금대(金代) 원호문(元好問)도 "늘 근심 잊는데 두강이 최고라지만 술이 즐거운 곳을 만나면 더욱 잊기 어렵다네."[39]라고 했다.

그러나 이렇게 유명한 두강주였지만 실제 그 양조법은 거의 알려져 있지 않았다. 두강주가 술의 브랜드로 탄생한 것은 중화인민공화국 수립 이후의 일이다. 전통 양조장을 근거로 한 정부의 백주산업 부흥정책에 따라 두강과 연고가 있는 여러 지역에서 경쟁적으로 두강주라는 이름을 내걸고 양조를 시작했던 것이다. 이에 따라 두강주는 한동안 치열한 상표권 분쟁에 휘말리기도 했다. 초기에는 산시성[陝西省] 바이수이현[白水縣] 및 허난성[河南省]의 이촨현[伊川縣]과 뉘양현[汝陽縣]의 세 곳이 경쟁하였다. 이 세 회사는 상표권 확보를 위한 소송까지 치르게 되었다. 그 과정에서 허난성의 두 회사, 즉 이촨두캉[伊川杜康]과 뉘양두캉[汝陽杜康]이 손을 잡았다. 이후 싸움의 양상은 바이수이두캉[白水杜康]과 허난두캉[河南杜康]의 2파전 형태로 전개되어 산시성과 허난성의 자존심을 건 싸움으로 번졌다. 20여 년에 걸친 이 상표권 분쟁은 2010년 7월 바이수이두캉의 상표권 사용을 허가한다는 법원의 판결로써 끝이나 두 곳 모두 두강주라는 상표를 사용할 수 있게 되었다.

---

36 「酒中十詠」 '酒床' : 滴滴連有聲, 空疑杜康語.

37 「和陶止酒」 : 從今東坡室, 不立杜康祀.

38 「逍遙遊」 : 吃一輩子杜康酒, 醉樂陶陶.

39 【鷓鴣天·孟津作】 : 總道忘憂有杜康, 酒逢歡處更難忘.

허난두캉으로 통합한 이촨두캉과 뤄양두캉은 실질적으로는 이천두캉이 이름만 바꾼 것에 지나지 않았다. 허난두캉은 2009년 11월에 다시 뤄양두캉주예[洛陽杜康酒業]로 명칭을 바꾸어 현재는 뤄양두캉으로 불린다. 이촨에서 생산되는 두캉주는 1971년에 이촨현[伊川縣]에 건립한 '두캉주부흥연구제작소조[杜康酒復興硏究制作小組]'에서 복원했다고 알려져 있다. 이촨은 낙양(洛陽) 남쪽에 이수(伊水)와 합쳐지는 작은 강 두캉허[杜康河] 근처에 있는 도시이다. 이곳에는 두강사(杜康祠)라는 두강의 사당이 있다. 한 무제 때 처음 세운 것이라 하는데, 중건하여 향순원(香醇園), 두강묘원(杜康墓園), 두강 술집, 주천정(酒泉亭), 이선교(二仙橋), 칠현유지(七賢遺址) 등 20여 개의 기념물들을 만들었다. 이는 중국에서도 손꼽히는 술문화박물관이다.

두캉주는 1988년에 국가 연회용 술로 지정되었으며, 현재 유럽, 미주, 동남아시아 등 40여 개 국가에 수출되고 있다. 그러나 이 두캉주가 과연 옛 시인들이 그리도 극찬했던 그 술인지는 알 도리가 없다. 브랜드로는 주조두강(酒祖杜康), 중국주지원(中國酒之源), 두강국화(杜康國花), 중화두강(中華杜康), 노두강(老杜康) 등 10여 개가 있다.

한편, 상표권 분쟁에서 승소한 바이수이두캉은 허난성 바이수이현 두캉진[杜康鎭]에서 생산된다. 바이수이현은 섬북고원(陝北高原)의 남쪽 자락이 관중평원(關中平原)과 마주치는 지점에 위치하며, 인구는 30여 만 명이다. 현을 통과하는 하천의 바닥이 흰 빛깔을 띠는 까닭에 이런 지명을 얻었다. 이곳에는 이 지역의 유구한 역사를 증명하는 소위 '바이수이 사대현인[白水四大賢人]'이 유명하다. 황제(黃帝)의 사관(史官)으로서 처음 한자를 창조했다고 일컬어지는 창힐(蒼頡), 도자기를 잘 만든 도예가 뇌상(雷祥), 세계 최초로 종이를 발명했다는 동한(東

漢)의 채륜(蔡倫), 그리고 두강이다.

바이수이두캉의 양조장은 두강이 술을 만들었다는 전설이 있는 두캉진[杜康鎭]의 두강구(杜康溝)에 있다. 두강은 죽은 후 이 양조장 근처에 묻혔다고 하는데 그 무덤은 지금도 남아있으며, 묘 뒤편에 두강을 모신 두강묘(杜康廟)가 있다. 바이수이두캉 회사에서는 자신들의 술 발효 구덩이가 1천 년의 역사를 지녔다면서 현존하는 세계 최고(最古)의 것이라고 자랑한다. 여기에서 생산되는 브랜드가 바로 '바이수이두캉타이콩주[白水杜康太空酒]'이다.

12. 수이징팡[水井坊]

1998년 8월 쓰촨성 청두취 안싱주창[成都全興酒廠]은 수이징가[水井街]에서 양조장 시설을 개축하다가 우연히 지하 유적을 발견하였다. 1999년 3월 고고학자들의 주도 하에 정식으로 발굴 조사가 이루어졌고, 조사결과 이 시설물은 원(元), 명(明), 청(清) 3대에 걸친 양조장의 흔적들로 밝혀졌다. 이 고대 양조시설 '수이징팡

| 수이징팡[水井坊]

[水井坊]'은 곧 국가문물국에 의해 '1999년 전국 10대 고고학 신발견'으로 평가되어 '전국중요문물보호단위'로 지정되었다. 이어 고고학계, 역사학계, 백주 전문가들은 '살아있는 유적', '중국 백주 최고의 양조장', '중국 농향형 백주의 글자 없는 역사책' 등의 칭호를 붙여가며 애

주가들을 흥분시켰다.

2000년 8월 9일 광저우[廣州]에서 열린 수이징팡주 전시회에서 마침내 그 600년 역사의 발효구덩이에서 빚어진 수이징팡이 세상에 공개되었다. 이를 맛본 어느 평주가는 '술이 위(胃)로 들어가서 가슴(心)으로 스며든다'고 표현하였을 정도로 큰 반향을 일으켰고, 단숨에 중국 최고급 백주의 반열에 올랐다. 사실 수이징팡은 새로운 술이라기보다는 이 술의 전신인 취안싱다취주[全興大曲酒]에 스토리를 입히고 고급화 전략으로 포장한 술이다. 취안싱다취주를 생산하던 청두 취안싱주창은 회사 이름을 쓰촨수이징팡회사[四川水井坊公司]로 바꾸고, 취안싱다취주의 양조기법을 더해 고가전략으로 시장에 승부를 걸었다.

이 술의 고급스런 디자인은 술을 마시기 전부터 애주가들에게 특별함을 느끼게 한다. 술 케이스에는 사자모양의 고리가 달려있고, 술병 바닥에는 여섯 폭의 그림이 그려져 있는데 무후사(武侯祠), 두보초당(杜甫草堂), 구면교(九眠橋), 합강정(合江亭), 수정소방(水井燒坊), 망강루(望江樓) 등 쓰촨 청두[成都]의 주요 명승지들이다. 또한 술병 케이스 바닥에는 사자춤(舞獅) 그림이 그려진 나무 받침이 있어 재떨이로 유용하게 쓰이기도 한다. 사자는 베이징 자금성에 황제의 상징으로 버티고 있으며, 중국에서 권위, 위엄, 전통, 부귀, 기복 등 매우 긍정적인 의미로 통용되고 있다.

한편 조니워커로 유명한 영국의 주류기업 디아지오(Diageo)는 수정방의 지분을 49%에서 53%로 늘리며 경영권을 인수하였고, 수이징팡은 전 세계 소비자들을 대상으로 그 명성을 넓혀가고 있다.

13. 사오싱주[紹興酒]

사오싱주는 저장성[浙江省] 사오싱
시[紹興市]에서 생산되는 술로서, 중국 황주
(黃酒) 생산의 30%를 차지할 만큼 대표적인 황
주이다.

| 사오싱주[紹興酒]

사오싱주의 역사는 3천년 이상이나 거슬
러 올라간다. 오월동주(吳越同舟)의 고사로 유
명한 월왕(越王) 구천(勾踐)이 오(吳)나라를 정
벌하러 나서기 전에 병사들에게 나눠주어 사
기를 진작시켰다는 전설이 있으며, 오나라에 패한 후 와신상담(臥薪嘗
膽)하던 월나라가 오나라 군대의 기강을 흔들기 위해 서시(西施)와 함
께 바친 것도 이 사오싱주라고 한다. 이 술은 남북조(南北朝) 시대부터
황실의 진상품으로 명성을 날렸으며, 루쉰[魯迅]의 유명한 소설 『공을
기(孔乙己)』에 나오는 셴헝주점[咸亨酒店]의 주인은 사오싱주 자랑 끝
에 "왜놈들이 중국의 좋은 것은 거의 모두 도둑질해갔는데 루쉰과 사
오싱주 비법만은 못 훔쳐갔다"고 했다.

사오싱주는 현재 푸젠성[福建省], 장시성[江西省], 상하이 등은 물
론 타이완[台灣]에서도 만들어지고 있다. 사오싱주는 대개 따끈하게
데워서 마시는데, 타지 사람들은 화매이[花梅]라고 하는 말린 매실 한
두 개를 술잔에 넣어 마시기도 한다. 이것을 보고 사오싱 사람들은 원
조 사오싱주를 따라잡을 수 없는 짝퉁 사오싱주의 맛의 결함을 감추
기 위한 짓거리라고 비웃는다.

사오싱주는 젠후(鑑湖)의 물로 담그므로 '젠후밍주[鑑湖名酒]'라는
별명으로도 불린다. 주재료인 찹쌀을 보리누룩으로 발효시켜 만들며,

알코올 도수는 15~20%로 낮은 편이다. 색깔은 짙은 갈색이며, 향이 짙다. 사오싱주를 오래 두면 향이 더 진해지고 맛이 좋아지는데 이를 흔히 사오싱라오주[紹興老酒]라 한다. 사오싱주는 만드는 방법에 따라 자판주[加飯酒], 산냥주[善釀酒], 위안홍주[元紅酒] 등이 있다.

'자판[加飯]'은 밥을 더했다는 뜻으로, 자판주는 찹쌀을 더 넣어 만든 것을 말한다. 사오싱에서는 딸을 낳으면 자판주를 담아 꽃을 새긴 항아리에 저장하였다가 시집보낼 때 꺼내어 축하주로 쓴다고 한다. 이처럼 오래 묵은 자판주를 화댜오주[花雕酒] 또는 뉘얼훙[女兒紅]이라 한다. 보통 10여 년 이상씩 저장한 것으로, 중국인의 진중한 인내심과 멋을 추구하는 풍류의식의 한 단면을 볼 수 있다. 1996년 사오싱시가 재개발사업을 할 때 한 구옥 담벼락 밑에서 묻어 둔지 50년도 더 넘은 뉘얼훙 한 병이 발견되어 세상을 떠들썩하게 한 적이 있다. 이 술은 경매에 붙여졌고 당시 한화로 2천만 원이라는 거금에 홍콩의 한 갑부에게 낙찰되었다고 한다.

산냥주도 매우 특별한 술이다. 산냥주는 3년 이상 저장한 사오싱주를 물 대신 원료로 하여 담근 술이다. 이 술은 '술로 빚은 술'이라는 세계에서도 그 유례가 없는 기발하면서도 호사스러운 술로서 사오싱주의 최고급 명품이다.

위안홍주는 사오싱주의 가장 기본적이고 대중적인 술로서, 사오싱주 생산량의 80%를 차지하며, 1979년 전국 평주회의(評酒會議)에서 우량주로 선정되었다.

14. 장위[张裕] 와인

장위[张裕] 와인은 중국의
애국기업으로 유명한 장위그룹에서
생산되는 포도주이다. 현재 중국에서
소비량이 가장 빠르게 증가하고 있는
주종이 와인이다.

| 장위[张裕] 와인

중국에서 포도나무를 기르고 와인
을 만들기 시작한 것은 2000년 전 한
무제(漢武帝) 시대로 거슬러 올라간다.
실크로드를 개척한 장건(張騫)[40]이 기
원전 160년경 한무제의 지시로 13년 동안 서역(西域: 현재 우즈베키스탄
사마르칸트)을 여행하며 많은 지식과 문물을 가지고 돌아왔는데, 이 때
포도 씨앗이 들어왔다고 한다. 이후 포도는 중국에서 귀중한 과일로
대접받았다. 포도당을 원형 그대로 섭취할 수 있기 때문이었다.

그러나 중국에서 와인을 대량 생산하기 시작한 것은 청나라 말 장
위양조회사[张裕釀酒公司]에서 시작되었다. 이 회사는 산둥성 옌타이
[煙台]에 설립되었는데, 이 덕분에 옌타이는 중국 와인을 대표하는 산
지가 되었다. 아시아에서 유일하게 '국제 포도주 도시'로 선정된 옌타
이는 '중국의 나파밸리(Napa Valley: 미국 캘리포니아에 있는 고급 와인 생
산지)'를 꿈꾸고 있다. 이곳에는 장위[張裕] 외에도 쌍벽을 이루는 창청
[長城] 포도주 생산기지가 있다.

장위는 옌타이레드와인[烟台红葡萄酒]이 1915년에 파나마 국제

---

40 장건은 한(漢)나라 때의 여행가이자 외교관으로, 중국과 서역 간 상업, 문화, 정치 교류
의 물꼬를 튼 사람이다. 무제의 명을 받아 흉노를 협공할 동맹국을 찾아 나선 기원전
139년부터 서역 교통로를 개척하기 시작했다.

박람회에서 금상을 획득하면서 명성을 쌓았고, 지금까지 중국 와인을 대표하는 브랜드가 되었다. 이 회사는 고급 장미향 포도를 주원료로 쓰며, 주력 상품은 장위까베르네쇼비뇽[张裕解百纳]이다. 현재 창청[長成] 등 여타 중국산 브랜드들의 맹추격을 받고 있지만 아직 최고 자리는 놓치지 않고 있다. 2007년 세계 10위의 와인 생산회사로 선정된 장위는 2010년에 50억 위안의 매출을 올렸다. 장위는 청나라 서태후(西太后)가 그 맛에 반했다고 하고, 쑨원[孫文]이 직접 '품중예천(品重醴泉)'이라는 붓글씨를 남기기도 했다. 장위는 최근 프랑스 카스텔 그룹과 손잡고 '샤토 장위 카스텔'을 포함한 여러 와이너리(Winery)도 건설하면서 본격적으로 유럽시장도 공략하고 있다. 장위의 자랑거리 가운데 하나는 장위 공장 설립 110주년을 기념해 2002년 9월에 개관한 와인 박물관과 농장이다. 와인문화박물관과 장위의 대형 지하 와인저장고는 서로 붙어 있다. 장위 와이너리는 지하 7미터 깊이에 해안선과 100미터도 채 떨어져 있지 않지만 지금까지 물이 샌 적이 없이 견고하게 만들어져서 유명세를 탔다. 와인 저장소는 2700㎡의 공간에 오크통 1000여 개가 있는데 100년이 넘은 오크통도 보존하고 있다.

장위는 달콤한 맛이 특징이다. 연중 약 650㎜ 강수량에 여름이 긴 옌타이에서 재배된 포도는 당도가 다른 지역보다 높기 때문이다. 장위-카스텔 농장은 140만 ㎡의 면적에 고대 유럽식의 건물을 갖추고 있으며, 포도 재배 현장과 와인 제조 공정을 볼 수 있다.

장위는 1892년 화교 사업가 장비스[張弼士]가 설립하였다. 그는 객가인(客家人)으로, 1841년 광둥성 다푸[大埔][41]에서 태어났다. 아버지 장란헌(張蘭軒)은 아이들을 가르치는 서당의 훈장 선생님이면서 한

---

41 옛날 조주부(潮州府)에 속했고 지금은 메이저우시[梅州市]에 속함.

의사로도 활동했다. 장비스는 해외 문물과 교류가 활발한 광둥성에서
나고 자라 일찍부터 해외 사업에 관심을 갖게 되었다. 1858년 그는
인도네시아 자카르타로 가기로 결심하고 무작정 길을 나섰다. 자카
르타에서 염색 직공을 시작으로 여러 직업을 전전하던 그는 각국의
유명한 술들을 수입해 판매하면서 조금씩 사업에 눈을 뜨게 되었다.
1871년 장비스는 인도네시아 자카르타에서 개최한 프랑스 영사관 파
티에 참석했다. 그는 여기서 처음 프랑스 고급 포도주를 마셔보고 충
격에 가까운 자극을 받게 되었다. 그리고 당시 영불(英佛) 연합군이 중
국을 침략할 때 참전했던 프랑스 영사가 옌타이의 야생 포도 맛이 환
상적이라는 말을 듣고, 와인 사업에 뛰어들 결심을 하게 되었다. 1891
년 청나라로 출장을 온 그는 배산임해(背山臨海) 지형의 옌타이를 직
접 답사한 후 다음 해 와인 회사를 설립한 것이다.

그는 싱가포르에 중화총상회(中華總商會)를 조직하고 화교사회의
구심점 역할을 했다. 장비스는 한때 '화교들 중에 가장 돈이 많은 사람'
이라는 평가도 받았다. 중국인들에게 장비스는 사업가이기도 하지만
교육가이자 자선가이기도 했다. 그는 페낭(Penang) 중화학교를 설립
했으며, 싱가포르에도 잉신[應新]학교를 세웠다. 홍콩대학에는 10만
위안을 쾌척했고, 광둥성 산터우[汕頭]의 수십 곳에 육선당(育善堂)이
라는 복지시설을 건설해 현지 주민들을 도왔다. 장비스는 말년에 광
저우의 중산[中山]대학과 링난[嶺南]대학에 학교 건물을 지어주었는
데, 지금도 중산대학에는 '장비스루(樓)'가 세워져 그를 기념하고 있다.

요즘 중국 사람들이 제일 많이 마시는 술은 바로 중국에서 헤이주
[黑酒] 혹은 피주[啤酒]로 불리는 맥주이다.

앞서 언급했듯이 패트릭 맥가번(Patrick McGovern)이 발견한 중국

허난성[河南省] 지아후[賈湖] 지방의 맥주 흔적이 사실이라면 중국은 세계 최초의 맥주 생산국으로서, 그 역사는 9000여 년 전까지 거슬러 올라간다. 그러나 중국인들이 실제 맥주를 마시기 시작한 것은 19세기 말 제국주의 열강들이 중국에 진출하면서부터이다. 중국 최초의 맥주 공장은 1900년에 러시아 사람이 하얼빈[哈尔滨]에 세운 우루푸레푸스지피주창[乌卢布列夫斯基啤酒厂]인데, 이후 5년 사이에 하얼빈에는 러시아, 독일, 체코가 각각 세 곳의 공장을 더 세웠다.

1903년에 영국과 독일 상인이 칭다오[青岛]에 영독양조회사[英德釀酒有限公司]를 세웠는데, 이것이 칭다오 맥주를 생산하는 지금의 칭다오피주창[青岛啤酒厂]의 전신이다. 1904년 하얼빈에 처음으로 둥베이산성피주창[东北三省啤酒厂]이라는 중국인이 세운 맥주 공장이 출현했고, 1914년 하얼빈의 우저우피주치수이창[五洲啤酒汽水厂]과 베이징의 솽허성피주창[双合盛啤酒厂], 1935년 광저우[广州]의 우양피주창[五羊啤酒厂] 등이 차례로 설립되었다. 1958년에는 톈진[天津], 항저우[杭州], 우한[武汉], 충칭[重庆], 시안[西安], 란저우[兰州], 쿤밍[昆明] 등 대도시에 차례로 맥주공장이 설립되면서 맥주는 중국주류산업의 큰 부분을 차지하게 되었다. 1979년에는 90여 곳의 공장에서 연간 37.3만 톤을 생산하면서 중화인민공화국 수립 이전에 비해 50배 이상 성장하였다. 이후 10년간 매년 30%이상 성장하였고, 1988년에는 전국적으로 813개 회사에서 656.4만 톤을 생산하게 되어 미국, 독일에 이은 세계 3위의 맥주 생산국이 되었으며, 1993년에는 독일을 제치고 세계 2위의 생산국이 되었다.

맥주는 현재 중국에서 가장 많이 팔리는 주종일 정도로 대중화 되었는데, 이처럼 수많은 맥주 가운데 중국은 물론 세계적인 명성을 이어가고 있는 것이 칭다오 맥주이다. 칭다오 라오산[劳山]의 수질이 빼어난데다가 세계 제일 독일 맥주의 노하우가 결합되어 탄생한 것이 바로 칭다오 맥주이다. 칭다오 시민들은 문화대혁명의 그 어려운 시절에도 이 맥주 덕분에 그리 힘들지 않았다고 한다. 1903년에 건립된 칭다오 맥주공장은 중국에서 유일한 맥주박물관이 들어서 칭다오의 중요 관광지가 되었다. 아울러 1991년부터 매년 8월 둘째 주말부터 보름 동안 칭다오맥주축제[青岛啤酒节]를 개최하여 칭다오 맥주의 명성을 세계적으로 알리고 있다.

중국인의 생활문화

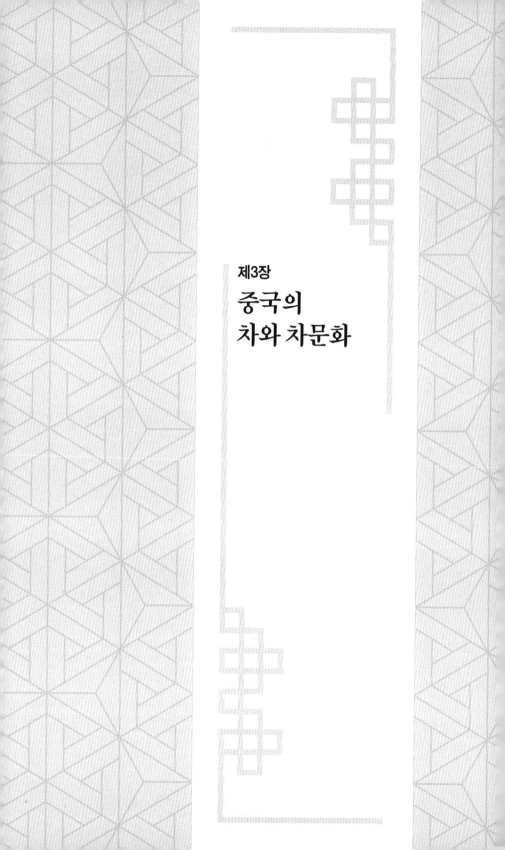

제3장
중국의
차와 차문화

차의 역사

차(茶)는 일명 '명(茗)'이라고도 하는데, 중국 속담에 "색골(色骨)은 마흔, 차골(茶骨)은 여든"이라든지, "아침 차 한 잔에 온종일 힘이 넘치고, 점심 차 한 잔에 일이 가뿐하며, 저녁 차 한 잔에 기운이 나서 고통이 사라진다."든지, 또 "생활을 영위하는 데 필요한 7가지 필수품은 땔감, 쌀, 기름, 소금, 간장, 식초 그리고 차이다."라는 등은 모두 차가 사람들의 일상생활과 밀접한 관계가 있음을 말해준다.

1. 신농씨(神農氏)의 전설과 차나무의 발견

일찍이 중국에는 "신농(神農)이 백(百) 가지의 풀을 맛보며 매일 72가지의 독(毒)을 발견했는데, 차(茶)로써 그것을 모두 해독했다."[01]는 전설이 있다. 이러한 까닭에 중국인들은 신농씨를 최초로 차를 발견하고 이용했던 사람으로 보고 있다. 중국에는 예부터 이미 신농과 차에 관한 다음과 같은 이야기가 민간에 널리 전해져 내려오고 있었다.

---

01 『神農本草經』: 神農嘗百草, 日遇七十二毒, 得茶而解.

| 신농씨(神農氏)

신농은 수정같이 투명한 배 [腹]를 가지고 있어서 무엇을 먹든지 간에 사람들은 그의 위장 속을 자세하게 훤히 들여다 볼 수가 있었다. 당시 사람들은 아직 불로써 음식을 익혀 먹는 법을 몰랐다. 그래서 화초나 들판에 열린 과실 또는 생선이나 짐승 등을 잡아 날것으로 먹을 수밖에 없었다. 그러다 보니 자주 병에 걸리게 되었다. 이에 신농은 음식물을 통한 중독이나 질병의 치료법을 알아내기 위해 눈에 띄는 식물은 무엇이든 닥치는 대로 먹어보고, 이 식물들이 뱃속에서 어떠한 변화를 일으키는지 관찰하게 되었다. 그리하여 사람들에게 먹을 수 있는 식물과 먹어서는 안 될 식물을 알려 주었다. 이렇게 신농은 백가지 풀을 맛보게 되었다. 하루는 우연히 하얀 꽃송이가 달린 나무 위에 싹튼 연한 나뭇잎을 발견하였다. 이 잎이 매우 희귀하다고 여기고 한입에 뱃속으로 삼키고는 가만히 지켜보았다. 위장에 들어간 그 푸른 잎은 곧 위아래로 위장의 곳곳을 유동하며 위장의 내부를 깨끗하게 세척하는 것이었다. 신농은 이에 곧 그 신비한 푸른 잎을 가리켜 '사(查)'라고 불렀고, 이에 후대 사람들은 '사(查)'와 발음이 같은 '차(茶)'로 바꾸어 부르게 되었다는 전설이 있다. 신농이 지었다는 『식경(食經)』에는 "차를 오래 마시면 힘이 생기고 마음이 즐거워진다."[02]고 했다.

---

02 陸羽,『茶經』卷下「七之事」:神農食經, 茶茗久服, 令人有力悅志.

현재 세계 어디를 가나 차를 나타내는 말은 광둥[廣東]어 계통의 'Cha'와 푸젠[福建]어 계통의 'Tea' 두 가지뿐이다.[03] 이것은 차를 수출하는 항구가 푸젠성의 샤먼[廈門]과 광둥성의 광저우[廣州]이기 때문에 푸젠의 'Te' 혹은 'Tay'와 광둥의 'Cha'에서 유래된 것이다. 차라는 용어는 전파 경로에 따라 다르게 발음되며 각 지역으로 전해졌다. 북경을 비롯한 중국 내륙지방, 한국, 일본, 몽골, 러시아, 아랍, 터키, 이란, 그리스 등 북동쪽과 서쪽의 육로 경로는 주로 광둥어 계통인 'Cha'라는 발음으로 전해졌고, 서남쪽 해로(海路)를 거친 영국, 독일, 프랑스, 이탈리아, 미국, 말레이시아, 스리랑카, 스페인 등에는 푸젠어 계통인 'Tea'라는 발음으로 전해졌다. 그 중 포르투갈만은 그 식민지령인 마카오가 광둥성에 있었기 때문에 Cha라고 발음되어 전해졌다. 우리나라에서는 '차'와 '다' 두 가지를 병용하고 있다.[04]

---

03 오늘날 차를 의미하는 한자인 '茶'는 옛 중국 고전에 대부분 '도(荼)'라고 기록되어 있다. 당대(唐代) 육우(陸羽)의 『다경(茶經)』에 "其名一曰茶, 二曰檟, 三曰蔎, 四曰茗, 五曰荈."으로 기록되어 있듯이 여러 가지 명칭으로 사용되었지만 이후 '茗' 외에는 거의 사용되지 않았고, 중당(中唐) 이후 '荼'가 '茶'로 변하면서 이후 현재까지 茶라는 글자가 널리 사용되고 있다.(오원경,「婚禮, 喪祭禮中의 茶禮俗」『중국사연구』 제22권, 2003.)

04 '다'로 읽는 경우는 보통 한자와 어울린 단어로서, 예를 들면 다과(茶菓), 다도(茶道), 다인(茶人), 다담(茶談), 다구(茶具), 다기(茶器), 다합(茶盒), 다실(茶室), 점다(點茶), 음다(飮茶), 다시(茶詩), 다식판(茶食板) 등을 들 수 있다. '차'로 읽는 경우는 토속어와의 복합어일 때로, 예를 들면 차가게, 차 그릇, 차 단지, 차 벗, 차 손님, 차 자리, 찻물[茶湯] 등이 있다. 또 작설차, 햇차, 보성차, 녹차, 말차, 단차(덩이차), 화개차 등 마른 차를 가리킬 때나 찻잔[茶盞] 차통(茶桶) 찻장(茶欌) 등 유사 토속어와의 복합어일 때도 '차'로 읽는다. '차'와 '다'를 씀에 따라 뜻이 달라지는 경우도 있으니, 다례(茶禮)는 사람에게 차를 끓여내는 행위를 말하고, 차례(茶禮)는 명절에 간단히 지내는 제사를 말한다. 또 다병(茶瓶)은 찻물을 담는 주전자나 병을 말하며, 차병(茶瓶)은 마른 차를 넣어두는 병을 말한다. 찻숟가락과 차살피를 의미하는 '다술'과 찻잎이나 차 꽃을 넣어 만든 술을 말하는 '차술'도 이러한 예이다. 그러나 이러한 구분도 명확한 기준이 있는 것이 아니어서 매우 혼란스럽다. 이에 『차생활문화대전』(정동효, 윤백현, 이영희 공저, 홍익재, 2012)에서는 차와 관련된 용어를 모두 '차'로 읽자고 제안하고 있다. 저자 역시 다도(茶道), 다구(茶具), 다기(茶器), 제다(製茶) 등 관습화된 한자 단어를 제외하고는 가급적 '차'로 표기하고자 한다.

이러한 용어의 전파에서도 알 수 있듯이 중국은 차의 원산지로서 세계에서 제일 먼저 차나무를 발견하고 이용하여 온 나라로 인정받고 있다. 실제로 중국에는 차나무가 가장 많이 존재하고 있으며, 그 연대가 아주 오래된 거대한 야생 차나무도 많이 남아 있다. 그리고 일찍이 고대에 발견된 차나무는 중국의 남방뿐만 아니라 북방에도 있었다. 당대(唐代) 육우(陸羽)의 『다경(茶經)』과 송대(宋代) 악사(樂史)의 『태평환우기(太平寰宇記)』에도 이미 야생 차나무의 발견에 대한 기록이 있다.

| 천가채(千家寨) 1호 고차왕수(古茶王樹)

현재 알려진 세계에서 가장 오래된 차나무는 구이저우성[貴州省] 동부의 전위안현[鎭沅縣]에 있는 '천가채(千家寨) 1호 고차왕수(古茶王

樹)'이다. 2001년 세계 기네스북에도 오른 이 고차왕수의 수령은 무려 2700년이나 된다. 윈난성[雲南省] 서남쪽 시솽반나[西雙版納]에도 1700여 년 된 차나무가 있다. 이 차나무들은 차의 원산지가 이곳임을 알리는 상징이다.

| 선종(禪宗)의 시조 달마대사(達磨大師)

인도가 차나무의 원산지이고, 그것이 중국으로 들어왔다는 설도 있다. 인도 유래설을 뒷받침해 주는 것은 차나무의 탄생설화이다. 이 설화의 주인공은 중국 선종(禪宗)의 시조인 달마이다. 그는 앉아서 명상만 하면 졸음이 오자 졸지 않으려고 자기의 눈꺼풀을 베어 버렸다. 그의 눈꺼풀이 땅 위에 떨어져서 싹이 돋았는데, 그것이 차나무라는 것이다. 달마가 불교를 전파하기 위해 중국에 들어올 때 차가 함께 유입되었다는 것이다. 차나무가 눈꺼풀에서 태어났다는 얘기는 찻잎의 모양과 성분을 잘 알고 있는 사람이 만든 것으로 보인다. 톱니가 있는 찻잎은 사람의 눈꺼풀과 아주 닮았다. 아울러 찻잎에 잠을 깨우는 카페인 성분이 들어 있다는 사실도 서진(西晉)의 장화(張華)가 편찬한 『박물지(博物志)』에도 나올 만큼 중국인들은 일찍부터 알고 있었다.[05]

---

05 강판권, 『세상을 바꾼 나무』, 도서출판 다른, 2011.

2. 한대(漢代)와 위진남북조(魏晉南北朝) 시대: 중국 차 문화의 발생기

중국에서 문헌상 차를 마신 기록이 처음 등장한 시기는 춘추전국시대이다. 육우는 『다경(茶經)』에서 『이아(爾雅)』와 『안자춘추(晏子春秋)』의 기록을 근거로 노(魯)의 주공(周公)과 제(齊)의 안영(晏嬰)이 가장 일찍 차를 알았던 사람이라고 하였고, 이 때문에 춘추전국시대에 중국 북방에서도 이미 차를 마셨다고 하였다. 그러나 주공과 안영이 어떻게 차를 알았는지, 또 차를 어디에서 구했는지에 대해선 분명하게 설명하지 않았다.

서한(西漢) 왕포(王褒)의 「동약(僮約)」에는 "노복(奴僕)이 마땅히 여러 일에 종사해야 함은 두 말 할 필요가 없다. 새벽에 일어나 청소하고 식사를 마치면 설거지 하며, ……차를 끓이기 위해 다구(茶具)를 준비하며, ……무양(武陽)에서 차를 구입한다."[06]라고 하였다. 이 글은 노복이 해야 할 일들을 조목조목 적고 있는데, 그 가운데 다구를 준비하고 차를 구입하는 일이 기록되어 있는 것이다. 여기의 '무양(武陽)'은 지금의 쓰촨성[四川省]의 펑산현[彭山縣]으로 도교(道敎)의 시조인 팽조(彭祖)의 분묘가 있는 곳이다. 『일지록(日知錄)』에도 "진(秦)나라 사람들은 촉(蜀)을 얻은 뒤에 비로소 차를 마시는 일이 있었다."[07]고 한 것으로 보아 이 지역에서 차가 꽤 일찍 시작되었음을 짐작할 수 있다. 따라서 많은 학자들이 이 시기를 중국 차의 시작 시기로 인증하고 있다.[08] 또

---

06 王褒, 「僮約」: 奴當從百役使, 不得有二言. 晨起灑洒掃, 食了洗滌, ……烹茶盡具, ……武陽買茶.

07 顧炎武, 『日知錄』卷七「茶」: 知自秦人取蜀而后始有茗饮之事.

08 오원경, 「婚禮, 喪祭禮中의 茶禮俗」, 『중국사연구』제22권, 2003.

중국인의 생활문화

한 진수(陳壽)의 『삼국지(三國志)』에는 오(吳)의 군주인 손호(孫皓)가 연회석상에서 "요(曜)가 본래 술을 두 되도 못 마시자 처음 볼 때부터 특별히 대우하여 늘 헤아려 감해주시거나 혹은 몰래 다천(茶荈: 차)을 내려 술을 대신하게 하셨다."[09]고 했다. 이 기록을 통해 삼국시대 강남(江南) 지방에도 이미 차가 전파되었음을 알 수 있다.

| 조비연(趙飛燕)

　　그러나 당시 차는 매우 귀한 음료로서, 차 마시는 계층도 매우 제한적이었던 것으로 보인다. 한(漢)나라 성제(成帝)의 비빈(妃嬪) 조비연

09 　『三國志』, 「吳書 卷二十・韋曜傳」: 曜素飲酒不過二升, 初見禮異時, 常爲裁減, 或密賜茶荈以當酒.

(趙飛燕)은 원래 차나 물을 올리던 궁중의 시녀였다. 그런데 어느 날 꿈을 꾸었는데, 황제의 명을 받들어 차를 올리는 자리에서 주위의 대신들이 "조비연은 행실이 단정하지 못하므로 차를 올릴 자격이 없나이다."하고 분분히 상주하므로 크게 울면서 깨어나 주변의 시비들을 놀라게 했다고 한다. 이는 차를 올리는 사람의 자격까지 따질 정도로 차가 매우 귀한 음료였다는 것이니, 일반인들은 쉽게 접하기 어려웠을 것이다.

위진남북조(魏晉南北朝) 시기에는 거의 모든 영역에서 차가 등장하고 있다. 당시 정치가들은 차를 귀족들의 향락이나 타락을 반대하는 도구로 내세워 차로 술을 대신하라고 제의하였고, 문인들은 차를 마시면서 시를 읊었으며, 도가(道家)의 도사(道士)들은 차를 불로장생의 비결 중의 하나로 삼았다. 불교도들은 차가 정신을 맑게 한다고 하여 좌선할 때의 필수품으로 여겼으며, 심지어 귀신도 차를 좋아한다고 생각했기에 귀신과 통하는 의식을 거행할 때 차를 사용하였다.

3. 당대(唐代): 중국 차 문화의 형성기

이어지는 당(唐)나라는 중국 봉건사회의 전성기였다. 영토가 넓어졌고 경제가 발전하였으며 각 영역에서 많은 발전이 있었다. 이 시기에는 차의 재배가 확대되었고 차를 재배하지 못하는 북방까지도 차가 운송되었다. 또 차는 정식으로 진상품이 되었다. 진상품이란 황제에게 바치는 각 지방의 특산이나 귀중한 물품들을 말하는데, 이를 공차(貢茶)라고 하였다.

특히 중당(中唐) 이후에는 차를 마시는 풍속이 극성하였다. 일반 백성들에게까지 차가 보급되었으니, 차를 마시는 일은 매우 새롭고 신선한 경험이었다. 그래서 차는 하루도 없어서는 안 될 생활필수품이 되었다. 이러한 찻잎의 대량 소모로 인해 차를 심고 재배하는 지역도 확대되어 갔다.

이처럼 차의 수요가 많아지자 찻잎은 곧 정부의 국가 재정을 충당하는 큰 재원의 하나가 되었다. 차는 잡세(雜稅) 중에서도 소금을 제외하고는 가장 높은 세금을 거둬들이는 '일급 조세품목'이었다. 실제로 『이십오사(二十五史)』의 당대(唐代) 이후 각 왕조의 「식화지(食貨志)」 기록을 보면 가장 먼저 '염법(鹽法)'이 기록되어 있고, 그 다음으로 '차법(茶法)'이 기록되어 있는 것이 이를 증명한다.

중당 이후 차를 마시는 풍속이 극성하게 된 이유로는 먼저 성당(盛唐) 시기의 정치, 경제, 문화의 발달을 들 수 있다. 당(唐) 태종(太宗) 이세민(李世民)의 '정관지치(貞觀之治)'는 당제국(唐帝國)의 기초를 확고히 하였으며, 이를 바탕으로 개원(開元), 천보(天寶) 연간에는 당나라의 번영과 부국강병의 위세가 절정에 이르렀다. 이처럼 국가와 사회가 번영함에 따라 일상적인 사회 소비품은 날로 증가하였고, 그 중에 차의 소비도 당시 사회경제를 결정짓는 중요한 품목이 되었던 것이다.

또 하나의 빼놓을 수 없는 이유로는 장강(長江) 이남과 이북의 교통 발달을 꼽을 수 있다. 교통의 발달은 오래 동안 단절되었던 중국의 남북경제와 문화를 연결하고 빈번한 교류를 촉발시켰다. 이에 남방의 전유물이었던 차와 차 문화가 빠르게 북방으로 전파, 보급되었다. 또한 육상교통이 불편한 곳은 수대(隋代)에 이루어 놓았던 대규모 수로(水路)인 '대운하'를 이용할 수 있었으므로 남북 간의 교통이 더욱 원활해졌다. 이로 인해 황하(黃河)와 장강(長江) 양대 유역의 문화가 연결되어 하나의 경제권역을 출현시켰고, 아울러 물건의 대량운반이 용이하게 되었다.

| 육우(陸羽)

육우(陸羽)의 『다경(茶經)』[10]은 이러한 배경 하에 출현하여 차 산업을 발전시키고 차 문화를 창도하였다. 『신당서(新唐書)』에는 "육우가 차를 좋아하여 『다경(茶經)』 세 권을 저술했다. 차의 기원과 차의 제조법, 차의 도구 등에 대해 말하여 당시 다선(茶仙)으로 불렸고, 이로써 천하가 더욱 차를 마실 줄 알게 되었다."[11]라고 기록되어 있으며, 북송(北宋)의 시인 매요신(梅堯臣)은 "육우로부터 이 세상에 차가 있게 되었고, 세상 사람들이 서로 배워서 봄에 차 따는 일을 섬겼네."[12]라고 하였다. 이는 차 문화가 육우로부터 시작되었음을 설명하는 기록들이다. 육우는 이 책에서 다구(茶具)와 찻물의 선택, 차를 끓이는 기술, 차를 마시는 예술 등에 대해 논하여 차 문화의 신기원을 열었다. 당시에 이미 다구와 다기가 무려 24가지나 되었다고 한다. 만당(晚唐) 시기 노동(盧仝)의 '일곱 잔의 차 노래'라는 뜻의 「칠완다가(七碗茶歌)」는 당시 차 문화의 일단을 엿볼 수 있다.

---

10 중국 당나라의 문인 육우(陸羽)가 지은 3권으로 된 다도(茶道)의 고전으로 760년경에 간행되었다.

11 『新唐書』「陸羽傳」: 羽嗜茶, 造妙理, 著茶經三卷, 言茶之原, 之法, 之具, 時號茶仙, 天下益知飲茶矣.

12 「次韻和永叔嘗新茶雜言」: 自從陸羽生人間, 人間相學事春茶.

                        중국인의 생활문화

一碗喉吻潤,	첫째 잔은 목구멍과 입술 적시고
二碗破孤悶.	둘째 잔은 외로운 번민 씻어주노라.
三碗搜枯腸,	셋째 잔이 메마른 창자 찾으니
惟有文字五千卷.	생각나는 글귀가 오천권이나 되고
四碗發輕汗,	넷째 잔은 가벼운 땀 솟아
平生不平事,	평생의 불평스러운 일들이
盡向毛孔散.	모두 모공으로 흩어지네.
五碗肌骨淸,	다섯째 잔은 기골이 맑아지고
六碗通仙靈.	여섯째 잔은 선령(仙靈)과 통하노라.
七碗喫不得,	일곱째 잔은 채 마시지도 않았건만
兩腋習習淸風生.	두 겨드랑이 사이로 솔솔 맑은 바람 부노라.

　당대(唐代)의 차 문화와 차 산업의 발달은 또 불교와 도교의 흥성과도 매우 밀접한 관계가 있다. 중국의 도교와 불교는 일찍이 한대(漢代)부터 시작하여 위진남북조(魏晉南北朝) 시기의 발전을 거쳤고, 당대에 이르러서는 황제들의 관심과 적극적인 후원에 힘입어 극성기를 맞이하였다. 이로 인해 사원(寺院) 경제도 덩달아 발전, 번영하게 되었으며 당대 경제사에서도 매우 중요한 비중을 차지했다. 특히 이 두 종교의 주된 수련법은 모두 참선인데, 주로 밤에 많이 이루어지기 때문에 수련의 가장 큰 장애는 잠의 유혹이었다. 그래서 이들은 수련 중에 쏟아지는 잠을 쫓는 수단으로는 차를 마시게 되었다. 원래 수련 중에는 어떠한 간식도 허락되지 않았으나, 오직 차만큼은 수행 중일지라도 마시도록 허락하였다. 이들의 차 소비량은 그야말로 폭발적이었으며, 이는 당대 차 생산의 확대와 소비를 부추기는데 일조했다. 자급자

족을 원칙으로 하는 사원(寺院)이나 도관(道觀)에서 차나무를 재배하여 직접 제다하여 마시기도 하였다. 이렇게 만든 차의 최상급은 공양하고, 중급은 향객(香客: 신도)들에게 대접하며, 하급은 남겨두었다가 자신들이 밤에 수행할 때 잠을 쫓기 위한 방편으로 마시곤 하였다.

특히 불교의 차 문화는 '사원다도(寺院茶道)'라는 참신하고 특이한 차 문화로 확대 발전되어 도교와 함께 민간 다도를 창도해나갔으며, 더 나아가 '일본다도'의 모태가 되는 '다선일미(茶禪一味)'의 사상을 창출하게 되었다. 현대사회에까지 맥이 끊어지지 않고 전승되어온 차 문화의 흔적은 역시 사원(寺院)이나 도관(道觀)을 중심으로 발달해온 차 문화라고 할 수 있을 것이다.

4. 송대(宋代): 중국 차 문화의 흥성기

송(宋)나라 태조(太祖)는 차를 무척 좋아했다. 따라서 공차(貢茶)도 한결 고급으로 발전되었다. 황제에게 바치는 공차는 귀한 것들만 모아 특별히 만들었다. 그때 사람들은 차를 가공하여 자그마한 차 떡을 만들었는데, 이를 단차병(團茶餅)이라고 불렀다. 황제에게 진상하는 차 떡은 용단차병(龍團茶餅)이라 불렀고, 그 가치가 수십만 돈이었다고 한다. 신하들이 황제를 배알할 때도 차 의식을 거행하였으며, 20년 동안 황제의 큰 신임을 얻었던 어떤 관리는 퇴직할 때 용단차병(龍團茶餅) 하나를 하사받기도 했다고 한다. 이처럼 차는 하나의 정신적 상징이었고, 엄한 규례를 지닌 국가 예식에도 등장하게 되었다.

송대(宋代)는 문풍(文風)이 흥성하여 차 문화도 한층 발달하고 성숙하게 된다. 송대 차 문화의 특징을 보면 투다(鬪茶) 풍속, 정교한 다기,

제다(製茶) 기교, 서화(書畵)나 시문(詩文)과의 융합 등을 들 수 있다. 특히 송대 문인들은 문화적 소양이 높고, 차를 애호하였는데, 당시의 명인대가(名人大家)들을 살펴보면 모두 차와 연분이 있었다. 소식(蘇軾)의 '과거시험장에서 차를 끓이며'라는 제목의 시 「시원전다(試院煎茶)」를 보자.

蟹眼已過魚眼生,	게눈만 하던 물방울이 물고기 눈만큼 커지더니
颼颼欲作松風鳴.	쏴아 솔바람 부는 소리 내는구나.
蒙茸出磨細珠落,	맷돌에 곱게 갈린 말차가 구슬같이 떨어지니
眩轉遶甌飛雪輕.	다기 속에 어지럽게 도는 거품이 눈발같이 가볍게 날리네.
銀甁瀉湯誇第二,	은병에서 따르는 찻물이 두 번째로 좋은 물[13]이라 자랑해보지만
未識古人煎水意.	옛사람 찻물 끓이던 깊은 뜻은 아직 모른다오.
君不見昔時李生,	그대는 모르는가, 옛날 이생(李生: 唐 李約)이
好客手自煎,	손님 맞아 손수 차를 끓일 때
貴從活火發新泉.	센 불로 새로운 샘이 솟듯 끓였음을.
又不見今時潞公,	또 보지 못했는가, 오늘날 노공(潞公: 宋

---

13 당(唐) 장우신(張又新)의 『전다수기(煎茶水記)』에서는 차 끓이는 물을 7등급으로 분류하여 "揚子江南零水第一, 無錫惠山泉水第二, 蘇州虎丘寺泉水第三, 丹陽縣觀音寺水第四, 揚州大明寺水第五, 吳松江水第六, 淮水最下第七."이라고 했다. 따라서 여기의 두 번째 물은 무석(無錫) 혜산(惠山)의 샘물을 말하는 것으로 보인다.

文彥博)이

煎茶學西蜀,	서촉(西蜀)의 차 끓이는 방법을 배워
定州花瓷琢紅玉.	정주(定州) 산 홍옥(紅玉) 꽃무늬 자기 쓰는 것을.
我今貧病常苦飢,	내 지금 가난하고 병들어 늘 굶주림에 괴로우니
分無玉盌捧蛾眉.	미녀가 받드는 옥다기에 마실 처지는 아니로다.
且學公家作茗飮,	그렇지만 잠시 조정에서 차 마시는 법을 배웠으니
塼爐石銚行相隨.	벽돌 화로와 돌 냄비는 항상 지니고 다닌다오.
不用撐腸,	소용없노라, 내장이 터질듯
拄腹文字五千卷,	뱃속 가득 채워놓은 오천권의 문장 따위.
但願一甌,	다만 원하는 건
常及睡足日高時.	실컷 자고 일어나 해가 높이 떴을 때 차 한 사발.

이 시에는 은병, 화로, 냄비 등과 같은 다구 뿐 아니라 송대 자기 산지로 유명한 정주(定州: 지금의 湖北省 定縣) 다기까지 등장한다.[14] 이 외에도 차를 끓이는 방법이나 찻물의 선택 등에 대해서도 언급하고 있다. 그러나 무엇보다 차를 마시는 의미에 대해 천착하며 차를 문인의

---

14 송대(宋代)에는 정주 산 다기 외에 흑유(黑釉) 차완이 유행했다. 푸졘성 우이산(武夷山)에서 발견된 고요지(古窯址)는 11C에서 13C 중엽까지 운영된 흑유 다기의 주요 생산지였다. 흑유 차완에 금채(金彩)를 이용해 산수와 시를 장식하기도 했는데, 특히 우이산의 산수를 그리고 주희(朱熹)의 「무이구곡(武夷九曲)」시를 장식한 차완이 발굴되기도 했다.

일상 속에 들여놓고 있는 점이 이전 문인과 다른 점이라 할 것이다.

또 서예의 대가로 명성을 날린 채양(蔡襄)은 『다록(茶錄)』을 저술하여 차에 대해 세심하게 묘사하였을 뿐 아니라 건안(建安) 지방의 투다(鬪茶) 풍속을 상세하게 소개하였다. 건안은 지금의 복건성(福建省) 수길(水吉) 지역이다. 이후 송나라는 위로 조정에서 아래로 민간에 이르기까지 모두 이를 본받아 투다의 풍속이 널리 퍼지게 되었다. '투다(鬪茶)'란 차 겨루기를 말한다. 각자가 재배하여 만든 차를 갖고 나와 서로 차의 품질을 겨루거나, 혹은 자기들끼리 상벌을 정해놓고 각자 차를 우리는 솜씨를 겨루기도 한다.

송나라 때는 귀족들의 혼례식에도 차 예식이 있었는데 후에 점차 민간에도 전해졌다. 제사를 지내고 불전에 참배하는데도 규정된 차 예식이 있었으니, 이것이 요즘 '차례(茶禮)'의 기원이라 할 것이다. 차 예식에 관한 저서들도 많이 나타났다. 한편, 민간에는 찻집들이 많이 생겨 시민들은 찻집에서 뉴스를 전하고 휴식을 취했으며, 이웃이 새로 이사 오면 서로 수인사를 하는 것을 '헌다(獻茶)'라고 하였다. 이처럼 송나라는 중국 차 문화의 전성기였다.

송대에 또 하나 언급해야 할 것은 바로 차나무의 생물학적 특성에 대한 인식이 당대(唐代)보다 한 층 더 심화, 발전되었다는 것이다. 뿐만 아니라 그들은 다도를 통해 정신세계의 깊은 부분을 체득할 수 있다고 여겨 차를 정신 수양의 중요 매개로 인식하였다.

차 문화가 최고조에 이른 송대의 다풍(茶風)은 우리나라는 물론 일본에까지 크게 영향을 미치게 된다. 당시 송나라에 유학 온 일본의 에이사이[明菴榮西] 선사는 남송(南宋) 광종(光宗) 소희(紹熙) 2년(1193)에 귀국하면서 중국의 차 씨앗을 일본으로 가져갔고, 묘우예[明惠] 선사

가 차 재배를 성공시켰다. 당시 에이사이 선사는 항저우[杭州] 위항[餘杭]의 경산사(徑山寺)에 들러 당대(唐代) 고승이자 협산사(夾山寺) 개산(開山) 종조(宗祖)인 '선회선사(善會禪師)'를 알게 된다. 선회선사는 이른바 '다선일미(茶禪一味)'의 법통을 연 스님인데, 그의 법통을 이어받은 원오(圓悟)와 극근(克勤) 선사를 만났던 것이다. 에이사이 선사는 이들에게서 '다선일미' 친필 휘호를 받아 귀국했고, 일본에서 '다선일미'의 기풍을 크게 일으키게 된다. 이후, 일본인들은 차를 심고, 차를 마시는 문화를 점차 발전시켜 마침내 일본 특유의 다도(茶道)를 만들었다.

5. 명대(明代)와 청대(淸代): 중국 차 문화의 개혁과 대중화기

송(宋)나라를 뒤이어 몽고족의 원(元)나라가 들어선다. 몽고족이 지배했던 원대(元代)에는 차를 치즈와 기름 등 각종 재료와 함께 끓여 다탕(茶湯)을 만들어 마셨다. 지금도 몽고나 티베트 지역에서는 수유차(酥油茶)의 인기가 높다. 당시에는 다탕에 호도와 참깨, 잣, 은행, 밤 등을 첨가하기도 했다. 이렇게 견과류나 과일 등을 탕 안에 넣는 것을 '점심(點心)'이라 불렀다. 지금도 차 옆에 두는 간식을 가리켜 '점심'이라고 부른다. 원대에는 주자(注子)를 비롯해 백유(白釉) 찻잔이 유행했는데, 주자(注子)로는 용천(龍泉) 청자와 청화(靑花) 백자가 유행했다. 이처럼 몽고족 역시 차를 좋아했으나 번거로운 의식 같은 것은 싫어했으므로 이 시기의 차 문화는 주춤해졌다.

그러나 다시 한족(漢族) 왕조인 명(明)나라가 들어서면서 송나라 때의 극성기를 회복하게 되었다. 명대에는 당(唐), 송(宋) 시기의 복잡하고 번잡스러운 방식을 지양하고, 잎차로 우려내어 마시는 간편한 방식으로 대체하게 된다. 이것이 바로 지금 우리가 마시고 있는 방식, 즉 찻잎을 차 그릇에 넣어 마시는 이른바 포다법(泡茶法)이다.[15] 명나라 태조 주원장(朱元璋)은 차에 관한 법령도 개혁하여 제조과정이 힘들고 복잡한 단차(團茶) 제조를 금지하였고, 공차(貢茶)도 찻잎 자체를 요구했다. 주원장은 명나라 건국 이전인 원(元)나라 지정(至正) 21년(1361)에 이미 차에 관한 법을 만들었다. 차의 개인적 수출을 금지하는 '사차출경금지(私茶出境禁止)'법을 비롯하여 세제의 개혁, 변방민족의 통치 수단으로 진행된 '차마무역(茶馬貿易)' 등 여러 가지 차에 관한 정책을 개혁하였다.

명대에는 차 문화가 보편화되면서 다서(茶書)의 저술도 폭발적으로 늘어났다. 차와 관련된 전문서적들은 당나라에서 청나라 말기에 이르기까지 100여 종이 넘는다. 당대(唐代)에는 육우의 『다경』 등 7종, 오대(五代)에는 전촉(前蜀)의 모문석(毛文錫)이 쓴 『다보(茶譜)』, 송대에는 휘종(徽宗) 조길(趙佶)이 쓴 『대관다론(大觀茶論)』 등 26종이 전해오

---

15 주원장의 이러한 조치는 다양한 형태의 차 마시는 방식을 일거에 바꾸는 혁명적 조치였다. 『명사(明史)』「식화지(食貨志)」에 따르면 차 만드는 백성의 노고를 측은하게 여겨 이렇게 개혁했다고 한다. 주원장이 차 만드는 노고를 측은하게 생각한 것은 찻잎을 따서 차를 만드는 과정이 복잡하고 힘들었기 때문이다. 예컨대 당나라 때는 주로 떡 모양으로 만든 병차(餅茶)를 솥에 물을 넣고 끓여서 마셨고, 송나라 때는 병차보다 모양이 작은 단차(團茶)를 잘게 부숴 물에 넣어 마셨다. 병차와 단차를 만드는 과정은 매우 힘들었다.

는데, 명대에 이르면 허차서(許次紵)의 『다소(茶疏)』, 나름(羅廪)의 『다해(茶解)』 등 56종이나 출간된다. 청대(淸代)에는 진감(陳鑒)의 『호구다경주보(虎丘茶經注補)』 등 11종이 있다.

명대에는 차 문화도 간소하면서 실질적인 방향으로 진전되었다. 명대의 차는 송대의 까다롭고 사치스러운 말차(抹茶: 가루차) 방식의 병차(餠茶)를 대신하여 잎차 방식의 포다법으로 바뀌었다. 그러나 차 문화가 민간에까지 보급되면서 녹차(綠茶)만으로는 한계가 있었다. 이에 따라 오룡차(烏龍茶)로 대표되는 반발효차인 청차류(靑茶類)가 등장하게 된다. 이는 또 하나의 새로운 차의 탄생이었다. 또 청차에 어울리는 새로운 양식의 다기가 출현하기도 했다. 바로 차호(茶壺)의 등장이다. 초기에는 무척 큰 주전자로 포다(泡茶)를 했다. 그런데 포다 시간이 오래되면 신선미가 떨어지고 고삽미(苦澁味)가 강해진다. 이에 차호도 점차 작게 변해갔다. 당시 사람들은 청화(靑花)와 백유(白釉) 다구 외에 장쑤[江蘇] 이싱[宜興]의 자사호(紫砂壺)를 최고로 쳤다. 명나라 도공 공춘(供春)[16]이 만든 자사호는 당시 금이나 옥보다도 귀했다고 한다. 그가 만든 다기는 소박하면서도 시원스러웠고 색조가 순정하였으며, 고풍스러우면서도 우아하였다. 또 차 맛이 변하지 않으며 쉽게 식지도 않는다고 전해진다.

---

16 공춘(供春: 1521~1566년)은 명나라 사람으로, 자사호의 창시자로 추앙받는데, 차호 밑바닥에 처음으로 서명(署名)을 했던 인물이다. 실제로는 그의 스승이 창시자로 올라야 하지만 그의 스승으로 보이는 금사사(金沙寺)란 절의 노승은 차호를 완성하고 낙관을 찍거나 서명을 하지 않아서 그의 작품을 판별해 내기가 어렵다고 한다. 공춘은 원래 오이산(吳頤山)이라는 사람의 몸종이었다. 오이산이 금사사에 공부를 하러 갔을 때 따라갔던 공춘(供春)은 손재주가 좋아서 노승이 제작하는 차호를 보고 금방 따라서 만들었다. 그 후 공춘(供春)은 노승에게 차호 만드는 법을 열심히 배웠고, 마침내 자신만의 독특한 풍격으로써 예술적인 차호(茶壺)를 만드는 데 성공하였다.

| 장쑤[江蘇] 이싱[宜興]의 자사호(紫砂壺)

　　명대의 문인들은 일상생활과 예술의 조화를 추구하여 아(雅: 우아함)와 적(適: 편안함), 정(靜: 고요함)과 취(趣: 흥취)의 경지에 이르고자 하였다. 다도는 이러한 문인아사(文人雅士)들의 욕구와 부합하는 문화였으므로 실제 상당한 시간과 정열을 다도에 쏟기도 했다.

　　청(淸)나라는 봉건사회의 부패와 허점이 가장 극명하게 드러난 시기였다. 외래문화의 끊임없는 충격으로 차 문화의 발전이 멈춰진 듯했지만 실상은 차와 차의 정신이 중국인들의 생활 속에 깊숙이 침투된 시기였다. 즉, 대중적인 차 문화가 형성된 시기인 것이다.

　　청대(淸代)의 차 마시는 방법도 대부분 포다법이었다. 명가의 차호는 재료와 질에 대한 요구가 더욱 높아졌지만 조형은 일반적으로 순박하고 간결했다. 포다에서 차의 색과 향, 그리고 맛을 발휘하는데 뛰어난 것은 역시 이싱의 자사호였다. 그 다음으로 보온에 좋은 주석호(朱錫壺)나 정치(精緻)한 자기호(瓷器壺)도 유행했다.

　　이외에 청대에는 개완(蓋椀)을 이용한 차 마시기도 유행했다. 개완은 주로 중국의 남부 지역에서 유행했는데, 덮개와 사발, 그리고 받침대로 이루어진다. 삼재완(三才碗) 또는 삼재배(三才杯)라고도 하는데, 덮개는 하늘, 받침대는 땅을, 그리고 사발은 사람을 가리킴으로써 천지와 사람의 화합을 의미한다. 개완은 혼자 차를 즐기거나 손님 접대용으로 이용했다. 또 청대에 들어서는 대량 생산이 가능했던 녹차 이외에 각종 홍차와 우룽차, 보이차 등이 유행하면서 차에 대한 선택도 다양해졌고, 쉽게 차를 마실 수 있는 찻집이 보편화 되었다.

6. 중국 차의 수출과 차 전쟁

1) 차마고도(茶馬古道)

사료의 기록에 의하면 중국의 차가 처음으로 해외로 수출된 시기는 남북조(南北朝) 시대라고 한다. 당시 상인들은 몽고(蒙古) 국경에서 물물교환 방식으로 터키로 찻잎을 수출했다. 수당(隋唐) 시기에는 실크로드를 통한 변경무역이 활발해지면서 차마무역(茶馬貿易)이 시작되었고, 위구르와 서역을 비롯하여 서아시아와 북아시아, 아라비아 등지는 물론, 중개무역을 거쳐 시베리아와 러시아, 유럽까지 수출되었다.

차마고도는 이처럼 당송(唐宋) 시기에 차마무역을 위한 도로이다. 해발 3, 4천 미터가 넘는 추운 고원지대에 사는 민족들은 우유나 치즈를 비롯하여 육류 위주의 식생활을 하므로 체내에 지방이 과다 축적된다. 차는 지방을 분해하고 체열을 조절하는 기능이 있어서 이곳 티베트인들에게 필수품이었다. 『송사(宋史)』에는 "오랑캐의 풍속은 육식을 하고 우유를 마시므로 차가 귀중한데, 구하기 어려운 병폐가 있으

| 티베트에 차를 전했다고 알려진 문성공주(文成公主)

니 오로지 촉 지역에서 교역을 함이 최상이옵니다."[17]라는 상소문이 있다. 『명사(明史)』에도 "토번 사람들은 유제품을 즐겨서 차를 얻지 못하면 병에 걸려 고생하므로 당송(唐宋) 이래로 차로 말을 바꾸는 법을 시행하여 오랑캐 민족들을 통제하는 수단으로 사용하였다."[18]라고 하였다. 티베트족의 차 마시는 풍조는 당(唐)나라 시기 토번(吐蕃) 왕국 때부터 시작되었다. 당(唐) 정관(貞觀) 15년(641)에 문성공주(文成公主)가 토번의 왕 숭짠간부[松贊干布]에게 시집가면서 예물로 차를 가지고 가면서부터라고 전해진다. 이후 티베트족들은 차를 즐기게 되었고, 이에 따라 찻잎을 수입하게 되었다. 또 고대 왕조에서는 전쟁을 위한 군마가 필요했으므로 상호 필요에 의한 차와 말의 교역시장이 이른바 '차마호시(茶馬互市)'였다.

당(唐)나라 봉연(封演)의 『봉씨문견기(封氏聞見記)』에는 "(차 마시는 풍조는) ……중원에서 시작하여 변방 국가로 유입되었다. 왕년에 위구르족이 입조(入朝)할 때 대거 명마(名馬)를 몰고 들어와 차(茶)를 사가지

---

17 『宋史·職官志』: (宋哲宗)元符末, 程元邵言, 戎俗食肉飲酪, 故茶貴而病於難得, 專以蜀易上乘.

18 『明史·食貨志』: 蕃人嗜乳酪, 不得茶, 則困以病, 故唐宋以来, 行以茶易馬法, 用制羌戎.

고 돌아갔다는데, 또한 매우 괴이하다."19라고 했다. 이 기록에서 당나라 때의 차마무역을 확인할 수 있다. 당나라는 티베트의 고대왕조인 토번과 696년부터 익주(益州: 지금의 四川省 成都), 적령(赤嶺: 지금의 青海省 明山), 농주(隴州: 지금의 陝西省 隴県) 등지에서 차마(茶馬) 교역을 하였다. 그러다가 개원(開元) 16년(728)에 당과 토번은 적령을 전문적인 교역장소로 협정하였고, 토번은 아예 전문 경영인까지 파견할 정도로 차마무역에 적극적이었다. 이것이 차마호시의 본격적인 시작이었다.

이러한 차마호시는 송대에 이르러 법제화 되었다. 이는 변방지역의 안정을 위한 조치였다. 변방지역의 말을 사들일 때 주었던 동전(銅錢)이 병기를 주조하는 원료로 사용되어 중원을 위협하게 되자 태평흥국(太平興國) 8년(983)에 정식으로 동전으로 말을 구입하는 것을 금지했고, 대신 포백(布帛), 찻잎, 약재 등으로 물물교환 하도록 했다. 이를 위해 차마사(茶馬司)를 설치하였으니, 『송사(宋史)』에는 이에 대해 "차 전매의 이익을 관장하여 나라 살림에 사용했는데, 대체로 사방 오랑캐에게 말을 살 때 모두 차로써 무역했다."20라고 하였다. 이것이 차마호시의 법제화 효시이다.

황정견(黃庭堅)은 "촉나라 차가 토번의 여러 지역으로 들어가고, 오랑캐 말이 늘 만리에서 오는구나."21라고 노래했으니, 당시 차마무역의 번성을 짐작할 수 있다. 원대(元代)에는 송대의 정책이 폐지되었지만 명대(明代) 조정은 다시 차마무역을 더욱 확대하고 강화하여 중국

---

19 『封氏聞見記』「飲茶」: (飲茶)……始自中地, 流于塞外. 往年回鶻入朝, 大驅名馬市茶而歸, 亦足怪焉.

20 『宋史·職官志』: 掌榷茶之利, 以佐邦用, 凡市馬於四夷, 率以茶易之.

21 「叔父給事挽词十首」其一: 隴上千山漢節回, 掃除民蟊不爲災. 蜀茶總入諸蕃市, 胡馬常從萬里來.

서북지역의 소수민족 국가를 통제하는 수단으로 삼았다. 명대 탕현조(湯顯祖)는 "흑차(黑茶)는 어찌 그리 아름답고, 강마(羌馬: 티베트 말)는 어찌 그리 특별한지. ……강마에 황차(黃茶)를 주고, 호마(胡馬: 서역 말)로 금 구슬을 구하네."[22]라고 했으니, 당시 차마무역의 번성을 엿볼 수 있다. 만주족의 청대(淸代)에는 국가정책이 느슨해지면서 민간 상인들이 늘어나 차의 수출은 많아지고 말의 수입은 급격히 감소했다. 청 옹정(雍正) 13년에 마침내 이 제도는 완전히 철폐되었다.

| 차마고도(茶馬古道)의 마방(馬幇)

이처럼 차마무역의 차마호시가 본격화 되면서 생긴 도로가 차마고도이다. 역사적으로 차마(茶馬) 교역의 중심은 현재 중국의 서북부지역이다. 문헌 기록에 따르면 차마고도는 대략 서한(西漢) 시기부터 형성되었다고 하는데, 본격적으로 개척되기 시작한 것은 당송(唐宋)시

---

22 「茶馬」:……黑茶一何美, 羌馬一何殊. ……羌馬與黃茶, 胡馬求金珠.

기로서, 총 세 개의 노선이 있다. 첫 번째가 산간차마구다오[陝甘茶马古道]인데, 산시성[陝西省] 서북과 간수성[甘肅省] 동부 지역을 연결하는 길로서, 옛 실크로드로 이어진다. 주로 낙타를 운송 수단으로 이용하였다. 두 번째가 산캉짱차마구다오[陝康藏茶马古道]로서, 당고도[蹚古道]로도 불렀다. 산시, 쓰촨 캉바[康巴], 티베트 등을 연결하는 도로로서, 동쪽의 주요 차 생산지인 야안[雅安], 징다젠[经打箭: 지금의 쓰촨 康定]에서 서쪽으로 티베트 라싸를 지나 부탄, 네팔, 인도까지 이어진다. 약 4,000km로의 길이로 1,300년 넘는 역사를 가지고 있다. 세 번째는 뎬짱차마구다오[滇藏茶马古道]로서, 뎬[滇]은 지금의 윈난[雲南]을 지칭하는 말이니, 윈난성과 티베트를 잇는 도로이다. 대략 서기 6세기 후반에 형성된 것으로 윈난 남부의 주요 차 생산지인 시쐉반나[西双版纳] 이우[易武], 푸얼[普洱]에서 시작하여 지금의 다리[大理], 리장[麗江], 샹그릴라[香格里拉]를 거쳐 티베트 라싸로 이어지며, 또한 인도와 네팔까지 이어진다. 이 차마고도는 중국 서남지역의 가장 중요한 무역통로였다.

이러한 차마고도는 길이가 약 5,000㎞에 이르며 평균 해발고도가 4,000m 이상인 높고 험준한 길이지만 눈에 덮인 5,000m 이상의 설산(雪山)들과 진사강[金沙江], 란창강[瀾滄江], 누강[怒江]이 수천 ㎞의 아찔한 협곡을 이루어 세계에서 가장 아름다운 길로 꼽힌다.

이 길을 따라 물건을 교역하던 상인 조직을 마방(馬幫)이라고 하는데, 통계에 의하면 이 마방은 한 때 8천 필의 노새와 2만 마리의 모우(牦牛: 야크)를 보유했다고 한다. 교역물품은 차와 말 외에 소금, 약재, 금은, 버섯류 등 다양했다. 근대 들어 차마고도를 따라 도로가 많이 건설되었지만 아직도 일부 지역에는 마방이 활동하고 있다

중국인의 생활문화

2) 유럽 수출과 차 전쟁

유럽에 중국차가 본격적으로 알려지게 것은 1559년 베네치아의 저술가인 G.라무시오의 『항해와 여행』에 의해서였다. 그 후 1630년대 네덜란드의 동인도회사가 중국차를 실어가 스칸디나비아 제국과 독일, 프랑스, 영국 등지에 전파시키면서 유럽에서도 차가 급속히 확산되었다. 여기서 말하는 차는 대부분 치먼[祁門] 홍차를 비롯한 중국의 홍차를 말한다. 이러한 홍차는 건강을 유지하는 동양 원산의 신비한 약으로 선전되어 커피와 함께 팔렸다. 차 문화는 영국에서 특히 극성하여 영국은 홍차 문화의 발상지가 되었고 차의 으뜸가는 소비국이 되었다. 중국과 마찬가지로 영국에서도 차는 주로 귀족계급의 음료였는데, 주로 여성을 통하여 일반 가정으로 들어갔다.

한편, 러시아는 중국과 네르친스크 조약(1689년) 및 캬흐타 조약(1727년)을 체결하고 낙타로 중국차를 수입하다 1874년 그루지아에서 차 재배에 성공하였다. 이보다 앞서 중국의 차나무는 포르투갈에도 전파되었다. 청(淸)나라 도광(道光) 5년(1825) 전후에 포르투갈은 중국 농민 300여 명을 모집하여 자국으로 데려가 중국의 차나무를 재배하였다. 또한 도광 16년(1836)에는 인도의 과학회가 중국의 차나무를 심기로 결정하고, 중국의 차나무 4만 2,000여 주를 심기도 했다.

이처럼 유럽에서도 차가 유행하면서 다구에 대한 관심도 고조됐다. 따라서 차와 함께 중국의 다구도 수출되었는데, 주로 산수나 화조, 풍물이나 희곡 장면 등 중국의 전통문양 도안이 인기였다. 그 외 해상무역의 흥성을 반영한 항구 풍경이나 유럽 인물들이 장식된 도자기도 있었으며, 18세기에는 유럽의 고대신화가 도안으로 등장했고, 19세기는 기독교 관련 도안들이 유행한다. 이것은 중국풍 다구의 인기가 하락한 것이 주요 원인이었다. 1630년대 무렵부터는 유럽으로 수출된 중국풍의 자기가 적체되기 시작했다. 그러면서 유럽풍의 제품들이 제작 출시되기 시작했던 것이다. 1644년 네덜란드 상단이 보낸 주문서에는 도안이 함께 있었다. 네덜란드에서 경덕진(景德鎭)의 수출용 자기를 디자인하고 관리하기 시작한 것이다. 동인도회사는 1734년 네덜란드 예술가를 초청하여 조형과 장식 등을 설계하기도 했다. 또 수입한 경덕진의 백자에다 가채(加彩)를 하기도 했는데, 인물 위주의 프랑스 로코코파의 화풍이었다고 한다. 중국 스타일에 유럽의 운치를 더했던 것이다.

차는 커피와 함께 세계 양대 기호음료이다. 양자의 선호도를 보면 기독교와 회교도들은 주로 커피를 마시고, 불교도와 유교문화권, 동방정교 사람들은 차를 즐겨 마신다고 한다. 이것은 정치체제와도 대략 일치하는데, 서구 자본주의 국가에서는 커피를, 구소련이나 동구권, 중국 등 사회주의 국가에서는 차를 좋아한다고 볼 수 있다.

그러나 여기에 영국은 예외이다. 영국인들은 차를 가장 좋아하는 나라 가운데 하나이다. 영국은 1784년 감세법(Commutation Law)을 만들어 차 세금을 120%에서 12.5%로 대폭 낮추었다. 그에 따라 소비가 늘어났고, 중국차의 수입도 급격히 증가하였다. 이처럼 세금을 줄인 이유는 중국과의 무역 독점을 노린 것이었다. 중국차 수입을 확대함으로써 중국 내에서 영국의 영향력을 높이고, 이를 바탕으로 영국의 모직물을 중국에 수출하고자 한 것이다. 1776년에서 1784년 사이 8년 동안 영국에서 사들인 차는 총 480,249담(擔: 1담은 약 92킬로그램에 해당)으로 연평균 60,031담에 달했다. 영국 다음으로 차를 많이 수입한 네덜란드는 218,149담으로 연평균 27,268담이었다. 시간이 지나면서 유럽이 중국차를 수입하는 양은 점차 늘어났다. 특히 영국은 1825년에서 1829년 사이 5년 동안 연평균 294,556담을 수입하기에 이르렀다. 영국의 이 같은 양은 유럽에서 수입한 차의 83%에 해당할 만큼 많은 양이었다.[23]

| 아편 피우는 모습

이처럼 1630년대부터 차를 즐기기 시작한 영국인들은 점차 차 없이는 살 수 없을 정도가 되었고, 차는 영국에서 생활필수품이 되었다. 이에 영국은 무역적자를 감수하면서도 차를 수입하지 않을 수 없었다. 적자규모가 점점 커지자 영국은 중국에 아편 판매를 늘리기 시작하였다. 아편전쟁은 1840년에 발생했지만 중국에 아편이 들어온 것은 명나라 때부터였다. 아편이 중국으로 들어온 지 200년이 지난 1798년경에 아편 밀수입과 흡연자 증가로 여러 문제가 속출하자 중

---

23   강판권, 『세상을 바꾼 나무』, 도서출판 다른, 2011.

국은 아편을 금지하는 법령을 반포하기도 했다. 그러나 영국의 정책과 맞물려 아편 밀수는 더욱 늘어났고, 1830년대 중반에는 결국 중국의 큰 사회문제로 부각되었다. 1830년대까지 중국에 밀수된 아편은 4만 상자에 달해 최소 3천만 냥에서 최대 1억 냥의 돈이 빠져 나갔다. 황제의 명을 받아 엄청난 양의 아편을 몰수해 불태운 임칙서(林則徐)는 18세기 말에 이미 중국이 차 수출로 벌어들인 96,267,833냥과 맞먹는 액수의 아편이 밀수되었다고 주장했다. 아편 밀수로 인해 중국은 1820년대에 무역적자국으로 뒤바뀌었다. 당시 아편 한 상자는 시기에 따라 차이가 있지만 대략 650원(元)이었다.

아편은 차와 달리 중독성이 강한데다가 소량으로도 큰 효과를 낼 수 있었기 때문에 차보다 보급도 빠르고 부작용도 컸다. 황실 귀족은 물론 관료, 군인과 민간인 등 다양한 계층에서 즐기게 되면서 큰 대가를 치러야 했다. 아편의 수요가 늘자 수입도 점차 늘어났다. 더욱이 아편은 밀수이기 때문에 위험하지만 한꺼번에 목돈을 챙길 수 있는 수단이었으므로 더욱 기승을 부렸다. 더욱 심각한 것은 농민들조차도 별 소득 없는 농작물보다는 산간지대에 아편을 재배해서 팔기 시작했다는 점이다.

아편 수요가 늘어나면서 아편 수입이 증가하고 아편의 국내 재배가 확대되는 일련의 사태는 은의 해외 유출과 은 부족으로 인한 물가 상승을 낳아 중국 경제에 큰 타격을 입혔다. 청 왕조는 문제를 해결하지 않고서는 왕조를 정상적으로 유지할 수 없었다. 특히 아편이 끼치는 정신의 황폐화는 어떤 권력이든 결코 용납할 수 없는 일이었다. 결국 전쟁은 피할 수 없었다. 중국도 아편을 단속하지 않으면 왕조를 지탱할 수 없었고, 영국도 물러서게 되면 국내 경제는 물론 정권 유지도

장담할 수 없었기 때문이었다. 그러나 전쟁은 싱겁게 끝났다. 한판 승부를 기대했던 제국과 제국의 충돌, 차와 아편의 충돌은 영국의 일방적인 승리로 끝나 버렸다. 아편에 중독된 청 왕조가 최신 무기로 무장한 영국을 이길 수는 없었다. 중국이 임칙서를 보내 영국인 소유의 아편 2만 상자를 용감하게 파기할 때까지만 해도 전쟁에서 패하리라고는 의심하지 않았다. 그러나 차와 아편의 충돌에서 차는 맥없이 무너졌다.

더욱 중요한 것은 아편전쟁의 패배로 1842년 체결된 난징[南京]조약에 의해 중국의 문이 열렸다는 것이었다. 아편전쟁의 패배로 아편이 합법적으로 중국에 들어올 수 있었기 때문에 중국 전역이 아편 천지로 바뀔 처지가 된 것이다. 중국 근대를 배경으로 삼고 있는 중국영화에서 거의 단골로 등장하는 아편 피우는 장면은 중국 근대사의 비극을 가장 잘 보여 준다.

차의 제조와 문화적 의미

1. 제다(製茶)와 팽다(烹茶)

제다는 차를 만드는 방법이고, 팽다는 차를 끓이는 방법을 말한다. 중국에서 차는 천지의 영기를 받아 자라는 영물(靈物)로 대접받았다. 때문에 차의 재배, 찻잎의 채취, 차의 가공, 제작 등 모든 과정에 의미를 부여한다.

| 차밭

먼저 찻잎의 채취방법을 보자. 차 눈을 따는 일은 대부분 여자들이 한다. 먼저 손톱을 길게 길러야 한다. 차 눈을 딸 때 손가락이 차 눈에 닿으면 피부의 온도와 땀에 의해 차의 맛이 변할 수 있으므로 손톱으로 밑 부분을 잘라서 차 바구니에 넣는다. 차 따는 시기는 경칩부터 청명 전까지가 가장 이상적이다. 그리고 차 따는 시간은 아침 이슬이 사라지기 전이라야 한다. 해가 뜨면 차 잎이 말라서 시들해지므로 싱싱한 맛을 잃기 때문이다. 특히 녹차는 더욱 그러하다.

준비가 끝나서 찻잎을 딸 때도 주의할 일이 많다. 차 눈의 모양과 연한 정도로써 등급을 나누는데 연하면 연할수록 좋다. 제일 처음 나오는 차 눈은 최상등으로서 모양이 꽃술처럼 생겼기에 연예(蓮蕊)라고 부른다. 두 번째 눈은 그 형태가 창끝에 술이 달린 것과 흡사하므로 기창(旗槍)이라 칭한다. 세 번째 눈은 새의 혀처럼 생겼다고 작설(雀舌)이라고 한다. 옛날에 최고급 차를 만들 때는 오직 처녀들만이 눈을 딸 수가 있었고, 어떤 지방에는 전문적으로 차만 따는 처녀들도 있었다. 결혼한 여자들은 부정을 탄다고 못 따게 했었다.

이렇게 딴 차는 세심한 과정을 거쳐 가공된다. 찻잎을 따서부터 차를 만들 때까지의 과정은 종류와 지역에 따라 각기 다르다. 핵심은 서로 다른 차들의 특성에 따라 알맞은 가공 방법으로 그 향기와 빛깔을 살리는 것이다. 대체로 찻잎을 발효시켜 만든 차는 홍차(紅茶)라 하고, 발효시키지 않고 그대로의 맛을 살린 차는 녹차(綠茶)라 한다. 꽃잎이나 꽃송이를 넣으면 화차(花茶)가 된다.

차의 가공은 복잡한 과정을 거치는데 명차 일수록 그 제작 과정이 어렵고 복잡하다. 세계적으로 유명한 오룡차(烏龍茶) 철관음(鐵觀音)을 예로 들어보자. 그 제작 과정은 잎을 따고, 그늘에 말리고, 햇볕에 말리며, 색을 잘 살리고, 솥에서 약간 볶아내고, 초벌 말림과 두벌 말림을 거쳐 마지막에 깨끗이 추려내어 완성품을 만든다. 이 여러 과정 중에서도 그늘에 말리기와 햇볕에 말리기, 색 살리기의 세 과정이 가장 어렵다. 차의 향기와 푸른 빛깔, 그리고 순수한 맛이 이 과정에서 결정된다.

이렇게 차가 만들어지면 이제는 알맞은 물을 구해야 한다. 차에서 물의 역할은 마치 술을 만들 때 물의 역할처럼 핵심적인 작용을 한다. 아무리 훌륭한 차라 해도 그에 따르는 좋은 물이 없으면 완미한 차 맛이 나지 않는다. 육우는 『다경(茶經)』에서 "물은 산수(山水)를 사용하는 것이 최상이요, 강수(江水)가 중등이고 정수(井水)는 최하이다. 산수 중에서도 유천(乳泉: 종유석에서 떨어지는 물방울)을 골라야 하니 돌샘을 천천히 흐르는 것이 최고이고, 용솟음치며 격렬하게 흐르는 물은 마시지 말아야 한다."[24]고 했다. 육우의 물에 대한 식견은 특히 남달랐다. 하루는 호주자사(湖州刺史) 이계향(李季卿)과 이야기를 나누던 중 양자강(揚子江) 남령강심수(南零江心水)가 차를 끓이는 물로는 최고라는 말이 나왔다. 이계향은 당장 군사를 시켜 그 물을 떠오라고 하였다. 군사는 물을 퍼 가지고 오는 도중 그만 실수하여 반을 흘려버리고 강변의 물을 채워서 왔다. 육우는 한 모금 마셔보고 단번에 강변의 물임을 알아챘고, 절반을 쏟은 후 다시 맛보면서 이것이 진짜 강심수라고 하여 군사가 아연실색했다는 이야기가 전한다.

당(唐) 장우신(張又新)도 『전다수기(煎茶水記)』에서 찻물의 성질과 작용, 종류 등에 대해 상세히 소개했다. 그는 차 끓이는 물을 7등급으로

---

24 『茶經』「茶之煮」: 其水用山水上, 江水中, 井水下. 其山水 揀乳泉, 石池漫流者上, 其瀑涌湍激, 勿食之.

　　　　　　　　　　　　　　중국인의 생활문화

분류하여 "양자강(揚子江) 남령수(南零水)가 제일이요, 무석(無錫) 혜산 (惠山)의 샘물이 두 번째요, 소주(蘇州) 호구사(虎丘寺)의 샘물이 세 번째 요, 단양현(丹陽縣) 관음사(觀音寺)의 물이 네 번째요, 양주(揚州) 대명사 (大明寺)의 물이 다섯 번째요, 오(吳)의 송강(松江) 물이 여섯 번째요, 회 수(淮水)가 최하로서 일곱 번째이다."[25]이라고 했다. 청나라 건륭제(乾 隆帝)는 작은 은잔을 들고 여러 지방의 물을 달아보고 마셔본 결과, 북 경 서교 옥천산(玉泉山)의 물이 가장 가볍고 순수하다는 결론을 내렸 다. 때문에 지금도 옥천산을 천하제일천(天下第一泉)이라고 한다. 이밖 에도 어떤 다인(茶人)들은 첫눈을 받아서 녹인 물을 찻물로 사용하였 고, 아침이슬을 받거나 빗물을 받아 찻물로 사용하였다. 또 어떤 이는 매화 꽃잎의 눈을 모아 단지에 넣어 땅에 파묻었다가 이듬해에 찻물 로 사용하기도 했다.

다구(茶具) 준비도 소홀히 할 수 없다. 당송 때 이미 다구는 24가지 나 되었다고 한다. 명청에 이르러 차 마시는 방법과 다구가 모두 간소 화되었다. 그 대신 찻잔과 차 주전자 다호(茶壺)의 정교함을 더욱 강조 하게 되었는데, 특히 차 주전자의 모양은 각양각색이었다. 청나라 초 기 북경의 황실과 고급 찻집에는 덮개가 달린 찻잔 개완(蓋椀)이 유행 하였다.

이렇게 다구까지 준비되었으면 이제 차를 끓여야 한다. 차를 끓이 는 방법은 시대에 따라 대체로 세 가지 방법이 있었다. 첫째는 전다법 (煎茶法)으로, 당나라 때 성행했으며, 육우(陸羽)가 사용한 방법이다. 차 떡을 부수어 옆에 준비해 놓고 풍로에 물을 끓인다. 고기 눈알 같은

---

25 『煎茶水記』: 揚子江南零水第一, 無錫惠山泉水第二, 蘇州虎丘寺泉水第三, 丹陽縣觀 音寺水第四, 揚州大明寺水第五, 吳松江水第六, 淮水最下第七.

| 청대에 주로 사용한 개완(蓋椀)

기포가 약간 나타나며 금방 끓어오를 때 차 떡 부스러기를 넣는다. 차
와 물이 같이 끓어 번지면서 차가 물속에서 부풀어진다. 물위에 뜬 차
잎을 건져내어 옆에 둔다. 찻물이 펄펄 끓으면서 차 향기가 날 때 건
져냈던 차를 다시 넣어 같이 끓이면 완성이다. 과정이 번잡하고 기술
을 익히기 힘들다. 둘째는 점다법(點茶法)으로, 송나라 때 유행한 방법
이다. 먼저 단차(團茶)를 부숴 곱게 간 다음 다완에 넣고 소량의 끓는
물을 넣어 걸쭉한 형태가 되도록 만들며, 그 후 다시 끓는 물을 넣어
서 마신다. 여러 기구들을 써야하고 엄격한 규례를 지켜야 한다. 셋째
는 포다법(泡茶法)으로, 명대에 태조 주원장이 번거로운 격식을 간소
하게 만든 방법으로, 지금도 가장 성행하고 있는 방법이다. 말 그대로
'마른 찻잎에 뜨거운 물을 부어 우려 마시는 방법'으로, 홍차, 녹차, 오
룡차, 화차 등 차 종류에 따라 그 수온과 방법이 다르다.

이외에 차를 끓여 마시는 자다법(煮茶法)이 있는데, 산악지대 사람
들이 주로 사용하는 방법이다. 차와 여러 가지 말린 과일을 함께 넣어

중국인의 생활문화

차 잎과 과일을 찻물과 함께 먹어버린다. 또 매화(梅花), 계화(桂花), 모리화[茉莉花: 쟈스민] 등의 꽃봉오리를 차와 같이 찻잔에 넣고 끓이는 점화다법(點花茶法)도 있다. 찻물을 부으면 꽃이 찻잔 속에서 흩어지는 아름다운 모습을 구경하면서 향기를 즐길 수 있을 뿐 아니라 차 맛도 좋아진다.

2. 차의 문화적 의미

차에는 중국인의 정신세계가 깃들어 있다. 몇 천 년의 발전 역사를 거치면서 차의 정신은 도가의 이론을 많이 받아들여 천(天)과 인(人)이 하나로 화하고 오행을 조화시키는 섭리라고 주장하였다. 불가, 유가, 도가는 모두 자신의 다도(茶道) 유파를 가지고 있으며 그 내용이나 가치관이 모두 다르다. 불가는 차 중에서 고적(孤寂)과 숙연을 느끼고 마음을 정숙하게 다잡아서 인간의 본성을 깨우쳐야 한다는 이론을 주장하고, 도가는 차를 마시는 중에서 세상의 어지러움을 피하여 자연의 모든 아름다움을 받아들여야 한다고 하였으며, 유가는 차로써 사람들을 격려하고 인간관계를 조화시키며 적극적으로 세상에 나설 것을 권하였다. 이처럼 차 속에는 불교의 선(禪)과 도가의 청속(淸俗), 유가의 중용(中庸) 사상 등이 침투되어 있다.

또 손님에게 차를 권하는 것은 서로간의 깊은 우정을 표시하는 것이다. 옛 사람들은 차를 마실 때 "한 사람이면 정신을 가다듬게 되고, 두 사람이면 흥취를 얻게 되고, 세 사람이면 맛을 얻게 된다."고 하였다. 서로 가까운 벗들이 모여서 차를 음미하고 무릎을 마주하고 속마음을 나누는 것을 인생에서 제일 유쾌하고 마음 편한 것으로 간주해

왔다. 중국에서 집에 손님이 찾아오면 먼저 차를 정중히 권하는데, 이 것은 주인의 열정적인 접대와 성의를 표시하는 것이다. 집을 방문하면 보통 차 세 잔을 마시고 일어선다. 첫잔은 예의 차로서 서로 수인사를 나눈다. 둘째 잔은 차를 음미함과 동시에 주객이 서로 이야기를 나누는 시간이다. 세 번째 잔이 부어진 후 두어 번 마시고는 보통 일어서서 하직한다. 이처럼 중국인에게 차는 예의의 표시이고 우의의 상징인 것이다.

중국에서는 전통적으로 차를 예물로 사용하였다. 차 문화가 본격화된 송대(宋代)에는 새로 이사를 오면 차를 나누며 서로 수인사를 했는데, 이것을 '헌다(獻茶)'라고 하였다. 또 매파나 세객(說客: 다른 사람의 부탁을 받아 누구를 설득하거나 뒷줄을 대려는 사람) 같은 사람들을 '제다병인(提茶餅人: 차 떡을 든 사람)'이라고 불렀다. 남송(南宋)의 수도 항주(杭州)에는 매년 입하(立夏)가 되면 집집마다 차를 정성스레 준비해 각양각색의 과자와 함께 친지와 이웃에게 보냈는데, 이것을 칠가다(七家茶)라고 했다.

또 송대부터 혼인에 관련된 모든 예식을 삼다육례(三茶六禮)[26]라고 했다. '삼다(三茶)'란 약혼할 때의 샤차[下茶], 결혼할 때의 딩차[定茶], 부부가 합방할 때의 허차[合茶]를 말한다. 이것은 '차나무에 씨앗이 열리지만 그 나무를 옮겨 심으면 씨앗이 열리지 않는다.'는 차나무

---

26 육례는 여섯 가지 예법이다. 첫째 납채(納采)는 신랑 집에서 혼인을 청하는 절차이며, 둘째 문명(問名)은 신랑 집에서 신부 생모의 성명을 묻는 절차로, 딸은 어머니가 가르치는 것이라고 생각하여 어머니가 어떤 분인가를 알면 신부의 범절을 알 수 있다는 생각에서 나온 풍속이다. 셋째 납길(納吉)은 가묘(家廟)에서 점을 쳐서 여자 측에 혼인이 정해졌음을 알리는 절차이고, 넷째 납징(納徵)은 남자 측에서 여자 측에 결혼 징표로 물건을 보내는 절차이다. 다섯째 청기(請期)는 남자 측에서 여자 측에 혼인 날짜를 정해 달라고 청하는 절차이고, 여섯째 친영(親迎)은 남자가 여자 측에 가서 신부를 데려다가 예식을 올리는 절차를 말한다.

의 속성에서 '자식 출산'과 '지조'의 의미를 취한 것이다. 그래서 '어떤 집의 차를 마시면 그 집 사람이 된다'는 속담도 생겨난 것이다. 『홍루몽(紅樓夢)』에서 왕희봉(王熙鳳)이 임대옥(林黛玉)에게 "우리 집 차를 마셨으면 우리 집 며느리가 돼야지?"라고 했듯이 중국 남방에서는 "차를 마셨다"는 말로써 "시집갔다"는 뜻으로 사용하기도 한다. 이처럼 차로 정혼을 하고 손님을 대접하는 풍속은 계속해서 전해져 내려왔다.

제례에도 차를 사용한다. 전설에 의하면 사람이 죽어서 저승에 도착하면 염라대왕이 세상의 일들을 모두 잊어버리게 만드는 미혼탕(迷魂湯)을 마시게 한다고 한다. 이에 정신을 맑게 하여 자손을 잊지 말라는 뜻으로 죽은 사람 앞에 차를 올렸다고 한다. 이후 귀신도 차를 좋아한다고 생각하여 모든 제사에 차를 사용하게 되었으니, 이것이 지금의 '차례(茶禮)'이다.

그러나 무엇보다 차는 건강에 이롭고 수명을 연장시켜준다. 전하는 바에 따르면 당(唐) 헌종(憲宗) 시기의 한 스님은 130살까지 살았는데 헌종이 스님에게 장수의 비결을 묻자 그는 평생 차 마시기를 즐겨 백 사발을 마셔도 싫증나지 않는다고 했다. 손님에게 차를 권하는 것은 또한 우아한 품위를 나타낸다. 차는 비록 하나의 평범한 음료에 지나지 않지만 고사아객(高士雅客)에 의해 만들어지는 차 분위기는 고담준론(高談峻論)을 유도하게 된다.

중국인들이 차를 즐겨 마시는 것은 중국 음식과도 관련이 깊다. 우리가 중국음식에 대해 가지는 '맛이 느끼하다'는 인식과 '소화가 잘되지 않는다'는 생각은 중국 요리의 조리과정에서 많이 쓰이는 기름 때문이다. 중국 요리의 조리법은 대체로 볶고[炒 혹은 熘], 졸이고[煎], 튀기고[炸], 찌고[蒸], 굽는[烤 혹은 燜] 방법이다. 각각의 조리과정에서 기름은 반드시 있어야 하는 재료이다. 이처럼 모든 요리에 기름을 두루 많이 사용하게 된 것은 건조한 기후의 북방 중원이 중국 역대 왕조의 중심지였던 영향도 매우 컸던 것으로 보인다. 아울러 왕조의 형성기에는 어김없이 전국이 전쟁의 소용돌이 속에 휘말리게 되므로 제대로 된 신선한 요리재료를 구하기가 힘들었다. 이러한 재료에 기름을 사용하면 불순물을 제거하면서 재료의 맛을 살릴 수 있을 뿐 아니라 그 보존기간도 상대적으로 늘어나게 된다. 그러나 이렇게 기름으로 조리된 음식은 느끼할 뿐 아니라 필연적으로 음식의 산성화를 동반하게 되어 건강에 치명적일 수 있다. 이를 중화시키는 역할을 차가 하는 것이다.

알려진 바와 같이, 차에는 카페인과 함께 각종 알칼리 성분이 많이 포함되어 있다. 차를 마시면 찻물이 체내에서 빠르게 흡수되어 농도가 짙은 알칼리성 대사 물질을 만들어낸다. 기름지고 달고 짠 중국 음식을 많이 먹으면 체질이 산성화되어 만성피로나 정서불안, 소화불량 등을 일으킬 수 있는데, 이때 차를 마시면 산성화된 체질을 개선하여 혈액 중의 산성과 알칼리의 균형을 유지시켜 준다. 그래서 중국인들은 아침부터 저녁까지 뜨거운 물[開水]을 담은 보온병을 품에 안고 살며, 어디를 가든지 간에 다병(茶瓶)을 휴대한다. 또한 기름기 많은 음식을 즐겨먹는 중국인들 중에 심각한 비만이 그다지 많지 않다는 사실도 차 마시는 습관과 유관하다고 지적한다.

지역에 따라 선호하는 차의 종류를 보면 남북의 차이가 뚜렷하다. 북방인들은 홍차(紅茶), 남방인들은 녹차(綠茶)를 주로 마신다. 홍차는 그 성질이 따뜻하여 차가운 지역에 사는 북방인들에게 알맞다. 이에 비해 더운 남방에서는 차가운 성질의 녹차가 어울린다. 또한 중국인

중국인의 생활문화

들은 보편적으로 계절에 따라 각각 다른 차를 마신다. 봄에는 양기(陽氣)를 보충하기 위해 화차(花茶)를 마시는 것이 좋고, 여름에는 기온이 높아 덥기 때문에 녹차를 마셔야 하고, 가을과 겨울에는 날씨가 추우니 홍차(紅茶)로 몸을 따뜻하게 하는 것이 좋다고 여긴다.

중국의 수질이 좋지 않아 중국인은 차를 마실 수밖에 없다는 일반적인 생각이 완전히 틀린 것이라고는 할 수 없다. 그러나 중국에서 차는 먼저 음식과 궁합을 이루고, 술과 함께 손님을 접대하는 의례(儀禮) 음료로 인식된다는 점을 간과해서는 안 된다. 더욱이 중국인들은 차를 통해서 고상한 정신세계를 추구하면서 문학과 예술을 융합하는 전통적인 차 문화를 유지하고 있으므로 중국에서 차는 음료 이상의 의미를 지니고 있다 할 것이다.

| 우이산[武夷山] 구룡암(九龍巖) 다홍파오[大紅袍] 모수(母樹)

그래서 옛날에 차는 황금만큼 비쌌다고 한다. 삼국시대 때만 하

더라도 차는 소수의 귀족들이나 마실 수 있는 매우 호사스러운 것이었다. 그 당시 최고급 차의 가격은 그 찻잎의 부피와 똑같은 부피의 황금을 지불해야 구입할 수 있을 만큼 비쌌다. 차의 맛과 향기가 모두 다르듯, 지금도 차의 가격은 천차만별이다. 같은 종류의 녹차라도 심한 경우는 가격차가 1,000배 이상 난다. 예를 들면 푸얼차[普洱茶]는 오래될수록 높은 가치를 지니는데, 오래 전에 '연대를 알 수 없는 푸얼차[不知之年茶]'가 50g에 중국 돈 3만 위안에 거래된 적도 있다. 요즘 광동 지역에는 상속이나 재테크의 일환으로 저장고까지 따로 마련하여 매년 푸얼차를 사 모으는 수집광이 늘고 있다고 한다. 또 1998년 세계 경매시장에서는 푸젠성[福建省] 충안현[崇安縣]에서 나는 다훙파오[大紅袍] 우이산차[武夷山茶]가 100g에 10만 위안에 팔려 나가기도 했다. 이 차는 우이산[武夷山] 구룽암(九龍巖)의 9m 이상 높이의 바위에서 자라는 차나무에서 딴 것으로, 이 차나무는 현재 여섯 그루만 남아 있다고 한다.

과거나 지금이나 중국인들이 차를 대하는 태도는 이처럼 이해하기 쉽지 않은 문화적 의미가 있다고 하겠다.

차나무는 작지만 아름다운 나무로서, 기후가 따뜻한 남방에서 자라고 옮겨 심지 못하는 특성을 가졌다. 그래서 차나무는 정조 관념이 강한 나무로 알려져 있다. 잎은 조밀하고 엄동이 지나도록 푸르며, 꽃은 가을에 서리처럼 하얗게 피는데, 황금빛 노란 수술이 유난히 곱다. 시월부터 십이월까지 서리를 맞으면서 더욱더 영롱해지는 차나무의 꽃을 두고 시인들은 구름 꽃이라는 의미의 운화(雲華)라고 불렀다. 더욱이 늦가을에는 차나무의 꽃뿐 아니라 지난해 맺어 놓은 열매까지 조랑조랑 매달려 있으니, 차나무는 꽃과 열매가 마주 본다 하여 실화상봉수(實花相逢樹)라고도 부른다.

옛날 중국에서는 여자와 충신은 절대로 두 가지 차를 마셔서는 안 된다는 금기가 있었다. 생산되는 지방도 같고, 종류도 같은 차만을 마셔야 된다는 것이다. 차나무는 옮겨 심으면 열매를 맺지 않는 지조가 있으므로 지조를 지켜야 하는 여자와 충신도 그래야 한다는 것이다. 따라서 영국인들처럼 차와 우유를, 러시아인들처럼 차와 보드카를 혼합하여 마시는 것을 중국인들은 아직도 피하고 있다.

차는 제다법(制茶法)에 따라 크게 여섯 종류로 분류한다. 이를 '육대차류(六大茶類)'라고 하는데, 녹차(綠茶), 황차(黃茶), 청차(靑茶, 혹은 烏龍茶), 백차(白茶), 홍차(紅茶), 흑차(黑茶) 등이 그것이다. 중국에서 거론되는 수많은 차의 명칭들은 모두 이 범주 안에 속하며, 동시에 이 여섯 종류의 명칭에서부터 수많은 갈래로 나누어지기도 한다. 예를 들어, 항저우 서호(西湖)의 용정차(龍井茶), 안후이 황산(黃山)의 모봉(毛峰), 쓰촨 몽정산(蒙頂山)의 황아차(黃芽茶), 아미산(峨嵋山)의 죽엽청차(竹葉靑茶) 등은 중국의 대표적인 명차로서 모두가 녹차류이다. 또 푸젠 무이산(武夷山)의 무이암차(武夷岩茶)와 대홍포(大紅袍), 안계(安溪) 서평진(西坪鎭)의 철관음(鐵觀音), 대만 아리산(阿里山), 고산(高山), 옥산(玉山) 등에서 주로 생산되는 오룡차(烏龍茶) 등은 모두 청차류이다. 그 외 윈난 란창강(蘭蒼江) 주변 산지에서 생산되는 보이차(普洱茶), 쓰촨 아안(雅安)에서 생산되는 변소차(邊銷茶), 후난의 화권차(花捲茶) 등은 모두 흑차류이다.

1. 녹차(綠茶)

녹차는 비발효차로서 중국에서 생산량이 가장 많으며, 전국 18개 차 생산지 모두에서 생산되고 있다. 찻잎을 채취해서 바로 증기로 찌거나 덖어 발효가 되지 않도록 한다. 증기로 찌는 증제(蒸製)차는 맛이 담백하며 덖음 차는 고소한 맛이 특징이다. 녹차는 명차로 꼽는 것만 해도 138가지나 된다고 알려져 있는데, 저장성[浙江省] 항저우[杭州]에서 생산되며 초봄의 어린 싹을 사용하는 시후룽징차[西湖龍井茶]와 쟝쑤성[江蘇省] 쑤저우[蘇州]에서 생산되며 어린잎을 사

| 녹차(綠茶)의 살청(殺靑) 과정

| 녹차(綠茶)의 유념(揉捻) 과정

| 녹차(綠茶)의 건조(乾燥) 과정

용하여 찻잎을 소라처럼 나선형으로 만든 비뤄춴[碧螺春]이 가장 유명하다.

일반적으로 녹차의 가공은 '살청(殺靑)'[27]과 '유념(揉捻)'[28], '건조(乾燥)'[29] 등 세 단계의 과정으로 이루어진다. 그 중에서도 처음 가공단계인 '살청'은 녹차의 제조에 있어 가장 중요한 관건이 된다. 신선한 찻잎이 살청을 거치면 효소의 활성이 둔화되어 전혀 발효가 진행되지 않는 상태가 된다. 이러한 상태에서 온도를 가하여 물리적 변화를 일으킴으로써 녹차의 특성을 갖추게 된다.

---

27 고온(高溫)으로 덖는 과정을 말하며, 녹차의 품질에 있어 결정적 작용을 한다. 찻잎은 이 과정을 거치면서 신선한 찻잎 속에 함유된 효소(酵素)의 특성을 파괴하고 여러 가지 페놀(phenol) 성분의 산화(酸化)를 억제함으로써 찻잎이 발효되어 붉게 변하는 것을 방지한다. 동시에 고온은 찻잎 속의 수분을 부분적으로 증발시킬 뿐만 아니라 찻잎을 부드럽게 함으로써 다음 단계인 유념(揉捻)할 때 찻잎의 형태를 만들기에 용이한 상태로 만든다. 수분이 증발할 때 청차류(靑茶類)의 저온 가공처리에서 발생하는 비릿한 풀 냄새가 완전히 제거되면서 고소한 녹차향기로 전환된다. 이 과정은 특별히 수제(手製)로 만드는 녹차를 제외하고는 대부분 살청기(殺靑機)로 대량 처리한다. 살청(殺靑)할 때 중요한 것은 살청온도, 찻잎의 투입량, 살청기의 종류, 살청시간, 살청방식 등이다. 이러한 세부적 요소들은 서로 직접적인 영향을 미치기 때문에 어느 하나라도 소홀히 할 수 없다. 이 과정은 하나로 연결된 연속적 과정이며, 또한 녹차의 품질을 결정하는 중요한 단계이다.

28 유념은 '주무르고 비비기'로서, 녹차의 외형을 잡는 단계이다. 외부의 힘을 이용하여 찻잎을 주무름으로써 찻잎의 조직을 파괴하여 부드럽게 변화시키고, 비벼서 말아 찻잎의 가닥을 잡아간다. 이렇게 하여 차를 우리기에 적합한 모양을 갖추게 된다. 동시에 찻잎을 주무르고 비비는 유념과정에서 짜내 나온 약간의 차즙(茶汁)이 찻잎의 표면에 끈적끈적하게 달라붙게 되는데, 그 농도가 바로 차 맛을 높이는 중요한 작용을 하게 된다. 녹차를 제다하는 과정에서 유념의 과정은 다시 '냉유(冷揉)'와 '열유(熱揉)'로 나누어진다. 이른바, 냉유(冷揉)란 바로 살청한 찻잎을 펼쳐놓았다가 식은 뒤에 유념(揉捻)하는 것이며, 열유(熱揉)는 살청한 찻잎을 서늘하게 펼쳐서 식히지 않고, 살청 후 뜨거운 기운이 아직 남아있을 때 바로 유념(揉捻)하는 것을 가리킨다.

29 건조방법에는 '홍건(烘乾)'과 '초건(炒乾)', 그리고 '쇄건(曬乾)' 등의 세 가지 형식이 있다. 홍건은 불에 쬐여 말리는 것이고, 초건은 솥에서 볶아 말리는 것이며, 쇄건은 햇볕에 말리는 것이다. 녹차는 일반적으로 먼저 홍건을 하고 나중에 다시 초건을 한다.

중국인의 생활문화

2. 홍차(紅茶)

홍차는 발효차(85%이상)로서, 주로 안후이성[安徽省] 등지에서 생산된다. 홍탕홍엽(紅湯紅葉)이며, 떫은맛이 강하고 진하게 우려져 나온다. 중국에서 홍차라 하면 대체로 궁푸홍차[工夫紅茶], 홍쇄차(紅碎茶), 그리고 소종홍차(小種紅茶) 등을 모두 포괄한다. 그 제다법 또한 모두 위조(萎凋)[30], 유념(揉捻), 발효(醱酵)[31], 건조(乾燥) 등 네 개의 공정 단계를 거쳐서 만들어진다.

중국에서는 12개 성에서 홍차가 생산되고 있고, 그 종류도 매우 다양하다. 이렇게 다양한 홍차는 대부분 그 생산 지역에 의해 그 명칭이 붙여진다. 예를 들어 치홍[祁紅], 뎬홍[滇紅], 닝홍[寧紅], 이홍[宜紅], 촨홍[川紅], 후홍[湖紅], 민홍[閩紅] 등이 그러하다. 그 중에서도 치홍[祁紅]과 뎬홍[滇紅]이 유명하다. '치홍'은 안후이성 치먼현[祁門縣]에서 생산된 홍차로서, 치먼홍차[祁門紅茶]를 줄여서 부르는 명칭이다. '뎬홍'은 중국 윈난성[雲南省]의 옛 지명 '뎬[滇]'에서 유래한 명칭이다.

주로 '궁푸홍차[工夫紅茶]로 불리는 중국의 홍차는 크게 '대엽종(大

---

30 위조(萎凋)는 신선한 찻잎이 일단의 시간이 지난 뒤 수분을 잃게 되는 것을 뜻한다. 우리나라에서는 이를 가리켜 '찻잎 시들기'라고 부른다. 위조는 차나무에서 갓 따내 딱딱하여 부서지기 쉬운 신선한 찻잎을 시들게 하는 과정으로, 홍차를 만드는 첫 번째 공정 단계이다. 위조를 거친 찻잎은 유연해질 뿐만 아니라 질기고 탄력성이 증강되어 차의 외형을 만들기에 편리하다.

31 발효는 홍차의 제조과정에 있어 아주 독특한 단계이다. 발효를 거친 찻잎은 푸릇한 녹색에서 붉은 홍색으로 변하여 홍차의 홍엽(紅葉), 홍탕(紅湯) 특징을 형성하게 된다. 이러한 유기체의 물리적인 화학 변화를 살펴보면, 먼저 찻잎이 유념 작용 하에서 조직세포막의 구조가 파괴됨으로써 침투성이 증대된다. 침투성의 증대는 연이어 여러 가지 페놀(phenol) 성분과 산화된 효소를 충분히 접촉시키는 작용을 하며, 이러한 접촉은 또 효소의 촉진작용 아래 산화(酸化)와 중합(重合) 작용을 생성하게 되고, 이에 따라 기타 화학성분 또한 매우 큰 변화를 일으키게 된다. 이상의 연속적인 화학 변화의 발생으로 인해 녹색의 찻잎은 붉은 홍색의 잎으로 변하게 되며, 동시에 홍차 특유의 색과 향과 맛을 형성하게 되는 것이다.

葉種)'과 '소엽종(小葉種)'의 두 가지 품종으로 나눈다. 대엽종 홍차는 교목(喬木)이나 반교목(半喬木)의 차나무에서 딴 신선한 찻잎을 주원료로 하여 만든 것으로, '훙예궁푸[紅葉工夫]'라고 부르기도 한다. 이 품종의 대표적인 홍차로는 '덴훙궁푸[滇紅工夫]'와 '정허궁푸[政和工夫]'가 있다. 소엽종 홍차는 보다 작은 관목형 차나무의 신선한 찻잎을 주원료로 한다. 완성된 홍차 색깔이 까마귀처럼 새카맣다고 하여 '헤이예궁푸[黑葉工夫]'라고 부르기도 한다. 소엽종의 대표적인 홍차로는 '치먼궁푸'와 '이훙궁푸[宜紅工夫]'를 꼽을 수 있다.

중국 궁푸홍차의 모든 품종은 1~7등급으로 나누어지는데, 안후이성 치먼현에서 생산된 '치훙'과 윈난 일대에서 생산된 '덴훙'을 최고로 친다. 치훙은 그 역사가 이미 100년을 넘었고, 덴훙은 50여 년의 역사를 가지고 있다. 특히 치먼홍차는 세계 3대 홍차로 인정받고 있다.

3. 청차(靑茶) 또는 오룽차(烏龍茶)

청차는 오룽차라고도 하며, 반발효차의 대표로서 50-60% 정도 발효된 것이다. 푸젠성[福建省], 광둥성[廣東省], 타이완[台灣] 등지에서 생산된다. 겉모양의 색깔이 청갈색이어서 청차(靑茶)라고 불리며, 잎의 가운데는 푸른색을 띠고 가장자리는 붉은 색을 띤다. 천연적인 꽃향기가 있고 맛이 진하고 순수하다.

청차의 종류는 다양하지만 우이옌차[武夷巖茶]와 안시티에관인[安溪鐵觀音]이 가장 유명하다. 우이옌차는 푸젠성 북부 우이산[武夷山] 일대에서 생산되며, 대표적 품종으로는 다훙파오[大紅袍], 티에뤄한[鐵羅漢], 바이지관[白鷄冠], 수이진구이[水金龜] 등이 있다. 안시티에

관인[安溪鐵觀音]은 푸젠성 남부에서 생산되며, 같은 곳에서 생산되는 황진구이[黃金桂] 또한 유명한 명차이다. 이외에 타이완의 가오산[高山] 오룡, 아리산[阿里山] 오룡, 위산[玉山] 오룡, 무자[木柵] 티에관인 등도 유명하다.

청차는 오룡차로 더 많이 알려져 있다. 전설에 의하면 어느 한 농부가 차나무 무더기를 발견하고, 찻잎을 따려고 다가가 보니, 검은 뱀[黑蛇]이 그 중 한 그루를 휘감고 있었다. 농부는 처음에 깜짝 놀랐으나 그 뱀이 사람을 공격할 기미는 전혀 보이지 않았을 뿐 아니라 매우 온순하게 보였다. 그래서 농부는 그 뱀이 휘감고 있는 차나무에 조심스레 접근하여 가만히 찻잎을 따기 시작했고, 과연 그 뱀은 농부를 공격하지 않았다. 이렇게 따온 찻잎으로 차를 만들어 마셔보니 차 맛이 그야말로 일품이었다고 한다. 중국인들은 본래 뱀을 싫어하고 용(龍)을 좋아하는 풍속이 있으므로 '검은 뱀[黑蛇]'을 까마귀같이 검은 용이란 뜻의 '오룡(烏龍)'으로 미화시키고, 이 차를 가리켜 '오룡차(烏龍茶)'라 부르게 되었다.[32]

오룡차의 제조공정은 대략 위조(萎凋), 주청(做青), 초청(炒青), 유념(揉捻), 건조(乾燥) 등의 다섯 단계이다. 그 중에서도 '주청(做青)'은 오룡차의 특성을 형성하는데 매우 중요한 공정으로서, 차의 향기와 맛을 만드는 관건이 되는 단계이다. 오룡차의 독특한 향기와 '녹엽홍양변(綠葉紅鑲邊)'이 바로 이때 이루어지기 때문이다. 위조가 끝난 찻잎은 요청기(搖青機) 속에 넣고 흔들게 된다. 이때 찻잎들이 서로 부딪치면서 찻잎 가장자리의 세포조직이 짓무르게 되고, 이 과정에서 찻잎은

---

32 黃墩岩 編著, 『中國茶道』, 臺北, 暢文出版社, 民國80年.

자체 발효가 되면서 동시에 산화작용이 일어난다. 그리고 부드러웠던 찻잎은 요동(搖動)을 거치면서 질기고 탄력 있게 변한다. 그 후 일정 시간 가만히 두면 산화작용이 완화되면서 찻잎의 엽병(葉柄)과 엽맥(葉脈)의 수분이 천천히 찻잎 전체에 확산된다. 이때 푸릇한 찻잎은 점점 팽창하고 탄력성을 회복하면서 찻잎은 다시 부드러워지게 된다. 이처럼 규칙적인 '동(動)'과 '정(靜)'의 과정을 통해 찻잎은 일련의 생물화학적 변화를 일으키게 되는 것이다. 그 결과 찻잎의 가장자리를 따라 붉은 색이 드러나게 되고, 찻잎의 가운데 부분은 암녹색에서 황록색으로 변화되는데, 이를 '녹엽홍양변(綠葉紅鑲邊)'이라 한다. 이것은 다른 차에서는 찾아볼 수 없는 오룡차만의 특징이며, 동시에 오룡차 특유의 맛과 향을 좌우하는 관건이라 할 수 있다. 오룡차의 특성은 '주청' 단계에서 기본적으로 모두 형성되며, 초청(炒靑)은 앞 단계의 공정을 이어 상품을 완성해가는 후속 절차로서, 앞에서 언급한 녹차의 '살청(殺靑)'과 같다.

4. 백차(白茶)

백차는 반발효차 가운데 경발효차(10-20%)이며, 푸젠성[福建省]이 주산지이다. 백차는 갓 나온 잎에 하얀 솜털이 많은 품종을 골라서 찻잎을 시들게 하고, 볕이나 불을 쬐어 말려서 만든다. 백차는 수색이 맑으며 향기가 산뜻하고 맛이 담백하다.

백차의 가장 두드러진 특징은 마른 찻잎의 표면이 모두 백색의 부드러운 솜털로 빽빽이 덮여있다는 것이다. 백차는 이름에서도 알 수 있듯이 찻잎이 백색으로, 찻잎 전체가 하얀 솜털로 덮여있다. 이러한 백차는 다른 지역에서는 흔치 않은 푸젠성의 특색 있는 차라고 할 수 있다. 백차는 주로 푸젠성의 푸딩[福鼎], 정허[政和], 숭시[松溪], 젠양[建陽]현 등에서 생산되며, 타이완에서도 소량이 생산된다. 현재 백차의 종류는 그리 많지 않을 뿐 아니라 굳이 찾아서 구입해 마시는 중국인들도 드물다. 대부분의 중국인들은 손쉽게 구할 수 있고 마시기 편한 녹차를 선호하기 때문이다.

백차는 제다적인 측면에서 두 가지 특성을 지니고 있다. 첫째는 하얀 솜털이 많은 어리고 부드러운 싹과 잎만을 채취하여 만든다는 것이고, 둘째는 제다하는 방법에 있어 덖고 비비는 초청(炒菁)과 유념(揉捻)의 방법을 전혀 사용하지 않는 소위 '불초불유(不炒不揉)'로서, 그냥 햇볕에 쬐어 말리는 홍건(烘乾) 기술을 이용한다는 것이다. 그래서 또 햇볕에 쬐여 말린 차란 뜻의 '일쇄차(日曬茶)'라고도 부른다.

백차(白茶)가 주로 생산되는 푸젠성은 중국의 다른 지역에 비해 차의 역사가 깊고, 차를 마시는 방법에 있어서도 유별한 지역이다. 다른 지역에서는 일반적으로 간편하게 차를 우려 마시는 반면, 유독 푸젠 사람들은 복잡하고 까다로운 '궁푸차[工夫茶]'를 선호한다. 그래서 심오한 정신수양을 요구하는 다도(茶道)나 고도로 숙련된 기예를 요구하는 다예(多藝)가 대부분 이 지역에서 흥성하게 되었다.

백차는 푸젠성 푸딩현(福鼎縣)에서 처음 만들어졌다. 청(淸)나라 가경(嘉慶) 초년(1796)에 이미 백차를 생산하기 시작하였으니, 2백 년이 넘는 역사를 가지고 있다. 1885년에는 대백차(大白茶)의 두툼한 차 싹으로 두텁고 털이 빼곡한 백호은침(白毫銀針)을 처음 생산하게 되었다. 1891년에는 은침(銀針) 백차를 시중에 출시하였으며, 1922년 젠양[建陽] 수이지[水吉]에서는 백목단(白牧丹)을 생산하기 시작하였다.

백차는 차의 싹만을 사용해 만든 아차(芽茶)와 잎을 사용해 만든 엽차(葉茶)로 구분된다. 아차(芽茶)의 대표적인 것으로는 '백호은침(白毫銀針)'이 있고, 엽차로는 '공미(貢眉)'가 있으며 제다법도 간단하다. 그 외에도 백목단(白牧丹), 수미(壽眉) 등이 있다. 백차는 일반인들에게 매우 생소할 뿐만 아니라 아는 사람도 드물다. 대부분의 사람들이 녹차와 동일시하기도 한다.

5. 황차(黃茶)

황차는 반발효차 가운데 중발효차(20-40%)이며, 노란 찻물에 노란 잎이 특징이다. 향기가 맑고 부드러우며 단맛이 난다.

황차라는 용어는 원래 차의 발상지 쓰촨성[四川省] 밍산현[名山縣] 몽정산(蒙頂山)에서 나는 찻잎을 가리키는 이름이었다. 이곳에서 자라는 차나무의 싹이나 생산되는 찻잎이 황색 빛을 띠기 때문에 붙은 이름이다.

그러나 지금의 황차는 민황(悶黃: 누렇게 띄우기)의 방법으로 만든 차를 가리키며, 원래 녹차를 초청(炒靑)하는 가운데 우연히 발견된 차이다. 녹차가 살청(殺靑)과 유념(揉捻)의 과정을 거친 후 건조하는 과정에서 건조가 부족하거나 건조 시간을 놓쳐서 찻잎이 누렇게 변색하면서 탄생한 차인 것이다. 따라서 황차의 특징은 '황탕황엽(黃湯黃葉)', 즉 차탕과 찻잎의 빛깔이 모두 누렇다.

제다법의 주요 특징은 민황(悶黃) 과정이다. 고온의 살청을 통해 효소의 활성화를 억제시킨 후, 페놀(phenol)의 산화를 통한 습열(濕熱) 작용을 일으킴으로써 색을 내는 것이다. 찻잎 색깔의 변화 정도가 경미하게 나타날 때 이를 '황차(黃茶)'라 하는데, 색깔의 변화 정도가 짙게 나타나면 '흑차(黑茶)'가 되어버린다.

황차의 제다 공정은 살청(殺靑), 민황(悶黃), 건조(乾燥)의 세 단계이다. 일반적으로 유념(揉捻) 과정은 황차를 만드는 데 꼭 필요한 공정은 아니라고 본다. 황차류 제다의 가장 중요한 단계는 민황 과정으로서, 황색황탕(黃色黃湯)을 형성하는데 가장 중요한 단계이다. 살청에서부터 건조의 마무리 단계에 이르기까지 모두 찻잎의 황변을 위하여 적당한 습열(濕熱) 조건을 만든다. 어떤 차는 살청 후에 민황 단계로 들어가고, 어떤 차는 약한 불 처리[毛火] 후에 민황 처리를 하며, 또 어떤 것은 띄우기[悶]와 덖기[炒]를 번갈아가며 진행해야 한다. 이는 찻잎의 종류나 품질에 따라 민황의 방법도 다르다는 것이다. 민황에 영향을 미치는 요소는 찻잎 속의 수분 함량과 온도이다. 수분 함량이 많아서 잎의 온도가 높아질수록 습열(濕熱) 과정에서 황변도 더욱 빨라지게 된다.

6. 흑차(黑茶)

흑차는 후발효차로서 윈난성[雲南省]의 푸얼차[普洱茶]가 가장 유명하다. 푸얼차는 쪄서 눌러 만드는 긴압차(緊壓茶)인데, 그 종류로는 병차(餠茶), 긴차(緊茶), 원차(圓茶), 칠자병차(七子餠茶) 등이 있다.

그러나 흑차(黑茶)에 푸얼차만 있는 것은 아니다. 화권차(花捲茶) 혹은 천량차(千兩茶)로 불리는 후난[湖南] 흑차, 후베이[湖北] 노청차(老靑茶), 쓰촨벤차[四川邊茶] 등이 모두 흑차의 대표적인 차들이다. 제다된 찻잎을 참대 광주리에 눌러 담아 오래 동안 묵히는 광시성[廣西省]의 육보차(六堡茶)도 흑차 종류이다.

그 중에서 특히 쓰촨볜차[四川邊茶]는 다시 쓰촨난루볜차[四川南路邊茶], 쓰촨시루볜차[四川西路邊茶], 볜샤오차[邊銷茶], 캉주안[康磚] 등이 있는데, 이 차들은 모두 티베트에 공급하기 위해 만들어진 변방민족용 차이다. 즉, 쓰촨 지역과 티베트로 차마무역(茶馬貿易)을 하던 5개의 '차마고도(茶馬古道)' 노선을 통해 티베트 민족들에게 공급하던 차인 것이다.[33] 중국은 이 차를 수출하고 대신 티베트의 전마(戰馬)를 수입하였다. 그래서 '볜차(邊茶)'는 '마차[馬茶]'라고도 했고, 또 변방민족들에게 파는 차라고 하여 '볜샤오차[邊銷茶]'라고도 했다.

흑차의 제다 공정은 살청(殺靑), 유념(揉捻), 악퇴(渥堆), 건조(乾燥)의 순으로 이루어진다. 그 중에서 악퇴가 핵심 공정으로서, 흑차의 품질을 형성하는데 가장 관건이 된다. 악퇴는 유념이 끝난 찻잎을 대나무깔개 위에 15~25cm 두께로 쌓고 그 위를 젖은 천으로 덮은 후 다시 덮개로 덮어서 습기와 온도를 보호하고 유지하는 과정을 말한다. 악퇴가 진행되면 차 더미 속에서 온도변화가 일어나므로 적당한 시기에 맞춰 한두 차례 뒤집어 준다.

---

33 윈난[雲南]과 티베트를 연결하는 '차마고도(茶馬古道)'가 고대 차마무역의 정통 경로로 알려져 있는데, 이것은 사실 지선(支線)에 불과하다고 한다. 원래 '차마고도'의 본선은 모두 쓰촨(四川)에서 티베트 각지로 연결되는 고대 교통노선이었다. 쓰촨의 차마고도는 5개의 주노선(主路線)을 가진 차마무역의 가장 핵심적 경로였다. 과거 토번(吐蕃)에서부터 근대에 이르기까지, 중국 역대 왕조는 그들을 회유하기 위해 찻잎을 공급해 주고, 대신 말을 공급 받아 전마(戰馬)로 사용하였다.

　　　　　　　　　　　　　　　　중국인의 생활문화

7. 화차(花茶)

찬잎과 향기로운 꽃을 한데 묻혀 찬잎이 꽃향기를 머금게 만드는 향차(香茶)로서, 훈화차(薰化茶)라고도 불린다. 계화차(桂花茶)와 모리화차[茉莉花茶]가 가장 대표적인데, 특히 쟈스민차로 많이 알려진 모리화차는 중국 내 여러 산지에서 생산되지만 주로 베이징을 비롯한 중국 북부지방에서 소비된다.

중국의 8대 명차

수많은 중국차 가운데 품질과 명성, 선호도와 가격 등을 객관적이고 종합적으로 비교 평가한 8대 명차는 다음과 같다.

1. 룽징차[龍井茶]

| 룽징차[龍井茶]

룽징차는 저장성[浙江省] 항저우[杭州]에서 생산되는 차이다. 룽징차는 어린 찻잎을 따서 수공으로 만드는데, 외형상으로는 납작한 모양을 하고 있다. 질이 좋은 룽징차는 그 빛깔이 밝고 빛이 나며 향기 또한 강하여 우려낸 차의 맛은 구수한 것이 특징이다. 룽징차는 같은 저장성에서 생산된 것이라도 항저우의 시후[西湖]에서 난 차를 최고로 친다. 시후 룽징차는 다시 스펑[獅峰], 룽펑[龍峰], 메이펑[梅峰] 세 가지로 나누어지는데, 그 가운데 스펑룽징차를 녹차의 황제로 친다.

중국인의 생활문화

연간 총생산량이 1톤도 안 되는 스펑시후 룽징차의 향기는 어린 애의 살 내음 같은 섬세한 향기가 배어 나온다. 우려낸 차의 빛깔은 맑은 하늘처럼 환상적이다.

마오쩌둥[毛澤東]을 비롯한 저우언라이[周恩來], 덩샤오핑[鄧小平], 주더[朱德] 등 역대 중국 최고 지도자들이 베이징에서 이 곳 차밭까지 내려와 찻잎을 직접 딸 정도로 명성을 얻었으며, 닉슨과 키신저, 김일성, 시아누크 등 외국의 수뇌부에게 증정한 가장 귀한 예물도, 장쩌민[江澤民] 총서기가 중국을 방문한 영국의 엘리자베스 2세 여왕과 함께 마신 음료도 바로 이 스펑시후 룽징차다. 그래서 매년 곡우(穀雨)를 전후로 해서 그 차를 사려는 홍콩, 미국 등지의 화교 거부들과 미리 예약을 해둔 중앙당 간부들이 치열한 물밑 경쟁을 한다고 한다.

스펑, 룽펑, 메이펑 등의 시후룽징차보다 훨씬 질이 떨어지는 녹차가 저장성 도처에서 나오는 저장룽징차이다. 요즘 중국 녹차시장에는 저장룽징이 시후룽징의 스펑이나 룽펑으로 둔갑되어 소비자를 속이는 경우가 많다고 한다.

2. 비뤄춘[碧螺春]

비뤄춘은 우선 찻잎의 생김새가 여느 차와는 다르다. 어린 참새의 속 깃털처럼 조그맣고 부드럽게 생긴 차 이파리를 찻잔에 넣고 뜨거운 물을 부으면 흰 구름이 떠가고 눈꽃이 춤을 추며 날아가는 것 같다.

| 비뤄춘[碧螺春]

그 모습이 사랑스러워 시선을 빼앗기다보면, 어느새 청신한 차 향기가 사람의 후각을 습격한다. 그래서 차를 즐길 줄 아는 어떤 예인은 비뤄춘을 마실 때에는 눈이나 혀보다 코를 제일 많이 활용하라고 훈수한다.

동양의 베니스로 부르는 운하의 고도 쑤저우[蘇州] 옆에는 중국에서 세 번째로 큰 담수호 타이후[太湖]가 바다처럼 수평선을 아른거리며 누워있다. 타이후는 무려 72개나 되는 크고 작은 섬을 품고 있다. 그 가운데서도 시산[西山]이라고 불리는 섬이 제일 큰데, 그곳에는 춘추전국시대 오(吳)나라 왕 부차(夫差)가 절세미인 서시(西施)와 함께 피서여행을 즐겼다는 전설이 서려있다. 이곳에서 나는 차가 바로 비뤄춘이다.

비뤄춘은 '경악차'라고 불리는데, 거기에는 다음과 같은 전설이 있다. 어느 옛날, 봄이 되자 마을 처녀애들은 찻잎을 따러 시산에 올라갔다. 그날따라 차를 많이 딴 아이들은 광주리를 하나 가득 채우고도 남는 찻잎을 그냥 버리기 아까워서 윗옷 속에 우겨 넣어 돌아왔다. 집에 돌아왔을 때 찻잎은 처녀애들의 젖가슴 사이에서 살 내음과 함께 이미 반쯤 발효된 상태였다. 뜨거운 물을 찻잔에 붓자 이제껏 맡아본 적이 없는 향기가 진동하였다. 사람들이 그 향에 화들짝 놀랐다고 하여 '경악차'라 불렀고, 그 때부터 이 차는 광주리가 아니라 여인의 젖가슴에 담아 왔다고 한다. 세월이 다시 수백 년 흐른 어느 날, 청(淸)나라 강희제(康熙帝)가 타이후를 유람할 때 쑤저우의 수령이 그 경악차를 황제에게 올렸다. 강희제는 차골(茶骨)로 불리는 차의 애호가였다. 강희제 역시 이 차향에 놀랐고, 경악차라는 이름이 너무 촌스럽다고 하여 비뤄춘[碧螺春]이라고 고쳐 부르도록 분부하였다. '비뤄춘[碧螺

春]은 만들어진 찻잎이 소라처럼 나선형을 이루어 붙인 이름이다.

3. 황산마오펑차[黃山毛峰茶]

황산은 중국 제일의 명산

| 황산마오펑차[黃山毛峰茶]

이다. 명대(明代)의 유명한 지리학자이자 여행가이며 문학가이기도 했던 서하객(徐霞客)은 30년 동안 천하를 답사하고는 "오악에 다녀오면 다른 산들이 보이지 않고, 황산에 다녀오면 오악이 보이지 않는다."[34]라고 극찬하였다. 명나라 허차서(許次紓)도 "천하의 명산(名山)에는 반드시 영초(靈草)가 난다."[35]고 했는데, 여기서 영초란 영험한 풀, 즉 차(茶)를 의미한다. 실제로 황산 주변에는 휘주(徽州: 安徽省)의 명차들이 집중적으로 생산되고 있다. 둔녹차(屯綠茶), 태평후괴(太平猴魁), 기문홍차(祁門紅茶), 노죽대방(老竹大方), 황산모봉(黃山毛峰) 등이 그러하다. 뿐만 아니라 중국의 차 문화를 대표하는 고대의 '휘주 차 문화'가 그대로 잘 보존되고 계승된 곳이기도 하다.

안휘성의 역사를 기록한 『휘주부지(徽州府志)』에 의하면, 황산에서 차가 본격적으로 생산되기 시작한 것은 송나라 인종 가우(嘉佑) 연간(1056~1063)이며, 명나라 목종 융경(隆慶) 연간(1567~1572)에 이르러 차 산업이 흥성하기 시작했다. 요컨대 황산의 차 생산은 이미 천년의 유구한 역사를 가지고 있으며, 명대에 이르러 비로소 황산차가 대내외

---

34 『徐霞客遊記』: 五岳歸來不看山, 黃山歸來不看岳.

35 『茶疏』: 天下名山, 必産靈草.

적으로 유명해지게 되었다는 것이다. 그러나 이때까지만 해도 '황산모봉(黃山毛峰)'이란 이름은 전혀 찾아 볼 수가 없었고, 청대 말기(약 1875년) 이전의 모든 문헌 기록에는 '운무차(雲霧茶)'란 이름만이 황산차를 대표하고 있었다.

『휘주상회자료(徽州商會資料)』에 의하면, 황산모봉은 청나라 광서(光緖) 연간에 사정화(謝靜和)라는 사람이 만든 '사유대차장(謝裕大茶莊)'에서 처음 만든 것이라 한다. 사유대차장은 개혁개방 이후 '천명장(天茗莊)'으로 개명하였는데, 사정화(謝靜和)는 서현[歙縣] 차오시[漕溪]사람으로, 차의 제조 기술이 매우 뛰어났다. 그는 휘주의 명차를 만들기 위해 황산의 숱한 봉우리에 올라 모든 차밭을 샅샅이 찾아 헤맸는데, 그러던 중 연화암의 승려들이 바위틈에서 재배하고 있는 '황산운무차'를 발견하였다. 그리고 이 차를 황산차의 대표로 개발하기로 하고, 심혈을 기울인 끝에 드디어 1875년 '황산모봉'을 탄생시키게 되었다. 이 차는 룽징, 비뤄춘과 함께 중국 3대 녹차로 손꼽히게 되었다.

황산에는 늘 안개가 자욱하다. 마오펑 차밭은 그 짙은 안개 속에 언제나 촉촉이 젖어 있다. 이처럼 안개가 짙은 황산에서 나는 마오펑차는 잎이 유난히 두꺼운데 이것을 '운무엽(雲霧葉)'이라고 한다. 황산 마오펑 차밭은 특히 운곡사(雲谷寺)와 양산사(羊山寺) 주변에 많이 흩어져 있다. 들꽃이 피기 시작할 무렵이 찻잎을 따는 최적기라 하는데, 찻잎에 들꽃 향기가 배어나기 때문이다. 그래서 황산마오펑차는 향기와 맛이 매우 진하다.

중국인의 생활문화

4. 티에관인[鐵觀音]

티에관인은 우룽차[烏龍茶]
이다. 이 차는 타이완을 마주 바라보
고 있는 푸젠성[福建省] 안씨현[安溪
縣]에서 나오는 차를 최상품으로 치
는데, 각성효과가 탁월하여 중국의 수
험생들이 잠을 쫓기 위해 즐겨 마시
곤 한다. 티에관인은 일본이나 유럽

| 티에관인[鐵觀音]

사람들도 좋아하며, 다이어트차 또는 항암차로도 잘 알려져 있다. 타이
완으로 쫓겨간 쟝제스[蔣介石] 일족이 제일 좋아했던 차이기도 하다.

'철관음(鐵觀音)'이라는 이름이 붙게 된 데에는 전설이 있다. 청나라
건륭제(乾隆帝) 때 푸젠성 안시[安溪]의 한 농부가 매일 새벽마다 차를
관음보살상에 공양하였는데, 어느 날 꿈속에서 그 관음보살이 차나무
가 있는 곳을 알려 주었다. 다음 날 농부는 꿈속의 기억을 더듬어 바
위틈 사이에 자라난 차나무 몇 그루를 발견하였고, 그 여린 차 잎만
골라 따 가지고 절반쯤 발효시킨 우룽차를 만들어 내었다. 그리고 차
이파리가 '쇠[鐵]'처럼 묵직하고, 또 관음보살이 내려준 차라 하여 '철
관음(鐵觀音)'이라 불렀다.

5. 우이옌차[武夷巖茶]와 다훙파오[大紅袍]

우룽차 가운데 티에관인과 함께 쌍벽을 이루는 것이 우이
옌차이다. 이 차는 푸젠성 북부 충안현[崇安縣]의 우이산[武夷山] 위에
서 나는 차이다. 우이옌차 찻잎의 빛깔은 황금빛을 띤 녹색으로, 난향

| 우이옌차[武夷巖茶]

(蘭香) 같은 그윽한 향기가 일품이다.

우이옌차는 일찍부터 궁에 진상하는 공차였으니, 소식(蘇軾)은 「여지탄(荔枝歎)」에서 다음과 같이 노래하고 있다.

君不見,   ······그대는 못 보았는가,

武夷溪邊粟粒芽,   무이산(武夷山) 계곡 가에 알곡 같은 첫
                    찻잎을.

前丁後蔡相籠加.   정위(丁謂)와 채양(蔡襄) 같은 탐관들이
                    앞뒤로 바구니 채웠네.

爭新買寵各出意,   상전 총애 사려고 온갖 방법 다 짜내서

今年鬪品充官茶.   금년에도 투품(鬪品)으로 관차(官茶)를
                    채웠네.

이 시는 광동성 혜주(惠州)로 폄적된 소식이 한나라 때부터 공물로 바쳤던 여지에 대한 한탄이지만 남방의 대표적 공물이었던 우이옌차를 함께 언급하며 백성들의 고통을 노래하고 있다. '속립아(粟粒芽)'는 봄에 우이산(武夷山)에서 따낸 첫 찻잎으로, 상품 중의 상품으로 치는 찻잎이다. 이 찻잎을 공차로 만든 이가 '전정후채(前丁後蔡)'로서, '정(丁)'은 송(宋) 진종(眞宗) 때 참지정사를 지낸 정위(丁謂)를 말하고, '채(蔡)'는 인종(仁宗) 때 복주(福州)의 지주(知州)를 지낸 채양(蔡襄)을 말한다. 복건 지방의 찻잎 진상은 정위에서부터 시작되었고, 채양에 이르러 극에 이르렀다고 한다.

| 다홍파오[大紅袍]

우이옌차는 우이산 구룡암(九龍巖) 꼭대기의 9m이상 높이의 바위에서 자라는 여섯 그루의 차나무에서 딴 것을 다홍파오[大紅袍][36]라 하며 최고로 친다. 다홍파오에 얽힌 전설은 매우 다양하다. 그 가운데 하나가 명나라 홍무(洪武) 18년(1385)에 일어난 어느 서생의 이야기이다. 과거시험을 보러 가던 어느 서생이 우이산을 지나다가 심한 복통에 시달려 쓰려졌다. 스님이 발견해서 사찰로 데려와서 평소에 보관해둔 차를 우려 마시게 했다. 복통이 멈추고 기운을 회복한 서생은 무사히 과거를 치렀고 장원급제를 했다. 감사의 뜻으로 스님을 다시 찾은 서생은 차의 출처를 알고는 부상으로 받은 붉은 외투, 즉 '대홍포(大紅袍)'를 벗어 차나무에 걸쳐주고 경의를 표했다. 황궁으로 돌아가며 서생은 주석으로 만든 통에 그 차를 담아가지고 갔다. 마침 황후가 병에 걸렸는데 어

36　중국 차왕(茶王)으로 대접받는 다홍파오[大紅袍]는 푸젠성 북부를 대표하는 우이옌차다. 우이산을 상징하는 36개 산봉우리와 조화를 이룬 99개 바위 계곡 사이에서 자라는 각기 다른 165개 품종의 차나무로 만든 우이옌차는 상품화된 것만 200가지가 넘는다. 전 세계적으로 하나의 산에서 이렇게 다양한 차가 만들어지는 곳은 우이산이 유일하다. 마오쩌둥은 다홍파오 모수(母樹)에서 채취한 찻잎으로 만든 다홍파오 200g을 1972년 리처드 닉슨 미국 대통령이 중국을 방문했을 때 선물했다. 받은 차의 가치를 모르는 닉슨의 표정이 심드렁해졌다. 이를 알아챈 저우언라이는 헨리 키신저에게 "다홍파오는 1년에 400g만 생산되는 귀한 차로서 중국의 절반을 드린 것이다"라고 귀띔해줬다. 이를 전해 듣고서야 닉슨의 표정이 풀렸다고 한다. 닉슨이 받은 다홍파오는 당시 시가로 3억 원이 넘는 것이었다. 350여년 된 모수로 만든 다홍파오는 1998년 우이산 차문화축제에서 벌어진 경매에서 오스트레일리아에 거주하는 중국인 부동산 재벌 쉬룽마오에게 3000만 원에 20g이 낙찰됐다. 2005년 시행한 마지막 경매에서 다홍파오 20g은 4000만 원이라는 기록적인 고가에 팔렸다. 2006년부터 다홍파오 모수에서 찻잎을 채취하는 것을 중국 정부가 금지해 더 이상 다홍파오 모수차를 시중에서 구경할 수 없게 됐다. 2005년 5월 3일 마지막으로 채취한 다홍파오 모수 찻잎으로 만든 20g의 차가 2007년 10월 10일 10시 10분 중국국가박물관에 기증돼 전시되고 있다.

의도 고칠 수가 없었다. 서생은 비상약으로 가져온 차를 바쳤고, 차를 마신 황후의 병세가 호전됐다. 황제는 다시 대홍포 한 벌을 하사하며 고마움을 전했고, 차나무를 잘 보호하라고 했다. 서생과 황후를 살린 차나무는 그때부터 황실공차로서 대홍포라는 이름을 갖게 되었다.

다홍파오 모수는 깎아지른 절벽 중턱에 돌로 쌓은 좁은 축대에서 현재 6그루가 보존돼 있다. 다홍파오 모수는 중국인민보험공사의 200억 원 보험에 가입되어 있다. 치단[奇丹], 치중[奇種], 베이더우[北斗] 등의 품종으로 분류되는 모수는 50여 년간 우이옌차와 다홍파오를 연구해온 천더화[陳德華]의 노력으로 무성생식에 성공했고, 1985년에 처음 순종 다홍파오를 소포장으로 시판됐다. 다홍파오의 아버지로 존경받는 천더화는 1963년 우이산차 연구소에 와서 우이옌차 분류와 증식에 힘쓰다가 문화대혁명 기간에 잠시 낙향하였다. 1972년 연구소로 복귀한 그는 10년에 걸쳐 원(元)나라 때부터 내려오던 황실 어차원(御茶院)을 복구하고, 165종에 달하는 차나무에서 우이산 10대 명차를 재현해내기도 했다. 2006년 정부로부터 다홍파오 전통공예 기능인 1호로 지정되었고 다음 해에는 공로상까지 받았다. 그는 차 연구소를 퇴임한 후에도 우이옌차 연구와 증식에 집중하고 있다고 한다.

우이옌차는 암벽과 산봉우리에서 재배하는 정옌차[正巖茶]의 품질과 가격이 제일 높다. 산허리와 골짜기에서 자라는 반옌차[半巖茶]를 그 다음으로 치고, 계곡 아래 평지에서 채취한 저우차[洲茶]의 생산량이 가장 많지만 저우차라고 포장된 차를 만나기는 쉽지 않다. 포장만 정옌차인 다홍파오를 제일 많이 만날 수 있는 것이 현실이다.

2010년부터 영화감독 장이머우[張藝謀]가 만든 대형 실경무대극「인샹다홍파오[印象大紅包]」가 우이산에서 매일 저녁 2회씩 공연되고 있다. 300명이 넘는 출연진들이 다홍파오 전설 및 대왕봉과 옥녀봉에 얽힌 사랑 이야기를 축으로 현대와 과거를 넘나들며 차 문화를 보여준다. 현대인의 고민을 차 한 잔의 여유로 풀어보라는 메시지를 담은 이 공연은 제작비 200억 원을 들였다. 1,988명이 앉아서 볼 수 있는 차관 형태의 무대는 세계 최대 규모를 자랑하며, 5분마다 움직이는 객석은 70분 공연 동안 계속 움직인다. 객석의 시야는 2㎞가 넘고 객석이 움직이는 시야의 총길이는 무려 12㎞에 달한다. 공연의 성공과 함께 다홍파오는 2010년 국가공상 총무국으로부터 중국저명상표로 지정됐다. 2011년 장이모는 현지 회사와 합작으로 '인샹다홍파오'라는 차 브랜드를 출시하기도 했다. 보는 다홍파오가 마시는 다홍파오를 이끌며 시너지 효과를 내고 있는 것이다. 이처럼 21세기의 차는 음료를 넘어 문화와 관광산업의 첨단에 서있다.

6. 치먼홍차[祁門紅茶]

중국 제일의 명산, 황산에서 세계 도자기의 수도라는 징더진[景德鎭]을 찾아가는 신작로는 절경의 연속이다. 고산준령(高山峻嶺)이 맺힌 골짜기는 시냇물이 흘러가고, 시냇가 양 둑에는 이름 모를 풀꽃과 관목들이 빼곡하다. 야트막한 산자락의

| 치먼홍차[祁門紅茶]

대부분이 차밭이고, 그 차밭의 작은 자투리에 서있는 인가 몇 채는 그림처럼 아름답고 정겹다. 이곳이 바로 한때 세계 최고 품질의 홍차를

생산해 내던 치먼[祁門]이다. 치먼에서 나는 홍차는 청나라 황실은 물론 서양인, 특히 영국인이 실론(Ceylon)산 홍차[37]의 몇 십 배의 가격을 주고도 구하지 못하는 최고급 홍차로 사랑을 받았다.

치먼 홍차를 한 모금 머금으면 홍차 본래의 향에다 사탕수수와 능금의 향을 함께 버무린 오묘한 향내가 입안에서 퍼진다. 그래서 중국인들은 오래 유지되고 밀도가 높은 그윽한 향기를 일러 '치먼향'이라고 한다. 까마귀 깃털보다 검은 윤기가 흐르는 치먼 찻잎의 맨 끝 부분은 홍옥처럼 맑고 붉게 반짝인다. 그래서 치먼홍차를 마시다보면 찻잔 밑바닥을 자꾸만 들여다보게 되는데, 마치 찻잔 속 어딘가에 호박(琥珀) 빛을 내뿜는 샘물이 있는 듯한 착각이 들기 때문이라고 한다.

7. 푸얼차[普洱茶]

푸얼차는 생김새부터 독특하다. 푸얼차는 보통 덖은 찻잎을 각종 모양으로 압축시켜 출품한다. 대표적인 흑차인 푸얼차는 윈난성[雲南省] 푸얼현[普洱縣]에서 생산된다.

| 푸얼차[普洱茶]

---

37 실론은 스리랑카를 말하는데, 스리랑카는 중국, 인도와 더불어 세계 3대 차 생산지 중의 하나다. 영국이 중국과 아편전쟁(1840~1842)을 벌인 후 중국에서 차를 수입하기 어렵게 되자 스리랑카 고산지대에 차를 옮겨 심었다. 스리랑카의 기후는 차 재배에 적합했고, 맛도 부드러워 차 산업이 급속도로 성장하게 된다. 스리랑카는 1972년까지 실론(Ceylon)으로 불렸다. 세계적으로 유명해진 '실론 홍차(Ceylon Tea)'는 스리랑카에서 나는 홍차를 일컫는 말이다. 영국은 차 생산이 많아지자 150년 전 인도의 타밀(Tamil)족들을 스리랑카로 이주시켰다. 이후 찻잎을 따는 일은 대부분 타밀족 여성들이 하고 있다. 찻잎 따는 여성들의 대부분은 낮은 임금을 받으며, 아침 일찍부터 저녁 늦게까지 고된 노동을 하고 있다.

중국인의 생활문화

그곳에 거주하는 소수민족들이 언제부터 이 차를 마셨는지는 확실치 않다. 이 차의 태초를 알 수 없는 까닭은 소수민족들이 그들의 역사를 기록하는 문자가 없었거니와 윈난성 지역 자체가 오랫동안 중국의 영역 밖이었기 때문일 것이다.

푸얼차 찻물의 빛깔은 검붉은 색이거나 검은 색에 가깝다. 차의 맛은 진하고 뒤끝에 달콤한 맛이 돌아 마치 대륙의 흙먼지를 마시는 것 같다고도 하는 사람도 있다. 그만큼 맛과 향이 독특하며, 한번 그 맛에 빠지면 쉽게 끊지 못하는 중독성이 강한 차이다. 푸얼차는 예로 부터 보건차로 널리 애용되어 왔었다. 일본과 유럽 등지에서는 '미용 차', '다이어트 차', '장수차'로 널리 알려져 있다. 푸얼차는 시간이 지날 수록 그 맛과 향이 독특해 상품으로 친다.[38] 이것 역시 일반 중국차와 다른 점이다.

8. 모리화차[茉莉花茶]

우리에게 쟈스민차로 알려 진 모리화차는 녹차에 꽃향기를 가 미한 화차(花茶)의 일종이다. 그 중에 서도 푸저우[福州]의 모리화차가 단 연 으뜸이다. 모든 꽃들이 다 그렇겠 지만 특히 모리화는 갓 피었을 때의

| 모리화차[茉莉花茶]

---

38 고궁박물관(故宮博物館)에 보관되어 있는 청(淸)나라 때의 푸얼차 '만수용단(萬壽龍團)' 은 고급국가문물로 지정되어 있으며, 감정가가 80만 위안이다. 비슷한 시기에 만들어 진 '칠자병(七子餠)'과 '보이차고'는 각각 100만 위안, 60만 위안으로서, 2007년 전시회 당시 보험금만 24억 원에 달했다고 한다.

향기가 청신하다. 갓 피어난 모리화를 녹차에 여러 차례 섞어 향기가 스미게 만든다. 중국인들은 이것을 녹차에다 모리화를 먹이는 작업이라고 부른다.

모리화차만큼 지역별 편차가 큰 차는 없다. 모리화차가 중국에서 최초로 대량 생산되기 시작한 것은 청나라 함풍제(咸豊帝) 때로서, 다른 중국차에 비해 연륜이 무척 짧은 차이다. 이 차는 푸젠[福建] 등 중국의 남방지역에서 생산되지만 거래는 주로 베이징 등 북방지역에서 이루어지고 있다. 그만큼 모리화차는 진한 차 맛을 좋아하는 베이징[北京], 텐진[天津], 동북삼성(東北三省) 등 중국 북쪽지역 사람의 환영을 받는다.

특히 토박이 베이징 사람들이 차관에서 마시는 차의 종류는 십중팔구 모리화차다. 그러나 명차의 본향, 장강(長江) 이남의 강남 지역 사람들에게 모리화차는 잡것을 섞어 만들어 차 같지도 않은 차라는 모욕에 가까운 푸대접을 받는다.

중국의 찻집

| '청명상하도(淸明上河圖)'에 묘사된 송대의 다방

　　중국의 다관(茶館)은 과거에서부터 현재에 이르기까지 끊임 없이 생겨나고 변화하며 중국인의 생활 속에 자리하고 있다. 찻집을 의미하는 용어도 다관 외에 다탄(茶攤), 다료(茶寮)³⁹, 다사(茶肆), 다사(茶

39　'다탄(茶攤)'은 진(晉)나라 때 기록이 보이는 최초의 다관 형태로서, 길거리 찻집으로 보인 다. '다료(茶寮)'는 '다실'이라고도 부르는데 일반적으로 영업용이 아닌 개인적 공간을 가 리킨다. 이곳에서 주로 차를 다려 마시거나 독서를 한다. 이곳을 또 다른 말로 '두실(斗 室)'이라고도 하는데, 이것은 기껏 한 말 정도가 들어갈 수 있는 작은 방이라는 뜻이다.

社), 다옥(茶屋), 다루(茶樓), 다정(茶亭), 다실(茶室), 다방(茶坊), 다원(茶園) 등 여러 명칭이 있다.

1. 찻집의 역사

중국 찻집의 역사는 차의 역사만큼 유구하다. 『광릉기로전(廣陵耆老傳)』에는 진(晋) 원제(元帝: 317~322) 때 한 노파가 매일 아침 시장에서 사발에다 차를 팔았는데, 사람들이 다투어 사갔지만 그 사발의 차는 아침부터 저녁까지 줄어들지 않았다는 이야기가 실려 있다. 여기의 노파는 지금의 차 노점상[茶攤]과 매우 유사하다 할 것이다. 남북조(南北朝) 시기에는 또 차를 마시고 잠도 자는 곳이 출현했으니, 지금 찻집의 추형이라 할 것이다.

찻집에 관한 최초의 문헌 기록은 당대(唐代) 봉연(封演)의 『봉씨문견기(封氏聞見記)』이다. 이 책에서는 "추(鄒), 제(齊), 창(滄), 체(棣) 등지로부터 점차 경읍(京邑)까지 퍼졌으니, 성시(城市)에는 많은 점포가 문을 열어 차를 끓여 팔았는데, 승려나 민간인을 막론하고 돈을 주고 마셨다. 그 차는 강회(江淮)에서 온 것으로 배와 수레가 계속 실어 날라 산더미처럼 쌓였고 (차가 보급된) 읍의 수도 매우 많았다."[40]라고 했다. 여기의 '차를 끓여 파는 점포'가 바로 찻집이다. 이처럼 당(唐) 개원(開元: 713~741) 이후에는 많은 성시에서 차를 파는 점포가 있어서 돈만 주면 쉽게 차를 마실 수 있었다.

찻집이 본격적으로 등장한 시기는 송대(宋代)였다. 송대(宋代)에 이

---

40 『封氏聞見記』: 自鄒, 齊, 滄, 棣, 漸至京邑, 城市多開店鋪, 煎茶賣之, 不問道俗, 投錢取飮. 其茶自江淮而來, 舟車相繼, 所在山積, 邑額甚多.

르자 생업으로 차를 파는 곳이 매우 보편화되었다. 특히 남송(南宋) 때 수도였던 임안(臨安: 지금의 항저우)에서는 '다방(茶坊)'이 우후죽순처럼 생겨났고, 다양한 음식을 함께 팔기도 했다. 남송 오자목(吳自牧)의 『몽량록(夢梁錄)』에는 임안에 수많은 찻집이 있었다는 기록이 있으며, 남송을 배경으로 한 고전소설 『수호전(水滸傳)』에도 왕파(王婆)가 다방(茶坊)을 열었다는 대목이 있다. 당시 시민들은 찻집에서 뉴스를 전하고 휴식을 취했다.

명대(明代)에는 찻집이 전문화 되고 다도와 다예를 추구하는 기풍이 성했다. '다관(茶館)'이라는 용어가 처음 출현한 것도 이 시기였다. 명대 장대(張岱)의 『도엄몽억(陶闇夢憶)』에는 "숭정(崇禎) 계유년에 어떤 호사가가 다관(茶館)을 열었는데, 샘에는 옥대수(玉帶水)를 채우고, 차에는 난설차(蘭雪茶)를 넣었다. 물을 돌려가며 끓여 오래된 물이 없었으며, 그릇을 그 때 그 때 세척하여 더러운 그릇이 없었다. 그 불의 세기와 물의 온도 또한 시시로 천기와 부합시켰다."[41]는 기록이 있다. 이 것은 당시 찻집의 전문화와 상업적 경영의 일단을 알게 해준다. 용차(用茶), 택수(擇水), 선기(選器)는 물론 물의 온도와 불의 세기까지 따졌으니, 다도 역시 고도로 진전되었음을 알 수 있다. 이와 동시에 수도였던 북경(北京)에서는 차 산업도 흥기하여 삼백육십항(三百六十行)의 직업군에 정식 포함된 항업(行業)이 되었다.

찻집의 진정한 흥성기는 청대(淸代)였다. 당시 항주성(杭州城)에는 크고 작은 찻집이 800여 곳이나 되었으며, 수천여 가구가 사는 타이

---

41 『陶闇夢憶』: 崇禎癸酉, 有好事者開茶館, 泉實玉帶, 茶實蘭雪, 湯以旋煮, 無老湯. 器以時滌, 無穢器. 其火候湯候, 亦時有天合之.

창[太仓]의 황징진[璜泾镇]에도 수백 개의 찻집이 있었다고 한다.[42] 청대에는 만주족 팔기자제(八旗子弟)들이 종일 무위도식하며 찻집에 앉아서 시간을 보내곤 했다. 이에 따라 찻집 산업도 흥성하여 전국에 두루 퍼졌다. 특히 강희(康熙), 건륭(乾隆) 연간에 "태평한 부로(父老)들이 늘 한담을 즐기며 모두 주루(酒樓)나 다사(茶社)에서 노닐었다."[43]라고 할 정도였으니, 당시 찻집은 귀족에서 서민들까지 중요한 생활공간이 되었다.

| 차와 함께 중국의 공연예술을 꽃피운 희원(戲園)

청대에는 특히 희곡이 성행하면서 찻집이 희원(戲園)의 역할을 겸했고 민중들의 일상적인 장소가 되었다. 희곡은 송원(宋元) 시기부터 주루(酒樓)나 다관에서 공연되었는데, 청대에는 찻집 내에 무대를 설

---

42 连振娟,『中国茶馆』, 中央民族大学出版社, 2002.

43 郝懿行,「都门竹枝词」: 太平父老清闲惯, 多在酒樓茶社中.

중국인의 생활문화

치한 곳이 많았다. 가경(嘉慶) 연간 북경에는 "그 자리를 펼쳐 극을 파는 곳은 유명 다원(茶園)이다."[44]라는 말이 있었다. 따라서 다원(茶園)과 희원(戲園)은 종종 구분 없이 사용되었으니, 후세의 희원(戲院)이나 희관(戲館)이라는 용어는 다원이나 다관에서 유래한 것이다. 그래서 중국에서 '희곡은 찻물이 키운 예술(戲曲是茶汁浇灌起来的一门艺术)'이라고 한다. 경극대사(京劇大師)로 불리는 메이란팡[梅兰芳]도 "최초의 희관(戲館)은 다원(茶園)이라고 통칭했는데, 친구들과 모여 차 마시며 담소하는 곳으로, 공연 관람은 부대적 성격에 불과했다."면서 "당시의 희관은 입장권을 팔지 않고 단지 찻값만 받았으며, 관객이 희관에 들어서면 '좌석을 물색하는 사람'이 재빨리 오라고 손짓을 하여 좋은 자리를 찾아 주었다. 그 다음에는 그에게 남색 깔개를 주고 금방 향차(香茶) 한 잔을 따라주었으며, 마지막에 두 개의 성냥갑 크기만 한 얇고 누런 종이쪽지를 주는데, 이것이 그 당시의 공연 프로그램[戲單]이었다."[45]라고 회상하였다.

2. 각 지역의 찻집

중국의 어느 지역, 어느 민족이나 차와 찻집이 없는 데는 없지만 그 풍속과 생활습성이 다름에 따라 그 문화도 여러 가지 모습을 갖고 있다. 그 중에서도 명차 산지인 쓰촨성과 저장성, 그리고 궁푸차

44　包世臣,「都劇賦序」: 其開座賣劇者名茶園.

45　『舞台生活四十年』 第一章 : 最早的戏馆统称茶园, 是朋友聚会喝茶谈话的地方, 看戏不过是附带性质. / 第四章 : 当年的戏馆不卖门票, 只收茶钱, 听戏的刚进馆子,'看座的'就忙着过来招呼了, 先替他找好座儿, 再顺手给他铺上一个蓝布垫子, 很快地沏来一壶香片茶, 最后才递给他一张也不过两个火柴盒这么大的薄黄纸条, 这就是那时的戏单。

[功夫茶]의 고향인 광둥성의 찻집에 대해 알아보고, 마지막으로 중국의 수도인 베이징의 찻집을 살펴본다.

1) 쓰촨[四川] 청두[成都]의 찻집

쓰촨 지역은 기후가 온화하고 습윤하므로 토양, 온도, 습도, 일조 등 여러 면에서 차의 재배에 아주 유리하다. 게다가 풍경이 수려하고 공기가 깨끗하므로 옛적부터 차의 고향으로 이름났다.

찻집은 쓰촨의 주요 풍경 가운데 하나이다. 쓰촨 사람들은 찻집을 '다관(茶館)'이라고 부름으로써 정중함을 나타내었다. 쓰촨 다관은 대부분 길가나 산 아래에 많이 있는데, 열 몇 개의 걸상과 서너 개의 상 밖에 없는 자그마한 다관에서부터 수 백 개의 좌석을 가진 큰 다관도 적지 않다. 진짜 쓰촨 다관이라면 자동(紫銅)으로 된 큰 차 주전자와 주석으로 된 찻잔 받침, 징더진[景德鎭]의 찻잔, 훌륭한 차들과 차스푸[茶師傅]가 모두 구비되어야 한다.

| 청두[成都]의 찻집

중국인의 생활문화

사람들은 다관에서 뉴스를 서로 전하기도 하고 사업을 의논하기도 하며 쉬기도 한다. 다관 안에는 긴 등받이 의자가 있어 앉기도 하고 편히 누울 수도 있다. 다관의 차스푸는 모두 뛰어난 솜씨를 갖고 있는데, 몇 십 명분의 차를 한꺼번에 따르는 다예(茶藝)는 그 자체가 큰 구경거리이다. 오른손에 큰 차 주전자를 들고 왼손으로는 차 덮개를 열고 차를 부은 후 금방 닫아버리고 다시 다른 차 덮개를 여는데 2, 3초가 걸릴 뿐이다. 눈 깜짝할 사이에 수 십 개의 찻잔에 물을 부으면서 한 방울도 상에 튀지 않는다. 오전 내내 앉아 있던 손님이 집에 가서 점심을 먹고 다시 돌아와 차를 마셔도 된다.

이처럼 쓰촨 사람들은 차 마시기를 즐긴다. 따라서 중국에서 다관하면 쓰촨을, 그 중에서도 청두를 제일로 꼽는다. 청두 다관의 의자들은 대나무로 만들어진 등받이 의자를 사용하는데, 쇠못을 하나도 사용하지 않고 순전히 끼어 맞춘 의자다. 앉으면 매우 편안하게 몸에 짝 달라붙는다. 의자를 뒤로 젖히고 기대어 앉아 눈을 감고 있으면 전혀 불편하지 않게 휴식을 취할 수 있다. 그러나 요즘 많은 다관들이 대나무 의자 대신에 플라스틱 의자를 사용하여 오랜 전통의 중국적 정취가 점점 사라지고 있다.

차를 마실 때 주로 사용하는 다기는 개완(蓋碗)인데, 찻잔과 덮개, 받침대로 구성되어 있어 '삼건두(三件頭)'라고 부른다. 청두 다관의 특징은 간단히 '일조(一早), 이대(二大), 삼다(三多), 사고(四高)'로 요약할 수 있다.

'일조(一早)'는 다관의 역사가 다른 지역에 비해 빠르다는 것이다. 육우의 『다경(茶經)』에는 "남시(南市)에서 촉(蜀)의 노파가 다죽(茶粥)을 만들어 팔았다."[46]는 기록이 있다. '촉(蜀)'은 쓰촨 청두 지역으로서, 천여 년 전에 이미 차를 파는 곳이 성행했음을 입증해주는 자료이다.

'이대(二大)'는 다관의 규모가 다른 지역에 비해 크다는 것이다. 과거 청두의 고급 다관들은 세 칸의 로비와 네 곳의 정원을 갖춘 '삼청사원(三廳四院)'이었다. 그 안에 무려 천여 개의 좌석을 구비하고 있어 그 웅대함이 최고를 자랑했다.

'삼다(三多)'는 다관의 수가 굉장히 많다는 것이다. 과거 청두에는 다관이 숲을 이루었다고 할 정도로 많았으며, 현재도 여전히 600여 곳이 넘는다고 한다. 청두에는 번화한 거리나 남루한 골목길, 실내나 야외, 고급에서 저급까지 여전히 다양한 다관이 있다.

'사고(四高)'는 다관의 질적 수준이 높다는 것이다. 종업원들의 서비스 질도 매우 높아 고객이 조금의 불편함도 못 느낄 정도라고 한다. 과거 금춘다루(錦春茶楼)의 당관(堂倌)[47]이었던 '주마자(周麻子)' 같은 이는 장취동호(長嘴銅壺)로 찻물을 따르는 솜씨, 즉 궁푸[工夫]가 일품이어서 '용성일절(蓉城一绝)'[48]이라는 칭호까지 얻게 되었다.

2) 저장[浙江] 항저우[杭州]의 찻집

'상유천당, 하유소항(上有天堂, 下有蘇杭: 하늘에는 천당, 땅에는 쑤저우와 항저우)'라는 말이 있듯이 항저우는 천당에 비견되는 아름다운 도시

---

46 『茶經』: 南市有蜀嫗作茶粥賣.

47 다관에서 일하는 종업원으로 손님들에게 차를 갖다 주고, 수시로 찻물을 따라주기도 하며, 주둥이가 길게 나온 장취동호(長嘴銅壺)를 가지고 멀리서 손님 앞에 놓인 개완(蓋碗)에 찻물을 따르는 기예를 펼치기도 한다. 당관은 또 '다박사(茶博士)'라고 부르기도 한다.

48 성도(成都)에는 연꽃이 많기 때문에 성도를 '용성(蓉城)'이라고도 한다.

이다. 앞서도 언급했지만 항저우에는 청대에 이미 800곳이 넘는 다관이 있었고, 지금도 700여 곳이나 된다고 하니, 찻집이 가장 많은 도시 가운데 하나이다. 항저우의 찻집은 타이지차다오위안[太极茶道苑]처럼 다예(茶藝)를 위주로 하는 곳, 먼얼차팡[门耳茶坊]처럼 다관의 생태 환경을 중시하는 곳, 허지차관[和记茶馆]이나 쯔이거차관[紫艺阁茶馆]처럼 박물(博物), 감상, 품차(品茶)가 일체화 된 문화적 성격을 지닌 다관 등 다양한 종류가 있다.

| 항저우[杭州]의 타이지차다오위안[太极茶道苑]

항주의 찻집은 차를 마시는 장소일 뿐 아니라 쉬고 즐기는 곳이며, 물건을 사고팔거나 안부를 주고받는 곳이기도 하다. 남녀노소가 모두 어울리면서 직위의 고하나 재산의 다과를 떠나 찻집에서는 모두 호형호제하는 '사회의 축소판'이기도 하다. '바이룽먼전[摆龙门阵: 한담하다]'의 촨차관[川茶馆], '팅취상시[听曲赏戏: 희곡 감상]'의 징차관[京茶馆], '판첸차[饭前茶]'의 웨차관[粤茶馆]에 비해 항저우차관[杭

州茶馆]은 명차명수(名茶名水)로써 차를 음미하며 경치를 감상하는 '품명상경(品茗賞景)'의 정취를 더욱 중요시 한다. 이처럼 항저우 찻집은 일종의 고상하고 시적인 맛이 있다. 『다인삼부곡(茶人三部曲)』[49]의 저자 왕쉬펑[王旭烽]은 항저우의 차는 이미 일상적 습관에서 영원한 문화장력(文化張力)으로 확대되었다면서 항저우 차 문화는 화강암처럼 견실하다고 했다.

항저우의 찻집은 송대(宋代)부터 발전하기 시작했다. 특히 남송 때는 수도였으므로 찻집이 매우 많았다. 남송 때 항주의 생활 모습을 기록한 오자목(吳自牧)의 『몽량록(夢梁録)』에는 "골목과 거리에는 차 주전자를 들고 집집마다 차를 끓였다."[50]고 했으며, 내득옹(耐得翁)의 『도성기승(都城紀勝)』에도 항주성 내에 '다방(茶坊)'이 매우 흔했음을 설명하고 있다. 당시 규모가 큰 찻집에서는 내부 설계와 장식에도 대단한 심혈을 기울여 유명 인사들의 묵적(墨跡)과 그림을 걸어놓거나 계절마다 꽃꽂이로 장식하기도 하였으며, 동시에 뇌차(擂茶: 가루차)와 염시탕(鹽豉湯)[51]을 함께 팔기도 하였다. 또 어떤 찻집은 여러 가지 업종을 겸하기도 했다. 특히 남송 이후 현재까지 항저우의 가장 번화가인 청하방(淸河坊) 일대에는 청락(淸樂), 팔선(八仙) 등 여러 큰 다방이 있었다. 현재 이곳에는 정씨(鄭氏) 집안이 경영하는 240여 년 역사의 타이지차다오위안[太极茶道苑]이 유명하다.

---

49 왕쉬펑[王旭烽]의 『다인삼부곡(茶人三部曲)』은 '제5회 마오둔문학상[第五届茅盾文学奖]'을 수상한 소설로서, 대대로 차를 만들어온 항저우의 한 집안의 흥망성쇠를 통해 삼대다인(三代茶人)의 운명을 묘사한 작품이다.

50 『夢梁録』: 巷陌街坊, 自有提茶壺沿門點茶.

51 뇌차(擂茶)는 갈아서 만든 가루차를 말하고, 염시탕(鹽豉湯)은 된장 비슷한 양념을 넣어 만든 국을 말한다.

항저우의 찻집들은 깨끗하고 우아한 것이 특징이다. 항저우에서는 찻집을 다실(茶室)이라는 용어로 즐겨 부른다. 이 용어는 문인의 서재나 불가의 정실(淨室)의 의미를 내포하고 있다. 다실은 주로 시후[西湖] 가에 자리 잡고 있어 차를 마시면서 아름다운 풍경도 즐길 수가 있다. 다실에는 주로 명화나나 명필로 장식하고, 명차에다 정교한 다구도 구비하고 있다.

항저우 외에도 저장성에는 찻집들이 많은데, 후저우[湖州]의 민간 찻집도 유명하다. 이 찻집들에서는 무대가 있어 희곡이나 설창(說唱) 같은 공연을 관람하거나 마작 같은 놀이를 즐기기도 한다.

3) 광둥[廣東] 광저우[廣州]의 찻집과 궁푸차[功夫茶]

광둥 사람들은 차를 끼니처럼 중시한다. 특히 아침에 마시는 '조차(早茶)'로 유명한데, 조차 외에도 점심에 마시는 '오차(午茶)', 저녁에 마시는 '만차(晚茶)'가 있다. 하루 세 끼 모두 차를 즐기는 광저우의 품명(品茗) 풍조는 청대 이래로 매우 성행하였다.

| 광저우[廣州]의 궁푸차[功夫茶] 모습

광저우에서는 찻집을 '다루(茶樓)'라고 부른다. 이것은 청대 광서(光緒) 연간에 세운 고급 찻집 '삼원루(三元樓)'에서 비롯되었다. 건물의 높이가 4층으로, 당시로는 최고층 건물에 속했다. 이곳의 벽은 휘황찬란한 금색으로 장식하여 우아하고 호화스러웠다. 이때부터 사람들은 다실(茶室)을 다루(茶樓)라고 고쳐 부르기 시작하였고, 차 마시는 행위를 가리켜 다루에 간다는 뜻의 '상차러우[上茶樓]'라고 했다. 이어서 '도도거(陶陶居)', '육우거(陸羽居)', '천연거(天然居)' 등의 새로운 이름을 가진 찻집이 속속 등장하면서 광저우 사람들은 다루를 또 '다거(茶居)'라고 부르기도 하였다. 그 가운데 '이리관(二厘館)'은 청나라 말의 유명한 다루였다. 이곳의 찻값이 한 사람당 이리(二厘)52씩이라고 해서 붙은 이름이니, 삼원루와는 대비되는 서민적인 찻집인 셈이다. 이리관에서는 보통 석만(石灣) 지역에서 만든 투박한 '녹유호(綠釉壺)'를 사용하여 차를 우려 마시는데, 다양하고 저렴한 다과들도 함께 제공되었다.

이렇게 찻집의 경쟁이 점점 치열해지면서 획기적이고 독특한 풍격을 지닌 곳들도 많이 등장하였다. '반계다촌(泮溪茶村)'이란 찻집은 연못가에 배 모양의 건물을 짓고 화랑을 겸하였다. '서원차루(西苑茶樓)'는 또 돌을 쌓아 가산(假山)을 만들어 그윽한 운치를 자아내기도 했다. 찻집의 메뉴로 승부하는 찻집도 있었으니, 청나라 말에 육우거(陸羽居)는 유명한 딤섬[點心] 요리사 곽흥수(郭興首)가 개발한 '성기미점(星期美點)' 식단으로 큰 인기를 끌었다. 이 식단은 매주 새로운 음식을 내놓는 것으로, 요즘으로 말하자면 '주별 테마 식단표'라고 할 수 있겠다.

근년에 광저우의 찻집은 많은 변화가 생겼다. 단순하게 차를 파는

---

52 리(厘)는 청대의 화폐단위로 일리(一厘)는 천 분의 일원(一元)이다.

중국인의 생활문화

데 그치지 않고 술자리까지 함께 할 수 있도록 확대 발전되었다. 찻집의 본질을 벗어나 상업적 이윤추구로 기울고 있는 것이다. 그래도 광저우의 조차(早茶) 문화는 여전하다. 광둥 사람들은 아침에 차와 함께 식사를 하는데, 이를 '츠짜오차[吃早茶: 아침 차를 먹는다]'라고 한다. 조차는 차와 함께 갖가지 딤섬을 즐기는 광둥식 아침식사이다.

광저우에서는 차를 마시는 의식, 즉 '궁푸차[功夫茶]'도 매우 중요시 한다. 광둥성의 궁푸차로는 차오저우[潮州]와 산더우[汕斗] 지역에서 유행하는 차오산궁푸차[潮汕功夫茶]가 가장 유명한데, 이를 또 차오산차다오[潮汕茶道]라고도 한다. 차오산궁푸차[潮汕功夫茶]는 보통 주객 네 사람이 마시는데, 차를 붓고 따르는 일은 주인이 한다. 그 과정을 보면 먼저 다구를 준비한다. 감 한 개 정도 크기의 작은 차 주전자와 작은 곶감 크기의 찻잔 네 개를 다지(茶池)라고 부르는 다반(茶盤) 위에 놓는다. 이 다구들은 보통 자사(紫沙)로 만들며, 값도 매우 비싸다. 그리고 다예(茶藝)를 펼치는데, 일반적인 차오산[潮汕] 다예는 열 가지 솜씨로 이루어진다. 물 끓이는 과정의 불의 강약조절 솜씨, 물이 금방 끓어오를 때 물을 사용하는 솜씨, 물의 선택과 사용 솜씨, 차의 선택 솜씨, 차를 주전자에 담는 솜씨, 찻잔을 데우는 솜씨, 차 주전자를 데우는 솜씨, 높은 거리에서 물을 주전자에 붓고 낮게 드리워 찻잔에 차를 붓는 솜씨, 주전자 덮개로 잡질(雜質)을 제거하는 솜씨, 찻잎 위에 물을 두 번째로 부을 때의 솜씨 등이다. 손님들이 자리에 앉으면 주인은 찻잎을 주전자에 담기 시작한다. 작은 주전자의 7할 정도 되게 찻잎을 담아 넣는다. 다음에 끓인 물을 부으면 찻잎이 부풀어 올라 주전자를 가득 채운다. 주전자의 찻물을 찻잔에 붓는데 이것은 마시지 않고 다지(茶池)에 붓는다. 이를 세다(洗茶) 또는 '개다(開茶)'

라고 한다. 두 번째로 주전자에 물을 조금 부어 엄지손가락으로 뚜껑을 누르고 나머지 네 손가락은 주전자 밑을 받쳐서 잔에 골고루 붓는다. 가득 채우지 않고 7할 가량 채운다. 차를 다 따른 후 주인은 두 손으로 연령에 따라 차례로 손님에게 올린다. 차를 마시는 방법도 있다. 꿀꺽 삼켜버리지 말고 차를 입안에서 한 바퀴 돌려 차향을 충분히 음미한다. 마신 후에는 빈 잔을 주인을 향해 내보여 주인의 호의에 대한 감사와 기술에 대한 찬미의 뜻을 표한다.

4) 베이징[北京]의 찻집과 라오서차관[老舍茶館]

베이징은 원대(元代) 이래로 줄곧 정치의 중심지였으므로 고급 찻집이 많다. 과거 황실 귀족이나 관료는 물론 요즘의 유명 인사나 정치인들도 자주 드나드는 곳이 베이징의 찻집이다. 찻집에서는 다양한 차를 준비함은 물론 장기나 바둑, 수수께끼 책자 등도 비치하고 있다. 북경인들은 대체로 화차(花茶)를 좋아하며, 다관에 올 때 자신이 마실 차를 직접 가지고 와서 마시는 습관이 있다. 이 경우 다관에서는 뜨거운 물만 제공하고, 물 값만 받는다.

규모가 큰 찻집에서는 희대(戲台)도 갖추고 있어서 경극(京劇), 평서(評書), 대고(大鼓) 등의 곡예를 공연하기도 한다. 수많은 곡예(曲藝) 배우들이 처음에는 이러한 찻집에서부터 명성을 쌓았다. 청나라 말 베이징에는 곡예를 공연하는 소위 '서다관(書茶館)'[53]이 60여 곳이나 되었고, 지금도 공연을 겸하는 다예관(茶藝館)이 170여 곳이나 된다고

---

53 평서(評書) 공연을 주로 하는 찻집을 말한다. 평서는 청대부터 베이징을 비롯한 북방지역에서 주로 유행한 곡예이다.

한다. 앞서 언급했듯이 과거 베이징에서는 '희원'을 '다원(茶園)'이라고
도 불렀으니, 길상다원(吉祥茶園), 천락다원(天樂茶院) 등이 대표적인 곳
들이었다.

| 베이징[北京]의 라오서차관[老舍茶館]

베이징의 전통 찻집으로는 라오서차관[老舍茶馆], 후광후이관차
러우[湖广会馆茶楼], 톈차오러차위안[天桥乐茶园] 등이 대표적이다.
특히 톈안먼[天安門] 광장 맞은편에 위치한 라오서차관은 북경의 특
색이 가장 짙은 찻집 가운데 하나이다. 라오베이징[老北京] 차관의 수
십 년 흥망사를 기록한 라오서[老舍]의 화극(話劇) 『차관(茶馆)』의 이름
을 빈 것이다. 이 차관은 총 3층의 건물에 서다관(書茶館), 찬다관(餐茶
館), 다예관(茶藝館) 등으로 구성된 다기능 종합성 찻집이어서 내국인
뿐 아니라 외국인들도 즐겨 찾는 곳이다. 내부의 기둥과 격자창, 벽면
등에는 명인의 글과 그림이 가득하고, 실내에는 화려한 궁등(宮燈)에
다 궁정풍의 탁자와 의자를 갖추고 있다. 한쪽 주랑(走廊)에는 아좌(雅
座)가 있고, 중간 당구(堂口)에는 36개의 홍목팔선탁(紅木八仙桌)이 늘

어서 있으며, 앞에는 작은 무대가 있다. 이곳의 남녀 종업원은 각각 장삼(長衫)과 치파오[旗袍]를 입고 서비스한다. 따라서 분위기가 고아(高雅)하며, 전통 경미다관(京味茶館)의 특징을 잘 보여주고 있다. 무대에서는 베이징친수[北京琴书], 징윈다구[京韵大鼓], 커우지[口技], 민웨[民乐], 콰이반[快板] 등의 곡예를 공연한다.

이외에 베이징에는 차 사업과 교육을 중점으로 하는 현대풍 찻집 우푸차이관[五福茶艺馆]이 있으며, 또 종합적 성격의 밍후이차위안[明慧茶院], 바이차오위안차이관[百草园茶艺馆], 샤오샤오차이관[小小茶艺馆] 등도 유명하다.

제4장

중국인의
정신문화

중국의 민간신앙

앞서 다룬 음식, 술, 차 등이 인간의 육체를 중심으로 한 생활문화라면 대중의 민간신앙이나 대중 사회에서 공유하는 여러 가지 상징들은 정신문화에 속한다고 하겠다. 이 장에서는 이러한 중국인의 정신문화를 민간신앙, 중국의 민간 신, 중국인이 좋아하는 재신(財神), 중국의 숫자 문화, 중국의 색채상징 등으로 나누어 살펴본다.

자연에 대한 두려움과 경외심은 인류에게 초자연적인 힘을 가진 존재를 믿게 하였고, 그로 인해 원시적인 신앙체계가 생겨났다. '과학적'인 종교체계를 갖추지 못한 채 전승되고 있는 이러한 신앙체계를 민간신앙이라고 한다. 여기서 과학적이라 함은 현재까지 깨어지지 않은 이론 체계 혹은 논리를 일컫는 것으로, 역으로 말하면 새로운 체계나 논리로써 언젠가는 깨어질 수 있다는 의미이기도 하다. 어쨌든 일반적으로 종교가 교조, 교리, 의례, 교단 같은 체계적인 체제를 갖추었다면 민간신앙은 교조가 없는 자연발생적 종교현상으로서, 교리도 애매하고 교단조직도 미미하거나 전혀 없으며, 조직적인 활동도 없는 신앙 현상을 말한다. 민간신앙은 주로 생활공동체를 바탕으로 하므로 생활과 밀접한 관련이 있으며, 유구한 역사 속에서 대중에 의해 형성되기 때문에 민족성이 강하고 쉽게 변하지 않는 특징을 가지고 있다.

이러한 민간신앙은 중국의 전통종교들과 끊임없이 상관관계를 유지하며 오늘날까지 이어져 오고 있다. 민간신앙의 대상물은 매우 다양하지만 크게 자연물 신앙과 영웅 신앙으로 나뉜다. 전자는 나무, 바위 등 일상적인 것과 구별되고 쉽게 소멸하지 않는 영원성을 지니는 것들을 대상으로 삼으며, 후자는 옛날 임금이나 성현, 장군 등을 그 대상으로 하고 있다. 중국에서 공식적으로 인정하는 종교는 불교, 도교, 이슬람교, 개신교, 천주교 등이며, 민간신앙은 미신(迷信)으로 제외되었다.[01] 유교는 종교가 아니라 중국의 전통적 이념으로서 종법예교(宗法禮敎)이자 윤리 관념이라고 본다. 이것은 20세기 초 양계초(梁啓超)가 신앙을 정신(正信)과 미신(迷信)으로 나눈 것과 그 기본입장이 같다. 또한 신앙이란 과학문화가 완전해질 때까지 잠정적으로만 필요한 것이라는 입장에서도 같다.

1. 중국 민간신앙의 발생

중국인들은 종교적 편견 없는 합리적인 민족이나 영혼이나 신은 어디에나 있으며, 평소에 눈에 보이지 않는다고 해도 실재하는 것으로 생각했다. 초자연세계의 존재들로 구성된 민간신앙은 다신교적이며, 민간신앙의 영적 세계는 인간계의 사회구성을 반영하고 있다. 중국의 민간신앙은 다양한 신앙에 뿌리를 두고 있을 뿐 아니라 유

---

01   박종우, 『중국 종교의 역사 - 도교에서 파룬궁까지』, 살림출판사, 2006.

(儒), 불(佛), 도(道)로 대표되는 전통신앙과 적절히 융합되고 절충하며 발전해왔다. 최소한 주(周)나라 때부터 조상신을 비롯한 다양한 신을 숭배했고, 국가 영토가 점점 더 확장되어가는 과정에서 주변부의 많은 종교 요소를 민간신앙에서 흡수했다.

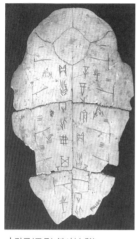

| 갑골(甲骨) 복사(卜辭)

민간신앙은 일종의 매우 복잡한 사회문화 현상이다. 사람들의 자발적인 기복신앙에서부터 일정한 의식을 통하여 초자연적인 힘이 존재한다고 믿게 하는 사회적 장치이기도 하다. 은대(殷代)의 갑골(甲骨) 점복(占卜)은 그 초기 형태이다. 이것은 오로지 임금의 의식과 정치적 목적을 위해 실시되었으므로 대개 궁전에서 거행되었고, 왕이 직접 감독하였으며, 무당을 포함한 모든 신하들이 참석하였다. 천지(天地)와 소통하는 재료였던 갑골은 당시에 매우 귀한 것이었다. 세밀히 손질하고 정성껏 바람에 말린 갑골에 송곳으로 구멍을 뚫고는 불로 그 구멍에 열을 가하면 하늘거리는 실 모양의 균열이 생긴다. 그 균열에 대한 해석이 당시의 물음에 대한 하늘의 회답인 것이다. 이러한 해석은 복관(卜官)이 하는 경우도 있으나 임금이 직접 해석하기도 한다. 점복이 끝난 뒤 어떤 때는 균열 옆에 처음에 제기했던 문제들을 새겨놓기도 하고, 때로는 점복을 통해 얻어낸 회답을 새겨놓는다. 이러한 복사(卜辭)를 통해 은나라의 왕들은 축성(築城), 정벌, 사냥, 순시, 제전(祭典) 등 중요한 일이 있을 때마다 하늘의 허락을 구했다.

초사(楚辭) 역시 민간신앙의 요소를 잘 보여주는 문학 장르 가운데 하나이다. 『시경(詩經)』이 중국문학의 시조로서, 북방 문학을 대표한다면 초사는 남방 문학을 대표한다. 초사에는 초나라의 민간신앙을 담고 있는 작품이 많은데, 그 가운데 「초혼(招魂)」은 전국시대 초나라에서 거행되었던 초혼의식의 내용을 보여주는 가사(歌辭)로 보인다. 이 작품에는 "혼이여 돌아오라(魂兮歸來)"라는 구절이 반복적으로 나타나는데, 당시 초나라 사람들의 영혼관과 우주관을 살필 수 있다.[02]

중국 고대 봉건사회가 가족과 영지라는 두 기반 위에서 유지되었듯이 신앙도 조상 숭배와 토지신 숭배를 토대로 삼았다. 이러한 토지신과 조상 숭배는 모두 집단적이고 공식적인 의례이다. 그 후 차츰 개인을 위한 기복이 생겨나 영매(靈媒)나 주의(呪醫), 방상(方相), 무당(巫堂) 등 특별한 매개자를 개인적으로 찾게 되었다. 주나라 말에 이르면 이러한 의례가 더이상 위정자만의 일은 아니었다. 오히려 모든 사람이 각자의 개인적 일로 생각했다. 각 개인은 이승과 저승에서 개인적 행복을 얻기 위해 신과 접촉하기 시작했다. 이런 일련의 과정에서 기복을 위한 다양한 민간의 신들이 출현하여 민간신앙을 형성하게 되었다.

이처럼 중국의 민간신앙은 다신 숭배로서, 유도불(儒道佛)의 전통신앙은 물론, 천신(天神), 사직신(社稷神), 자연신, 조상신, 민간신 등을 포괄하며, 점복(占卜), 제혼(祭魂), 명상(命相), 풍수(風水), 택길(擇吉), 소지(燒紙), 분향(焚香), 공봉(供奉), 금기(禁忌), 구살(驅煞), 통경(通經), 부주(符

---

02 중국의 종교 전통에서 영혼에 해당하는 용어인 혼(魂)과 백(魄)은 문자상으로 귀(鬼)에서 파생된 글자이며, 혼백사상은 음양설(陰陽說)의 영향으로 양의 특성을 띠는 혼, 음의 특성을 띠는 백의 두 요소로써 영혼을 구분한 것이다. 그리고 죽음이란 이러한 혼과 백이 분리되는 현상을 의미하였고, 죽은 후 인간의 혼은 하늘로 돌아가고 백은 땅으로 돌아간다고 믿었다. 이러한 혼백사상의 확립과 더불어 사후에 몸을 떠나는 혼을 부르는 관습이 전국시대에 이미 곳곳에서 발견되고 있다. 그 가운데 초나라의 무(巫) 신앙이 가장 성행하고 유명하였다.

중국인의 생활문화

呪) 등의 다양한 방법으로 각양각색의 신령을 숭배하거나 조상에 대한 제사를 올린다.

민간신앙은 크게 자연숭배, 토템숭배, 조상숭배로 나눌 수 있다. 자연숭배는 자연물과 자연현상에 대한 숭배를 말하는 것으로, 일월(日月)과 성신(星辰), 풍우(風雨)와 뇌전(雷電), 산림(山林)과 수목(樹木), 강하(江河)와 호해(湖海) 등 자연에 대한 신앙이다. 일월에 대한 숭배는 세계 각 민족에게 보이는 보편적인 신앙이고, 대지에 대한 숭배는 가장 많이 경배하는 사신(社神), 즉 토지신에 대한 숭배로 표현된다. 토템숭배 역시 매우 보편적인 민간신앙으로서, 숭배 대상은 각각의 씨족과 혈연관계를 맺고 있다고 믿는 존재들이다. 조상숭배는 귀신 관념에서 발전되어 온 것으로, 사실상 토템숭배에 포함할 수 있지만 조상의 영혼에 대한 경배로부터 출발했다는 것이 다른 점이다.

2. 도교와 민간신앙

중국의 전통종교 가운데 그 뿌리가 민간신앙에 닿아 있고, 현재까지도 민간신앙의 모습이 가장 두드러진 것이 도교이다. 도교에 전통과 민간이라는 두 성격이 공존하는 것은 도교가 유교와 대응하는 비중원(非中原)적 문화양식의 결집체이기 때문이다. 중국의 중원(中原)에서는 일찍부터 합리주의적, 인문주의적 관념이 발전하여 유교라는 가장 중국적인 사상체계가 출현하여 발전하였다. 이에 반해 중원과 이웃한 다른 지역, 예컨대 장강(長江) 유역과 강남지역, 발해(渤海) 연안 지역, 파촉(巴蜀) 지역 등에서는 신비주의적, 초월적 관념과 무속이 계속 유지되거나 발전하였다. 특히 장강 유역과 강남지역, 즉

초(楚) 지역에서는 도가(道家)라고 하는 형이상학적 우주론과 초세간적 인생철학이 발전했고, 중원의 동쪽과 동북, 즉 발해 연안에서는 신선사상이 발전하였으며, 비한족계 종족들의 집거지역인 파촉(巴蜀) 등 장강 유역에서는 무술(巫術)이 발전하였다.

이러한 신비주의적 의식과 사상들이 이들 지역에서 발생하고 발전한 것은 광활한 황토 평원의 중원과는 본질적으로 다른 지리적 자연환경에 기인하였다. 심산대택(深山大澤)과 밀림으로 뒤덮여 있는 남방에서는 대자연의 웅후하고 예측 불가능한 힘이 인간에게 신비적 의식을 불러일으켰으며, 풍요로운 물산과 온화한 기온은 여유 있고 자유로운 정신을 키워주었다. 큰 바닷가에 사는 동방인들은 불로장생이라는 인간의 본능적 희구를 수평선 너머에 있는 미지의 세계에 심을 수 있었다.

이처럼 특수한 자연환경에서 성장한 신선사상과 도가사상, 그리고 무격(巫覡)신앙 등은 중원의 음양오행사상 등과 더불어 신비주의라는 하나의 공통분모를 갖고 있었다. 이러한 제 지역의 신비주의적 경향은 중원에서 발생, 성장한 유교문화와 정면으로 배치되었다. 동한(東漢)시대부터 유행한 중원의 음양오행사상과 초(楚) 지역에서 발생한 도가사상, 해안 지역에서 발전한 신선사상, 그리고 파촉 등 장강 유역에서 유지되어온 무격신앙 등의 신비주의적 제 요소들이 하나의 문화체계로 통합되면서 도교를 형성하게 된 것이다.

이처럼 도교는 유교와 마찬가지로 중국인 고유의 사상과 신앙을 체계화시킨 것이다. 유교와 도교는 중국 전통문화의 양대 지주이자 중국 고유의 문화복합체이다. 양자를 대비해 보면, 전자는 국가나 왕조를 기반으로 한 관료와 지식인의 입장에서 나온 교학이고, 후자는 농민과 일반 민중의 자발적이고 기복적인 신앙이다. 도교 자체로 보면 조직 체계나 내용을 가진 도교를 '성립(成立)도교' 혹은 '교단(敎團)도교'라고 부르며, 민중 사이에서 자연적으로 행해지고 있었던 모든 도교적 신앙과 행위를 '민중도교' 혹은 '민간도교'라고 지칭한다.

성립도교에는 체계적인 정전(正典)이 있다. 도교가 종교적으로나 정치적으로나 절정기에 이르렀던 시기는 동한 무렵이다. 교의(敎義)에 기초하여 특수한 교단을 조직한 최초의 예는 동한(25~220) 말 장각(張角)의 '태평도(太平道)'와 삼장(三張)으로 불리는 장릉(張陵), 장형(張衡), 장노(張魯)의 '오두미도(五斗米道)'이다.

태평도란 이름 그대로 왕과 제후, 지주와 호족, 관료들에게 착취당하고 억압받던 대중들이 마침내 '태평'한 생활을 되찾기 위해 결연히 일으킨 종교적, 정치적 단체이다. 그 지도자는 장각이고, 중심 경전은 『태평경(太平經)』이다. 한편, 거의 비슷한 시기에 같은 목적으로 중국 대륙 서쪽의 파(巴), 촉(蜀), 한중(漢中) 등 쓰촨[四川] 일대로부터 산시성[陝西省] 남부 일대에 걸쳐 오두미도라는 종교결사운동이 일어났다. 제창자는 장릉(張陵)으로 아들인 형(衡), 손자인 로(魯)와 함께 3대에 걸쳐 그 지방 일대에 큰 종교왕국을 건설했다. 이 교단의 중심 경전은 『노자상이주(老子想爾注)』이다. 양자 모두 도(道)를 중심사상으로 하여 각자의 다양한 수행방법과 계율을 만들었다.

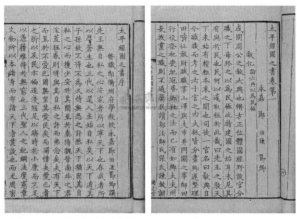

| 태평도(太平道)의 중심 경전 『태평경(太平經)』

　　이러한 태평도와 오두미도가 도교 성립의 모태가 되었다. 더구나 두 교단은 그 성립시기부터 경전을 갖고 출발했으니, 이것이 도교가 전통종교로서 인정받을 수 있었던 주요 근거가 되었다. 도교의 모든 경전은 『도장(道藏)』에 수록되어 있는데, 오늘날 전해지는 것은 명대(明代)의 판본으로 총 5,485권이다.

　　도교에는 또 신앙의 주체가 상층계급인 경우도 있었으니, 바로 『포박자(抱朴子)』로 대표되는 신앙이다. 이 신앙은 민중 속에 뿌리를 내린 것이기는 하지만 방법론적으로는 귀족계층이 신앙의 중심이라고 할 수 있다. 『포박자』의 저자 갈홍(葛洪: 283~343)은 선(仙)을 도교의 중심으로 끌어들인 사람이다. 고대의 신선사상이 그에 의해 도교학의 중심 위치를 차지하게 된 것이다.

| 도교에 신선 사상을 끌어들인 갈홍(葛洪)

　『포박자』이후, 도교의 경전에 무당이 들어간 경우도 많았다. 그 대
표적인 예가 상청파(上淸派)이다. 모산파(茅山派)로도 불리는 이 파는 4
세기 초 장쑤성[江蘇省]의 모산(茅山)을 본거지로 하여 성립된 도교(道
敎)의 한 파이다. 이 교파는 진(晉) 흥녕(興寧) 3년(365)에 남악위부인(南
岳魏夫人)으로 불리는 위화존(魏華存)이라는 영무(靈巫)가 개조이다.

　이처럼 도교에 신선사상이나 무격신앙이 섞여 들어간 것은 도교
의 민간신앙적 포용성을 설명하는 예라 할 것이다. 도교의 근본은 노
자나 장자가 주장하는 것과 같이 정신적 초월에 있지 않고, 오히려 현
실세계에 살면서 더 나은 삶을 영위하고자 하는 사람들의 심리적 욕
망과 현실적인 여러 문제들을 해결하려는데 있었다. 이것이 광범위한
계층을 망라하면서 거의 모든 영역에 이르기까지 영향력을 발휘할
수 있었던 이유이다. 도교의 만신전(萬神殿)은 갖가지 종류의 신과 영

혼들로 뒤섞여 있다. 이는 전적으로 중국에서 전통적으로 계승된 민간신앙의 영향이라 할 수 있다.

3. 중국 민간신앙의 특징

중국인이 사는 곳에는 어디라도 다양한 신들을 모시는 사원이 있다. 중국 대륙의 민간신앙은 문화대혁명 기간에 봉건미신으로 낙인 찍혀 크게 쇠퇴했다가 개혁기에 접어들어 문화적 통제가 느슨해지면서 도처에서 부활했다. 중국 민간신앙에서 초자연적 세계를 구성하는 가장 기본적인 요소는 귀(鬼)와 신(神)이다. 인간이 죽으면 그 영혼을 구성하는 혼(魂)과 백(魄)은 따로 떨어지게 되는데, 하늘로 간 혼은 신이 되고, 땅으로 간 백은 귀가 된다. 그러나 일반 사람들은 보통 사람이 죽으면 귀가 되고, 오로지 특별한 공적을 세운 사람만이 신이 될 수 있다고 생각했다.

중국인들에게는 귀신도 매우 현세적인 존재이다. 귀신도 산 사람과 마찬가지로 음식, 돈, 집 등이 필요하다고 여긴다. 제사를 지낼 때 조상에게 음식을 차려준다든지, 장례식에서 종이돈과 종이로 만든 말, 가마, 집 등을 태우는 풍습은 저승에서도 그런 것들이 필요하다는 믿음에 근거해 있다. 현실 세계에서 관리에게 뇌물을 바치는 것처럼, 저승에서도 관리들에게 뇌물을 주는 일은 피할 수 없다고 믿기 때문에 중국인들은 죽은 사람을 위해 종이돈을 태워 보내준다. 귀신들 세계에도 현실처럼 관리, 경찰, 군인, 거지, 불한당 등이 있고 나쁜 귀신과 좋은 귀신이 있다. 귀신들 간의 관계를 보면, 현실의 관료체계가 그대로 반영되어 있음을 알 수 있다. 저승을 그린 그림에는 중앙 정부

중국인의 생활문화

관료나 지방 관청 관리의 모습을 한 존재들이 죽은 사람을 심판하고 처벌하는 장면이 묘사되어 있다. 또 귀신들은 현실과 마찬가지로 중앙집권적인 위계구조 속에 묶여 있다. 정점에는 황제의 모습을 한 옥황상제가 있고, 그 밑으로 각지를 순회하고 그 결과를 중앙에 보고하는 신들과 도시를 관장하는 성황신(城隍神), 토지신(土地神)들의 직계상사인 상제공(上帝公), 일정 지역을 관장하는 토지신(土地神), 그리고 각 가정의 부엌신인 조왕(竈王) 등이 있다.

중국인들은 또 현세에 살았던 영웅을 신으로 섬기는 전통이 있다. 고대 중국의 신화에 나오는 염제(炎帝)나 우(禹)임금 등은 인간 세상에서 커다란 공적을 쌓아 신의 반열에 오른 존재들이다. 중화권에서 널리 숭배되는 관제(關帝)는 『삼국지(三國志)』의 영웅이자 실존 인물인 관우(關羽)의 신격이다. 그 밖에, 명대(明代) 한림원 학사였던 진유백(秦裕伯)처럼 위업을 쌓은 관리 가운데 신격화되어 도시의 수호신이 된 영웅들도 적지 않다. 최근 중국 대륙에서 사람들이 마오쩌둥[毛澤東]을 비롯한 유명 혁명가들의 사진을 자동차에 걸고 다니는 것도 이와 같은 전통의 연장선에서 이해할 수 있다. 그것은 혁명 영웅들에 대한 단순한 존경심을 넘어 일종의 신앙에 가깝다고 하겠다. 거기에는 사진 속의 영웅이 교통사고로부터 자신들을 지켜줄 것이라는 믿음이 투사되어 있다.

중국 민간신앙의 또 다른 특징으로는 포용적 다신성(多神性)을 들 수 있다. 한 공간에 인간에게 복을 주는 온갖 신들을 모셔놓는 것은 중국에서 매우 자연스러운 일이다. 여러 신들이 가지고 있는 구체적인 효능을 자신들이 누릴 수 있다면 그것으로 충분하다. 원대(元代)에 융성했던 북경(北京)의 백운관(白雲觀)이라는 도관에는 지금도 195위의 신들이 모셔져 있다. 이 신들의 탄신일에는 각 신의 성격에 따른 독특한 제사가 성대하게 치러졌다. 사실 도교에는 탄신일 외에도 여러 기념일이 있어서 거의 매일 제사를 지낸다고 해도 과언이 아니다. 타이완 타이베이의 유명한 불교사원 용산사(龍山寺)도 그러하다. 정전에는 관세음보살, 문수보살, 보현보살, 십팔나한 등 불교의 신들이 있고, 후전에는 문창제군(文昌帝君), 마조(媽祖), 성황신(城隍神), 관제(關帝), 화타(華佗)를 비롯한 거의 스물에 가까운 신이 모셔져 있다. 이처럼 완전히 다른 신앙체계에 속해 있는 신들을 한 자리에 모시는 것이 우리에게는 낯설고 당혹스럽지만 중국인들에게는 전혀 이상할 것이 없다. 여러 신을 모신 사원에 가서 자신이 숭배하는 신에게 향불을 피우며 참배하는 중국인의 모습은 매우 흔하게 볼 수 있는 광경이다.

특히 민간신앙과의 관련성이 큰 도교 사원들은 불교의 보살, 유교의 성인, 지역 토지신, 그리고 도교 전통에서 유래한 잡다한 신들을 함께 모시고 있는 경우가 많다. 민간에서 인기가 높은 관음이나 관제, 마조 등도 자주 볼 수 있다. 불교 사원 역시 정도가 조금 덜하기는 하지만 종종 관제처럼 민간신앙의 대상이 되는 신들을 함께 모신다.

중국의 민간 신

　　중국인들은 자칭 불교나 도교 신자가 많지만 중국에서 불교와 도교의 구분은 불명확하며 혼재되어 있다. 일반 대중들은 불교나 도교의 교리도 잘 모르며, 심지어 자신이 섬기는 신이 불교의 신인지 도교의 신인지도 모르거나 관심도 없다. 민간신앙에는 통일된 교리나 경전이 없기 때문이다.

　　중국 민간의 여러 신들은 국가적 혹은 종교적 신과 상호 영향 하에 형성된 것이다. 천상계에 살고 있는 모든 신들은 각기 나름대로의 역할을 가지고 있다. 그들의 직책은 고대 중국의 관료제도를 그대로 천상으로 옮겨놓은 것으로, 지상의 인간들처럼 인사이동은 물론 전근이나 좌천도 있으며, 시대의 변화에 따라 최고신도 바뀌는 재미있는 현상을 보여준다.

1. 창조신

1) 원시천존(元始天尊)과 반고진인(盤古眞人)

　이 세상이 시작되기 전, 즉 우주가 아직 모습을 갖고 있지 않았을 때 생명의 원동력 '기(氣)'에 의해 태어난 것이 바로 최고신인 원시천존이다. 최고신은 과거와 현재, 그리고 미래에도 존재하는 영원한 생명을 가진 존재다. 원시천존이 탄생함으로써 비로소 모든 사물들은 이름과 실체를 부여받게 되었다. 그리고 수많은 도교의 신들 역시 그 영향 하에 탄생하게 되었다고 본다.

　도교 교리에 따르면 천상세계가 36층으로 나누어져 있으며, 원시천존은 그 가장 높은 천상계인 대라천(大羅天)에 살고 있다. 옥경(玉京)이라고도 불리는 그곳에는 지상을 가득 채우고도 남을 만큼 많은 황금과 보석이 있으며, 사자와 기린 같은 서조(瑞兆)의 상징인 영수(靈獸)가 뛰어논다.

| 원시천존(元始天尊)

일설에는 우주가 아직 혼돈(混沌)에 빠져 있어서 별도 없고 하늘과 땅의 경계도 없을 때, 반고진인(盤古眞人)이라는 신이 나타나 스스로 원시천존이라 불렀다고 한다. 이때부터 4겁(劫), 즉 우주의 성립에서부터 멸망에 이르는 시간이 네 번 지나가서 천지가 나뉘고, 거기서 또 2겁의 시간이 흘러 태원옥녀(太元玉女)라는 여신이 나타났다. 이 두 신이 결혼해서 천황(天皇)을 낳았고, 천황은 다시 지황(地皇)을 낳았으며, 지황은 인황(人皇)을 낳았다. 따라서 이 반고진인이 도교에서 말하는 천지를 창조한 최고의 신 원시천존인 것이다.

　고대 중국에는 반고(盤古)의 천지창조에 관한 이야기가 널리 퍼져 있었다. 당초 하늘과 땅은 달걀처럼 생긴 혼돈(混沌)이었다. 반고는 그 속에서 양청(陽淸: 알의 밝은 부분으로 하늘)은 두 손으로 쳐들고 음탁(陰濁: 알의 누런 부분으로 땅)은 발로 밟아 눌러 천지를 개벽시켰다. 반고의 키가 자라면서 하늘과 땅의 거리가 9만 리까지 멀어졌을 때 반고는 마침내 기운이 다하여 쓰러졌다. 이때 거대한 육신이 해체되면서 이 세계를 구성했다. 그의 머리와 팔다리는 오악(五岳)으로 변했고, 피와 눈물은 강과 하천이 되었으며, 눈은 해와 달이 되었다. 피부와 털은 풀과 나무로, 치아와 뼈는 금속과 돌로, 그리고 땀은 비가 되었다. 그의 입김은 비바람으로 변했고, 음성은 천둥이 되었으며, 눈빛은 번개와 벼락이 되었다. 그가 눈을 뜨고 있으면 낮이었고, 눈을 감으면 밤이 되었다. 입을 열면 봄, 여름이 되었고, 입을 다물면 가을, 겨울이었다. 기분이 좋으면 날이 맑았고, 화를 내면 날이 흐렸다. 마침내 천지가 창조된 것이다.

| 천지를 개벽하는 반고(盤古)

　원시천존이든 반고든 천지창조에 관한 이야기는 매우 철학적이어서 민중들이 큰 관심을 두지 않았다. 그렇지만 인간 세상과 관련된 이야기는 민중들 사이에 광범위하게 퍼져있다. 언젠가 원시천존이 많은 신과 신선들을 이끌고 우주 각처를 순시한 적이 있었다. 도교의 신들을 받들며 평화롭게 살아가는 어느 나라를 보고서 원시천존이 열 가지 계율을 전수했다고 한다. 첫째, 부모나 스승, 윗사람에게 대들거나 불효하지 말 것. 둘째, 살생이나 모든 것의 생명을 다치게 하지 말 것. 셋째, 군주에게 반역하거나 국가에 해를 끼치지 말 것. 넷째, 친척은 물론, 혈연관계가 없는 여성이라도 간음하지 말 것. 다섯째, 도교에 대해 비난하거나 가르침을 타인에게 누설하지 말 것. 여섯째, 제단을 더럽히거나 제단 앞에서 단정치 못한 복장을 하지 말 것. 일곱째, 고아와 궁핍한 사람을 속이거나 타인의 재산을 빼앗지 말 것. 여덟째, 술에 취하지 말고, 남을 험담하거나 한입으로 두말하지 말 것. 아홉째,

　　　　　　　　　　　　　　중국인의 생활문화

해와 달, 별 아래서 벗거나 노인이나 환자를 버리지 말 것. 열째, 거만하게 굴거나 악한 행동을 하지 말고, 큰 이익은 자랑하지 말 것[03] 등이다. 이것은 마치 기독교의 십계명과 유사하다. 지금 관점에서는 다소 유치해보이기도 하지만 약육강식이 정의로 통하던 고대 사회에서는 사회질서 유지를 위한 큰 계율이었을 것이다.

2) 태상노군(太上老君)

| 태상노군[太上老君]

태상노군은 태상천존(太上天尊)이라고 하는데, 도가(道家)의 개조(開祖)인 노자(老子)로서, 본명은 이이(李耳)이다. 노자는 전국(戰國) 시대 초기에 살았던 철학자로서, 주(周) 왕실에서 장서를 관리하는 사관(史官)을 지냈다고 한다. 당시에 이미 명성이 났지만, 이름을 드러내지 않고 자신을 숨기며 살았다. 그는 자신이 몸담고 있는 주나라가 머지않아 쇠퇴할 것이라는 사실을 알고 홀연히 여행을 떠났다. 함곡관(函谷關: 당시 주나라의 서쪽 국경)을 지날 때 국경의 경비대장이었던 윤희(尹喜)의 질문을 받고 세

---

03   마노 다카야 저, 이만옥 역, 『도교의 신들』, 도서출판 들녘, 2007.

상과 도덕에 대한 자신의 생각이 담긴 5천 자 분량의 기록을 남겨놓았으니, 그것이 『도덕경(道德經)』이다. 그의 사상을 담은 이 책은 수세기 후에 큰 반향을 불러일으켰으며, 도교의 가장 중요한 경전으로 받아들여져 황제로부터 서민에 이르기까지 모든 중국인의 사상적 기반이 되었다.

노자 사상의 핵심은 '무위자연(無爲自然)'이다. 이 말은 만물의 근원은 무(無)이며, 무의 성격은 곧 자연으로, 사물에 부딪히거나 거스르지 않고 항상 높은 데서 낮은 데로 흐르는 물과 같아야 한다는 것이다. 바로 이것이 생명의 근원을 이루게 한다고 주장했다.

노자는 고대부터 현재에 이르기까지 서민에게 매우 인기가 높아서, 그와 관련된 많은 이야기가 전해오며, 소설의 등장인물이 되기도 했다. 예를 들면 『서유기(西遊記)』에는 너무 난폭해서 천계의 신들조차 손댈 수 없었던 손오공에게 벌을 주기도 하고, 나중에는 손오공의 좋은 상담자가 되기도 한다. 『신선전(神仙傳)』에 따르면, 노자는 원래 인간이 아니라 신선이었다. 노자는 그의 어머니가 유성(流星)을 보고 '기(氣)'를 느낀 순간 잉태되었다고 한다. 그리고 잉태된 지 72년째 되던 해에 노자를 낳았다. 게다가 태어날 때 어머니의 왼쪽 옆구리를 열고 나왔으며, 태어날 때부터 흰머리여서 '노자'로 불렸다고 한다.

도교 경전에 등장하는 노자 역시 일반적인 사람의 모습과는 다르다. 신장이 약 3m, 몸은 황색, 코는 새의 부리와 비슷하며, 눈썹의 길이는 17cm, 귀는 23cm나 되며, 거북으로 만든 침대에 길게 누워 있는데 몸에는 5색 구름이 휘감겨 있다. 황금과 보석으로 장식한 어전(御殿)에서 살며, 노자의 전후좌우에는 천계의 동서남북을 지키는 수호신인 청룡(靑龍), 백호(白虎), 주작(朱雀), 현무(玄武)가 호위하고, 머리

위에는 번개가 빛나고 있다고 한다.

노자와 관련된 이야기로는 화호설(化胡說)과 전생설(轉生說)도 전해진다. 화호설이란 노자가 호(胡: 여기서는 인도를 가리킴)에 가서 석가가 되었다는 설이다. 또 다른 이야기에는 석가에게 불교의 가르침을 전수해주었다고 한다. 노자는 스스로 자취를 감춘 후에도 여러 시대에 모습을 바꿔가며 출현하여 인간의 구원자가 되었다는 이야기도 널리 퍼져 있었는데, 이것이 바로 전생설이다. 삼황오제(三皇五帝) 이후 이름과 모습을 바꿔가며 대대로 황제의 스승이 되었다는 것이다. 예를 들면 복희(伏羲)에게 팔괘(八卦)를 가르쳐주었고, 신농(神農)에게는 대성자(大成子)라는 이름으로 나타나 백곡(百穀)과 백약(百藥)을 전해주었다고 한다. 또 축융(祝融)에게는 광수자(廣壽子)라는 이름으로 나타나 불의 사용법과 도기(陶器) 제작법을 가르쳐주었다고 한다. 이처럼 민중들은 노자가 시간을 초월하고 모습도 자유자재로 바꿀 수 있는 능력이 있어서 크고 중대한 모든 일의 근원에는 노자의 영향이 있었다고 믿고 있다.

공자(孔子)가 노자를 만난 적이 있다는 이야기도 전해진다. 후대의 학자들은 사실이 아니라고 보는 이도 많지만 『사기』에는 공자가 제자들에게 "새가 날고, 물고기가 헤엄치고, 동물이 달리는 것은 나도 잘 알고 있다. ……그러나 용에 대해서는 그다지 잘 알지 못한다. 용은 구름을 타고 하늘에 오른다고 하는데, 내가 오늘 만난 노자라는 분도 용과 같은 인물이었다."라고 말했다는 기록이 있다.

3) 영보천존(靈寶天尊)

| 영보천존[靈寶天尊]

영보천존은 우주의 시작인 혼돈을 상징하는 신이다. 혼돈이란 사물의 형상이 제대로 만들어져 있지 않은 상태, 또는 천지가 아직 나누어져 있지 않은 상태를 가리키지만, 도교에서는 오히려 이런 상태를 긍정적인 것으로 본다. 혼돈 상태야말로 세계의 모든 사물이 생겨나기 위한 근원이기 때문이다. 그러므로 혼돈이라는 말 대신 '태극(太極)'이라는 이름을 붙여 큰 의미를 부여한다.

영보천존은 양손에 우주의 원리인 태극을 상징하는 음양경(陰陽鏡)을 가진 모습으로 묘사되는 경우가 많다. 즉, 태극 그 자체를 구현한 것이 영보천존이다. 도관이나 사당의 본당에는 반드시 삼청상(三淸像) 또는 삼청도(三淸圖)가 있는데, 이들이 바로 도교의 3대 신이다. 중앙에는 원시천존(元始天尊), 왼쪽에는 태상천존(太上天尊: 노자), 그리고 오른쪽에는 영보천존이 자리 잡고 있다. 이 세 신을 가리켜 '삼청(三淸)'이라고 한다. 기독교의 삼위일체를 연상할 수 있으나, 실제로는 불교의 '삼신설(三身說)'[04]에서 유래한 것

04 사람은 법신(法身), 보신(報身), 그리고 응신(應身)으로 구성되어 있다는 논리이다. 법신은 마음을 말하고, 보신은 몸 가운데 눈에 보이지 않는 부분인 무위법(無爲法)을 말하며,

이다. 요컨대, 영보천존은 원시천존의 추상적인 분신, 또는 철학적인 화신이다. 영보천존이 서민들에게 그다지 친숙하지 않은 것도 이러한 추상적인 역할을 부여받았기 때문으로 보인다.

이에 비해 구체적이고 실천적인 역할을 맡고 있는 신은 왼쪽에 있는 태상노군, 즉 노자이다. 앞서 보았듯이 그는 서민들에게 누구보다 친근한 신일 뿐 아니라, 널리 알려져 있는 많은 이야기의 주인공이다. 이처럼 노자와 영보천존은 신들 간의 역할 분담에 따라 각기 다른 모습으로 형상화된 것이라 할 수 있다.

덧붙여 말하면, 이 삼청은 삼청경(三淸境)이라는 곳에 사는데, 옥청

응신은 몸 가운데 눈에 보이는 유위법(有爲法)을 말한다. 요컨대, 인간은 3중 구조로 되어 있다는 뜻이다. 천태종에도 '원융삼제(圓融三諦)'란 말이 있는데, 삼제(三諦)란 사람의 모습을 세 가지 관점에서 바라보는 것을 말한다. "겉으로 나타난 상(相)을 두고 말할 때는 가제(假諦), 즉 응신여래(應身如來)라 하고, 눈에 보이지 않는 상(相)을 두고 말할 때는 진제(眞諦) 또는 보신여래(報身如來)라 하며, 이 둘을 초월해 사람을 볼 때는 공제(空諦) 혹은 법신여래(法身如來)라고 한다."고 했다. 따라서 원융삼제(圓融三諦)란 가제와 진제, 공제가 하나처럼 돌아가는 도리를 말한다. 런던대학의 이론물리학 교수였던 데이비드 봄(David Bohm)은 인간을 육체(body)와 마음(mind)의 2중 구조인 동시에, 육체는 다시 눈에 보이는 질서(explicate order)와 숨겨진 질서(implicate order)로 되어 있기 때문에 결국 사람은 눈에 보이는 질서(explicate order), 숨겨진 질서(implicate order), 그리고 의식체(mind) 등의 3중 구조로 구성되어 있다고 했다. 미국의 양자 생물학자 글렌 라인(G. Rein)도 『양자 생물학』이라는 저술을 통해 사람은 3중 구조로 되어 있다고 주장했다. 눈에 보이는 물리적 구조(physical structure)와 육체 속에 부단히 흐르고 있는 에너지 구조(energy structure), 그리고 심적 구조(mind structure)의 3중 구조라는 것이다. 여기서 물리적 구조란 현대의학에서 말하는 육체와 동일한 것이며, 에너지 구조란 인체를 구성하는 장기 등에 존재하는 에너지 구조이다. 장기를 구성하는 조직에는 조직장(場), 조직을 구성하는 세포에는 세포장(場), 세포를 구성하는 분자에는 분자장(場), 분자를 구성하는 원자에는 원자장(場), 원자를 구성하는 전자, 양성자 및 중성자에는 전자장(場), 양성자장(場) 및 중성자를 구성하는 쿼크에는 쿼크장(場) 등이 있다. 더불어 심적 구조는 몸의 크기와 비슷한 공간에 몸과 중첩되어 존재하는 눈에 보이지 않는 영적 에너지(spiritual energy)로 구성된 것이라고 하였다. 이처럼 불교에서나 현대과학에서나 모두 유사하게 인간을 3중 구조로 파악하고 있는 것이다. 만약 인간을 3중 구조로 파악하는 이론을 현대의학에 접목시킨다면 우리는 물리적 구조인 몸과 함께 인간 구성의 다른 요소인 에너지 구조와 심리적 구조를 함께 고려할 수 있게 될 것이고, 그렇게 되면 인간 구성요소의 1/3만 다루는 현대의학은 몇 단계 진보할 수도 있을 것이다.

(玉清)에는 원시천존, 상청(上淸)에는 영보천존, 그리고 태청(太淸)에는 태상천존이 산다고 한다.

4) 옥황상제(玉皇上帝)

昊天金闕至尊玉皇上帝

| 옥황상제(玉皇上帝)

도교는 다른 종교와 달리 최고신이나 유일신의 위치가 절대적이 아니라, 시대 상황이나 필요에 따라 최고신의 개념이 바뀌기도 하는 독특한 종교이다. 예를 들면, 5세기경에는 태상노군이 최고신이었지만, 6세기에 접어들면서부터는 원시천존이 최고의 대접을 받았다.

옥황상제가 등장한 것은 원시천존이 최고신이던 6세기 무렵이며, 송(宋)나라 진종(眞宗) 시대에 최고신의 반열에 올라섰다. 진종은 옥황상제의 열렬한 신자였기 때문에 신하는 물론 백성들까지 이 신을 최고신으로 숭배하였던 것이다. 그 결과 오늘날에도 도사(道士)는 원시천존을, 서민은 옥황상제를 최고신으로 믿게 되었다. 옥황상제는 『서유기』를 비롯한 여러 소설에도 자주 등장하여 서민들에게 인기가 아주 높아 확고부동한 최고신으로 자리 잡았다.

사람들이 옥황상제를 떠받드는 이유는 인간의 수명과 운명을 좌우하는 신이기 때문이다. 민간에서는 조신(竈神) 또는 조왕(竈王)이라는 부뚜막 신을 모시고 있다. 이 신의 역할은 그 집에 사는 식구들의 생활을 자세히 관찰해서 연말에 개인별로 상세한 보고서를 만들어 상급 신에게 제출하는 것이다. 그 보고서를 최종적으로 받아보는 신이 바로 옥황상제이다. 옥황상제는 그 보고서에 따라 선행이 많으면 이듬해에 행운을 주고, 악행이 많으면 벌을 내린다.

5) 서왕모(西王母)

| 반인반수(半人半獸)로 묘사된 『산해경(山海經)』의 서왕모(西王母)

서왕모의 궁전은 곤륜산(崑崙山) 꼭대기에 있다. 그곳은 천계와 연결되어 있으므로 인간이 쉽게 오를 수 있는 곳이 아니다. 궁전 왼쪽으로는 요지(瑤池)라는 아름다운 연못이 있으며, 오른쪽에는 취수(翠水), 산 밑에는 약수(弱水)라는 강이 흐르는데, 수만 미터에 이르는 높은 파도가 친다고 한다.

서왕모는 절세 미녀로 알려져 있다. 머리 위에 화려한 관을 쓰고 있으며, 비단옷에 봉황을 수놓은 가죽신을 신고 있다. 그리고 원시천존에게 받은 만능의 부적을 들고 있다. 하지만 『산해경(山海經)』에는 인간과 비슷하지만 표범의 꼬리와 호랑이의 이빨을 가지고 있으며, 길게 풀어헤친 머리에 보석 비녀를 꽂은 기괴한 모습으로 묘사되어 있다. 절세 미녀와 산발한 요괴라는 상반된 형상은 고운 마음씨와 요괴의 포악함을 동시에 지닌 이중성을 상징하는데, 이는 다른 신들과 달리 여성이기 때문으로 보인다.

서왕모는 특히 신선에게 절대적 영향을 끼치는 신이어서 신선들은 반드시 아침저녁으로 문안인사를 드려야만 했다. 그 이유는 서왕모가 3천 년에 한 번 열린다는 신성한 복숭아 반도(蟠桃)의 소유자이기 때문이다. 서왕모는 천계에 반도원(蟠桃園)이라는 과수원을 가지고 있었고, 반도가 열리는 시기가 되면 모든 신선들을 초대해서 반도회(蟠桃會)라는 연회를 베풀었다. 이 복숭아를 먹어야 장생(長生)하여 신선이 되는 것이다. 이처럼 서왕모는 신선들의 우두머리 역할을 맡고 있기 때문에 신선이 되려는 사람들에게는 어느 신보다도 높은 존재라고 할 수 있다.

서왕모는 황제(黃帝)와 관련된 몇몇 이야기도 전해온다. 황제가 천하를 통일하기 위해 탁록(涿鹿: 현재 하북성 탁록현)에서 치우(蚩尤)와 치열한 전투를 벌일 때 서왕모가 구천현녀(九天玄女)를 보내 그를 구하고 선계로 인도해왔다는 것이다.

주(周)나라의 목왕(穆王: ?~B.C. 621)은 곤륜산 부근을 순시하던 중에 서왕모를 알현할 기회를 얻었다. 목왕은 여덟 필의 명마가 끄는 마차를 타고서 겨우 서왕모가 사는 곳을 찾아갈 수 있었다. 서왕모는 어렵게 찾아온 목왕을 위해 요지(瑤池) 옆에서 연회를 베풀었다. 목왕은 너무나 즐거워서 그만 인간 세계로 돌아가는 것을 잊어버려 나라가 혼란에 빠진 줄도 몰랐다. 천계의 하루는 인간계의 1년에 해당하는 시간이다. 서왕모는 목왕이 돌아갈 때 불로장생의 비법을 알고 싶으면 다시 한 번 이곳을 방문하라는 의미가 담긴 시를 전해주었지만, 목왕은 두 번 다시 천계를 방문하지 못했다고 한다.

서한(西漢)의 무제(武帝)도 불로장생을 염원한 황제였다. 그래서 서왕모는 많은 신선들을 이끌고 기원전 110년 7월 7일 무제의 궁전으로 내려갔다. 무제는 서왕모 일행을 크게 환영하면서 불로장생의 길을 물었고, 서왕모는 이제까지의 행동을 반성하고 가르침을 따르면 지선(地仙: 지위가 낮은 신선)에는 이를 수 있을 것이라는 덕담을 해주었다. 그리고 서왕모는 가지고 간 일곱 개의 반도(蟠桃) 가운데 네 개를 주었다. 무제가 먹고 남은 복숭아씨를 나중에 심으려고 몰래 뒤로 감추는 것을 보고 서왕모는 크게 웃었다. 왜냐하면 이 복숭아는 3천 년에 한 번 열매를 맺기 때문이었다. 반도를 네 개나 먹은 무제도 일흔 살 정도밖에 살지 못했다. 그 이유는 앞으로 행동을 조심하고 수행을 쌓으라는 서왕모의 권고를 따르지 않았기 때문이다. 무제는 이전과 변함없이 무절제하게 음주를 즐겼을 뿐만 아니라 많은 후궁들과 음란한 생활을 지속하고 전쟁을 일삼았다. 게다가 서왕모가 준 수행서마저 불태워버렸기 때문에 결과적으로 장생을 가져다준다는 반도도 무제에게는 아무 효험이 없었던 것이다.

2. 시조신

예로부터 중국 대륙은 염황(炎黃)의 땅으로 불렸고, 중국민족은 염황의 자손으로 일컬어졌다. 염황은 염제(炎帝)와 황제(黃帝)를 가리키는데, 그들은 중국민족의 시조이고, 황하문명과 장강유역의 문명을 연 시조이다. 염제는 또 신농(神農)으로도 불리는데, 농사하는 법을 처음 발명한 신으로 알려졌다. 황제(黃帝)는 호가 헌원(軒轅)이므로 헌원황제(軒轅黃帝)라고도 부르며, 중국의 전설적인 초대 황제이다. 그는 복희(伏羲)가 만든 괘(卦)를 바탕으로 팔계(八卦)를 창안하였으며 문자나 교통수단 등을 만들었다.

1) 신농(神農)

| 신농(神農)

신농은 염제(炎帝)로 불리는 신화(神話) 시대의 황제다. 따라서 그가 활약했던 시기를 구체적으로 말하기는 어렵다. 『사기』「삼황본기(三皇本紀)」에 따르면, 사신인수(蛇身人首: 뱀의 몸에 사람의 머리)의 황제인 여와(女媧)가 죽은 후 염제(炎帝) 신농씨가 황제가 되었다. 그의 어머니는 용의 영기(靈氣)에 의해 회임하고 신농씨를 낳았다. 신농씨는 인신우두(人身牛頭), 즉 머리부터 상반신은 소, 신체는 인간의 모습이었다. 태어난 지 사흘 만에 말을 하고, 닷새 만에 걸었으며, 이레째에는 이가 났다. 장성하자 키가 3미터에 이르는 엄청나게 큰 남자가 되었다. 그리고 산시성[陝西省]의 강수(姜水) 부근에서 태어나 성장했기 때문에 성을 강(姜)씨라고 했다. 그가 신농이라는 이

중국인의 생활문화

름을 갖게 된 것은 나무 호미를 비롯한 농기구를 처음 만들어 사람들에게 농사를 가르쳐주었기 때문이다.

신농씨는 태일황인(太一皇人)이라는 인물이 의학에 통달했다는 이야기를 듣고 가르침을 받기 위해 그를 방문했다. 이 때 『천원옥책(天元玉冊)』이라는 책을 받았는데, 이 책의 핵심이 '식의동원(食醫同源)'이었다. 신농씨는 각지에 사람들을 보내 모든 약초를 구해오도록 했다. 그리고 몸소 약초마다 효과를 직접 확인하는 임상실험을 했는데, 어떤 날에는 하루에 70종 이상의 독초를 직접 경험해보기도 했다고 한다. 마침내 그는 각종 독초를 조합해서 365종류의 약을 발명하여 『신농본초(神農本草)』라는 책으로 정리했다고 하나 현재 전하지는 않는다. 이 책에는 약물의 명칭, 형태, 산지, 채취 시기, 약효 등이 상세하게 기록되어 있었다고 하니, 이 책이 중국 의학의 기원이었던 셈이다. 『신농본초』는 그 후 도교 역사상 가장 중요한 인물이라고 할 수 있는 도홍경(陶弘景: 456~536)에 의해 계승되어 『신농본초경(神農本草經)』으로 집대성되었다. 이 책에는 약에 대한 중국인들의 기본적인 사상이 기록되어 있다. 명(明)나라 『본초강목(本草綱目)』은 이 책을 계승하여 1,829종의 약물을 분류해놓았으며, 각종 질병에 대한 처방전만도 61,739가지에 이르는 등 큰 진전을 이루었다. 이처럼 한방약(漢方藥)의 토대를 만든 최대 공로자가 바로 신농씨인 것이다. 그래서 신농씨는 약의 신으로 추앙받고 있다.

그 외에 신농씨는 밤에 어두워서 불편한 것을 보고, 나무에 기름을 칠해 불을 밝히는 횃불을 발명했다고도 한다. 그는 불을 관장하는 다섯 관직도 만들었기 때문에 염제(炎帝)라고도 불리는 것이다.

2) 황제(黃帝)

| 황제(黃帝)

황제도 신농씨와 마찬가지로 신화 속의 인물이다. 황제라는 이름은 오행사상의 토(土)와 연관된 사고에서 비롯된 것으로, 토는 오방색 가운데 황(黃)에 해당하므로 황제(黃帝)로 칭하게 되었다. 황제의 성은 공손(公孫), 이름은 헌원(軒轅)이다. 그는 젊을 때부터 총명해서 미래를 예지할 수 있었으며, 사물의 법칙에도 통달했다. 의학, 복장, 화폐, 도량형, 음율(音律), 문자 등에 대한 규칙을 정하고, 중국 의학의 기초를 만들었다. 물론 이것은 그 혼자의 힘이 아니라 많은 귀신들을 부려서 이룬 것이라고 한다.

『사기』의 「오제본기(五帝本紀)」에 따르면, 황제가 성인이 되었을 무렵, 신농씨의 통치력이 점차 약화되자 각지의 호족(豪族)들이 싸움을 벌이기 시작했다. 그러자 황제는 간과(干戈: 방패와 창) 같은 무기 사용법을 배우고, 곰[熊]과 비(羆: 큰곰), 비(貔: 중간 크기의 표범)와 휴(貅: 표범의 일종), 호랑이 등을 데리고 호족들과 싸움을 벌여 그들을 복종시켰다. 그런데 치우(蚩尤)만큼은 제압하기가 어려웠다. 80명에 이르는 그의 형제들은 동물의 몸에 인간의 말을 하는 괴물로서, 머리는 동(銅), 이마는 철(鐵)이며, 모래와 돌을 주식으로 삼는 흉포한 패거리였다. 황제는 치우를 토벌하러 갔다가 탁록(涿鹿) 들판에서 격렬한 전투를 벌였다. 치우는 이매망량(魑魅魍魎: 온갖 도깨비)을 총동원하고, 마법으로써 짙은 안개를 끼게 하여 황제의 군대가 방향을 잃게 만들었다. 치우의 전술에 의해 곤경에 빠진 황제는 어느 날 밤 서왕모가 자신을 도와주러 오는 꿈을 꾸었다. 그래서 부하인 풍후(風后)와 함께 제단을 만들어 사흘 동안 잠도 자지 않고 계속 기도를 드렸다. 그러자 서왕모가 보낸 구천현녀(九天玄女)가 나타나 호부(護符: 부적)와 병법을 전해주었다. 그래서 황제는 치우의 군대를 전멸시키고 마침내 천하를 평정하는 데 성공할 수 있었다.

황제(黃帝)는 전설의 삼황오제(三皇五帝) 가운데 '오제'의 첫 번째 황제로서, '삼황'에 비해 비교적 이야기가 잘 정리되어 있으며, 사실상 중국 최초의 황제로 대우받고 있다. 그래서 황제 이후 모든 중국의 제왕과 한족(漢族)은 그의 자손이라고 한다.

황제는 천명을 받아 황제가 되었으며, 거문고와 종을 비롯한 여러 악기를 만들었고, 도덕률도 정했다고 한다. 황제는 곤륜산에 올라 하늘을 향해 황제가 되었음을 아뢰는 봉선(封禪) 의식을 행했는데, 이에 후세의 황제들도 봉선을 행하게 되었다.

황제는 또 산서성(山西省) 수산(首山)에서 발견한 동(銅)을 하남성(河南省) 형산(荊山)까지 옮겨 정(鼎)을 만들었다. 그리고 정을 사용해서 신단(神丹)을 완성시키자 하늘에서 용이 내려와 황제를 천계로 데리고 갔다. 황제가 용의 등에 오르자 70명에 이르는 그의 부하들도 함께 올라탔다. 지위가 낮은 부하들은 용의 긴 수염에 매달렸는데 용이 하늘로 솟구치기 시작하자 도중에 용의 수염이 뽑혀 몇몇은 지상으로 떨어지고 말았다. 이때 황제가 만들었던 신단의 제조법이 세상에 전해

졌는데, 그 비법을 적은 것이 『황제구정신단경(黃帝九鼎神丹經)』이라고
한다. 물론 이 책은 지금 전해지지 않는다.

3. 자연신

자연은 큰 은혜를 베풀어주는 동시에 사람들을 공포에 떨
게 하는 존재이다. 홍수나 해일, 지진, 천둥, 화재 같은 자연현상을 두
려워할 수밖에 없는 인간은 그러한 일들이 신에 의해 일어난다고 믿
었다. 자연을 자신들과 마찬가지로 분명한 의사를 가지고 있는 존재
로 보았던 것이다. 원시시대의 사람들은 이런 신, 즉 인격을 가진 자
연과 끊임없이 이야기를 주고받았다. 물론 그 대부분의 내용은 비를
내려달라거나 홍수를 일으키지 말아달라는 것 같은 인간들의 일방적
인 염원이었을 것이다. 이런 소박한 민간신앙에 기반을 두고 형성된
자연신은 민간에서 가장 먼저 출현한 신들이라고 할 수 있다.

1) 용왕(龍王)

물은 인간의 생명을 유지하는 데 없어서는 안 될 존재이다. 물은
자연이 인간에게 가져다준 큰 은혜지만, 그만큼 제어하기도 쉽지 않
다. 용은 비를 내리고, 물을 공급하며, 홍수를 일으키는 등 물과 관련
된 모든 것을 주재하는 신이다. 따라서 용은 바다와 호수, 하천, 연못,
우물을 비롯하여 물이 있는 곳이면 어디서든 살고 있다.

용은 원래 인도 신화에 등장하는 큰 구렁이로서, 산스크리트어로
나가(Naga)라고 불렀다. 그리고 불교 전설에는 석가의 가르침을 수호
하는 팔대용왕(八大龍王)이 있었다. 이들은 신비로운 힘을 가지고 구

름과 천둥, 비를 부리는 존재로 묘사되고 있다. 이것이 중국에 전해져서 지금과 같은 용의 형상을 갖게 되었다.

| 원(元)나라 주옥(朱玉)이 그린 용궁수부도(龍宮水府圖)

중국인에게 용은 크고 강력한 이미지이다. 그 크기는 장강이나 황하 같은 거대한 하천에 비유되었고, 황제나 현인은 용의 화신이라 믿었다. 그래서 역대 제왕들을 진용천자(眞龍天子)라고 한다. 그렇지만 용에게는 한 가지 약점이 있었다. 그것은 용의 목구멍 맨 안쪽 30cm 정도에 거꾸로 나 있는 비늘이다. 이곳을 건드리면 용은 고통에 떨며 크게 노한다고 한다. 이것이 역린(逆鱗)으로서, 흔히 황제나 군주의 노여움을 사는 것을 역린을 건드렸다고 비유한다. 또한 오행설(五行說)에서 용은 기린, 봉황, 현무와 함께 네 방위를 지키는 영수(靈獸) 가운

데 하나로서, 동쪽을 수호한다. 동쪽의 상징 색이 청색이므로 '청룡(靑龍)'으로 불리기도 한다.

용에 관한 일화는 매우 많다. 『서유기』에는 용왕 4형제가 등장한다. 그 이름은 각각 동해용왕 오광(敖廣), 남해용왕 오흠(敖欽), 북해용왕 오순(敖順), 서해용왕 오윤(敖閏)이다. 손오공은 삼장법사를 만나기 전에 이들 4형제를 무력으로 위협해서 보물을 빼앗았다. 동해용왕에게는 여의금고봉(如意金箍棒), 남해용왕에게는 봉황의 깃털로 장식한 보랏빛 금관, 북해용왕에게는 구름 위를 걸을 수 있는 연꽃 실로 짠 신발 보운리(步雲履), 그리고 서해용왕에게는 황금 쇠사슬로 만든 갑옷을 빼앗아 자신의 위력을 키웠던 것이다.

중국 동북부의 흑룡강(黑龍江)도 이름에서 알 수 있듯이 용과 관련된 전설이 있다. 흑룡강에는 오래전부터 성질이 나쁜 백룡이 살았는데, 주위의 주민들에게 큰 피해를 입히는 바람에 옥황상제의 노여움을 사 그 자리에게 쫓겨나고 말았다. 그리고 그 다음에 임명된 꼬리가 없는 라오리[老李]라는 흑룡이 살면서부터 물이 검게 변해서 흑룡강이라고 부르게 되었다고 한다. 이 용은 산둥성[山東省]의 이(李)씨 성을 가진 인간 어머니에게서 태어났는데, 어머니는 용을 낳은 충격으로 죽었고, 아버지도 놀라서 용을 괭이로 내려치는 바람에 꼬리가 잘려버렸다. 그 후 지붕을 뚫고 날아올라 흑룡강으로 들어갔다고 한다. 이 용은 산둥성 출신이므로 같은 고향 사람들이 배를 타고 흑룡강을 건너면 절대로 침몰시키지 않았다고 한다. 그리고 매년 음력 5월 13일에는 산둥성으로 돌아와 어머니 묘에 참배를 했기 때문에 산둥성에서는 이날 반드시 비가 내렸다고 한다.

물이 있는 장소에는 반드시 용이 살고 있기 때문에 용을 모시는 사당도 곳곳에 있다. 호수나 강 주변, 해안 절벽의 동굴, 그리고 길가의 작은 우물 옆에는 용왕의 사당이 있는 경우가 많다. 용이 본격적으로 직무를 시작하는 날이 5월 23일이라고 한다. 여름 우기(雨期)에 들어가기 직전인 이 날에 용은 부하인 거북이와 물고기, 새우, 게 등을 불러 모아서 회의를 연다. 그리고 용들의 왕인 용왕의 거처는 사해(四海)의 해저에 있으며, 용궁(龍宮)으로 불린다.

이처럼 중국인들에게 있어 가장 대표적인 자연신은 용이다. 그 이유는 중국의 지리적 환경을 생각해보면 쉽게 이해할 수 있다. 광대한 국토를 가로지르며 흐르는 장대한 두 개의 물줄기, 황하(黃河)와 장강(長江)은 역사적으로 중국인의 애환(哀歡)을 상징했다. 풍부한 수자원으로 인해 풍요로운 수확을 가져다주기도 하지만 때로는 엄청난 홍수로 대지를 삼켜버리기도 하는 무서운 존재였다. 이러한 두 강은 거대한 용의 꿈틀거림으로 이해되었고, 그래서 이들을 잘 다스리는 것, 즉 치수(治水)가 역대 제왕들의 중요한 덕목이었다. 이런 점에서 중국인의 용에 대한 신앙은 저절로 깊어질 수밖에 없었다.

2) 천둥의 신 뇌신(雷神)과 뇌제(雷帝)

천둥은 인간에게 비의 전조를 알리는 고마운 존재이기도 하지만 예고 없이 울리는 천둥소리는 인간의 힘으로 제어할 수 없는 무서운 자연을 상징하는 존재이기도 하다. 그래서 고대 중국인들은 인간이 하늘의 뜻을 거스르는 잘못을 저질렀을 때 천명을 받아 인간을 단죄하는 것이라 여겼다. 따라서 벼락을 맞아 죽는 것은 중국인들에게 최대의 치욕으로 여겼다.

| 뇌제(雷帝)

　　뇌신(雷神)은 뇌공(雷公)으로도 불리는데, 악행을 저지른 인간의 생명을 빼앗는 집행관의 직분을 가지고 있다. 뇌제(雷帝)는 인간의 선악을 판단하는 천둥 관련 최고신으로, 뇌신을 지휘한다. 도교에서 뇌제는 구천응원뇌성보화천존(九天應元雷聲普化天尊)으로 불리며, 천계(天界) 최상급의 삼청경(三淸境) 가운데 하나인 옥경(玉境)에 뇌성(雷城)을 짓고 살고 있다고 한다. 그는 모든 살아 있는 것들의 아버지이며, 재난과 행복을 좌우하고, 인간의 생명을 주재하는 신이기도 하다. 또한 인간을 고뇌에서 벗어나게 해주며, 지옥에 떨어진 인간들을 천계로 구해오는 역할도 맡고 있다. 그는 도교 최고신인 삼청(三淸)과 어깨를 나란히 하는 권력자로서, 삼청 이외의 신들은 모두 그의 지도를 받는다고 한다.

　　뇌제의 명을 집행하는 뇌신은 의외로 고약하고 멍청한 형상으로 묘사되고 있다. 진대(晉代: 265~420)에 섬서성(陝西省)에 살았던 양도화(楊道和)라는 농부의 밭에 떨어진 뇌신의 이야기가 『수신기(搜神記)』에 전해온다. 어느 여름날, 양도화가 밭을 갈고 있는데 갑자기 비가 쏟아졌다. 비는 이윽고 천둥을 동반한 폭풍우로 변해 그는 비를 피하기 위해 뽕나무 밑으로 들어갔다. 그런데 그곳으로 뇌신이 떨어졌다. 나무에 걸린 뇌신의 모습은 원숭이와 비슷한 얼굴에 입술은 빨갛고 두 눈은 거울처럼 빛났으며, 머리에 작은 뿔이 나 있었다. 그리고 몸의 형상은 소와 비슷했다. 도화는 뇌신과 격투를 벌였고, 괭이로 뇌신의 정강이를 잘라버렸다. 뇌신은 땅에 떨어져 절뚝거리며 도망쳤다고 한다.

그러나 『유양잡조(酉陽雜組)』에는 전쟁을 도운 뛰어난 뇌신 이야기도 전해온다. 당나라 현종이 어느 겨울날, 포초(包超)라는 신선을 불러 천둥을 일으켜보라는 명을 내렸다. 그러자 포초는 기도의 성과가 내일 12시에 나타날 것이라고 답하고, 곁에 서 있던 고력사(高力士) 장군에게 잘 지켜보라고 했다. 그러고는 이내 제단을 만들어 기도를 시작했다. 하지만 이튿날 오전 10시가 될 때까지도 구름 한 점 없는 맑은 날씨가 계속되어 도무지 천둥이 칠 것 같지 않았다. 그러나 잠시 뒤 남쪽 산에 검은 구름이 나타났고 바람을 따라 순식간에 머리 위로 몰려와 천둥을 쳤다. 그 후 현종은 가(哥)라는 장군이 서방 원정에 나설 때 뇌신을 수행시켰고, 뇌신은 전투 때마다 승리의 바람을 일으켰다고 한다.

북경에 있는 구천궁(九天宮)은 구천현녀(九天玄女)를 모시는 사당이지만, 이곳에는 '뇌공(雷公)'과 '뇌모(雷母)'의 상(像)이 있다. 뇌공은 검은 얼굴에 새의 부리 같은 입, 부릅뜬 눈을 가지고 있으며, 등에는 박쥐처럼 날개가 돋아나 있다. 왼손에는 끌을 잡고 있고, 오른손에는 망치를 들고 있는데, 망치로 끌을 두드릴 때마다 천둥이 쳤다.

섬광낭랑(閃光娘娘)이라고도 불리는 뇌모는 젊고 아름다운 여성의 모습으로, 양손에 동경(銅鏡) 하나씩을 쥐고 있다. 뇌모는 뇌공을 도와 거울의 초점을 조절해 번개를 발생시킨다. 천둥이 지상의 죄인을 처벌하는 것이라면, 번개는 흰 빛과 붉은 빛 두 종류의 빛을 발산해 각기 다른 일을 수행한다. 흰 빛은 죄인이 숨어 있는 어두운 곳을 비추어서 그 소재지를 밝히는 것이고, 붉은 빛은 인간의 모습을 한 짐승의 정체를 밝히는 것이라고 한다.

3) 동악대제(東岳大帝)

| 동악대제(東岳大帝)

고대인들에게 산악은 아주 특별한 곳이었으니, 하늘과 땅의 중간에 위치하고 있으므로 산을 신들의 거주지라고 생각하였다. 고대 그리스인들은 신들이 올림포스 산에서 산다고 믿었고, 불교에서는 수미산(須彌山) 중심의 세계관이 있으며, 조로아스터교에서는 우주의 중심에 거대한 산이 있다고 했다. 중국인들도 예로부터 산은 영력(靈力)이 있는 신성한 장소로 여겨왔다. 불로장생을 얻기 위해 신선이 산 속에서 수행하는 것도 이러한 영력의 도움을 받고자 했던 것이다. 그래서 신선을 뜻하는 '선(仙)'자도 인(人)과 산(山)을 합성한 글자인 것이다. 『포박자(抱朴子)』「등섭편(登涉編)」에 따르면 산 속에는 호랑이와 이리, 독사, 뱀 등의 맹수 외에도 산의 정령, 산귀(山鬼), 도깨비 등이 인간을 위협한다고 했다. 말하자면 산은 '인외경(人外境)'인 것이다.

중국에서는 한(漢)나라 때부터 '오악(五岳)'이 성스러운 산으로 숭배를 받아왔다. 오악이란 중원(中原)에 자리 잡고 있는 다섯 산을 총칭하는 것으로, 동악(東岳) 태산(泰山), 서악(西岳) 화산(華山), 남악(南岳) 형산

중국인의 생활문화

(衡山), 북악(北岳) 항산(恒山), 중악(中岳) 숭산(嵩山)을 가리킨다. 그 가운데 가장 신성한 산으로 알려진 것이 산둥성에 있는 해발 1,524미터의 태산이다. 이 산은 역대 황제들의 즉위식에 해당하는 봉선(封禪) 의식을 행했던 신성한 장소이자 죽은 자의 영혼이 모이는 곳으로, 오악 신앙의 중심지였다. 일반 사람은 접근할 수 없었지만, 신의 대변자였던 황제나 사자(死者)는 입산이 허락되었다.

태산은 그 존재 자체가 천둥이나 비와 마찬가지로 자연이 신격화된 것이었다. 이 산의 신인 동악대제는 옥황상제의 손자이며, 인간의 상벌과 생명을 주재하는 신이었다. 당 현종이 이 신에게 천제왕(天齊王), 북송 진종(眞宗)이 동악천제인성제(東岳天齊仁聖帝)라는 칭호를 지어 바친 것도 동악대제의 이름이 전국적으로 알려지게 된 계기가 되었다.

이처럼 태산은 현실 세계에 존재하는 산이지만, 일반인들이 쉽게 접근할 수 없는 신의 영역이었다. 『수신기』에는 죽은 자와 산 자의 세계를 분리하여 관할하는 태산부군(泰山府君)의 이야기도 전해온다. 태산부군에 대한 신앙의 흔적들은 태산 곳곳에 보이니, 정상부터 산기슭에 이르기까지 3백 곳이 넘는 사당과 명소, 유적지 등이 흩어져 있다.

그러나 태산까지 가기가 어려웠으므로 대부분 거주지 인근의 사당을 찾았다. 청나라 시대 북경인들은 대부분 광안문(廣安門)에 있는 동악사당에 참배했다고 한다. 이 사당이 가장 붐비는 때는 음력 1월 2일로, 이날은 각지의 신자들이 새벽부터 모여들었는데, 한 번이라도 다른 사람보다 빨리 향을 피우면 복을 받는다는 전설 때문이었다.

4. 생활신

1) 문신(門神)

문신은 문 앞에서 악귀들의 침입을 막는 신이다. 여기에는 다음과 같은 전설이 전해 내려온다. 옛날 동해(東海) 도삭산(度朔山)에는 산 전체를 뒤덮을 만큼 거대한 복숭아나무가 있었다. 동북쪽으로 뻗은 가지들은 서로 뒤얽혀 마치 문의 형상과 같았으며, 이곳을 통해 많은 귀(鬼)들이 드나들었기 때문에 귀문(鬼門)이라는 이름이 생기게 되었다. 하지만 이 문에는 두 신이 눈을 부릅뜨고 지키고 있어서 사악한 마음을 가진 귀들은 감히 침입할 수 없었다. 악귀가 침입하려고 하면 붙잡아서 갈대로 만든 줄에 묶어 호랑이의 먹잇감으로 던져버렸다. 도삭산의 평화는 이렇게 지켜졌다. 그 두 신이 바로 신도(神荼)와 울루(鬱壘)이다.

| 문신(門神) 신도(神荼)와 울루(鬱壘)

이 이야기를 알고 있었던 황제(黃帝)는 사람들에게 집의 문 앞에

큰 복숭아나무를 심고, 문짝에 두 신의 모습과 호랑이 그림을 그려놓고 갈대로 만든 줄을 걸어놓으면 악귀가 집으로 침입하는 것을 방비할 수 있다고 알려주었다고 한다.

『서유기』에는 또 다음과 같은 이야기가 나온다. 당 태종(太宗) 때 장안(長安) 거리에 용하다고 소문난 원수성(袁守誠)이라는 점쟁이가 있었다. 한 어부가 그에게 고기를 잘 낚을 수 있는 장소를 점지 받아 매일 많은 고기를 낚았다. 그 소문을 들은 경하(涇河)의 용왕은 크게 화를 내었고, 원수성을 벌하기 위해 인간으로 가장하고 그를 찾아갔다. 그리고는 언제 비가 내리는지 점을 쳐달라고 했다. 이에 원수성은 구름이 끼고 천둥이 치며, 비가 내리고 비가 그치는 시간은 물론 강수량까지 소상히 예언하였다. 원수성의 점괘를 듣고 용왕은 크게 웃었다. 왜냐하면 비를 내리게 하는 것은 바로 용왕의 직분이었기 때문이었다. 옥황상제로부터 아직 아무런 명령을 받지 않았지만, 점쟁이 따위가 그런 것을 알 리가 없다고 생각했던 것이다.

그래서 용왕은 점쟁이와 내기를 했다. 용왕의 입장에선 어떻게 하든 점쟁이가 지게 되어 있는 내기였다. 수궁으로 돌아온 용왕 앞으로 옥황상제의 명령이 내려와 있었다. 내용을 살펴본 용왕은 놀라지 않을 수 없었다. 점쟁이가 예언한 것과 조금도 다르지 않았기 때문이었다. 내기에 질 수도 없고 옥황상제의 명을 거역할 수도 없는 노릇이었다. 용왕은 고민 끝에 옥황상제가 모를 거라고 생각하며 비를 내리는 시간과 양을 다르게 하였다. 그리고 점쟁이에게 내기에 이겼다며 이 고을을 떠나라고 요구했다. 그러자 원수성이 웃으면서 용왕이라는 사실을 이미 알고 있었다며 내기에 이기기 위해 옥황상제를 속였으니 오히려 죽음을 면키 어려울 것이라고 질타했다. 용왕은 새파랗게 질려 원수성 앞에 무릎을 꿇고 목숨만 살려달라고 빌었다.

이에 원수성은 죽음을 면할 수 있는 유일한 방법을 가르쳐주었다. 점괘에 따르면, 용왕은 인간계의 관리에게 목이 잘려 죽는 운명이니, 황제(皇帝)에게 목숨을 구걸하면 처형은 면하게 될 것이라고 알려주었다. 용왕은 태종(太宗)의 꿈에 나타나 살려달라고 애원했다. 태종은 용왕의 애원을 듣고 그를 사면했지만 명령에 착오가 생겨 그만 용왕을 처형하고 말았다. 그러자 용왕은 사귀(邪鬼)가 되어 약속을 어긴 태종을 괴롭혔다. 태종이 매일 밤 사귀에게 시달리자 용맹한 두 무장이 호위를 자청하고 나섰다. 그 두 장수의 이름은 진숙보(秦叔寶)와 위지경덕(尉遲敬德)이었다. 날이 저물자 두 무장은 갑옷과 투구를 쓰고, 금과(金瓜: 쇠몽둥이)를 손에 든 채 궁전 문 앞에 서서 밤새도록 황제를 지켰다. 그 때문에 사귀가 침입하지 못하자 태종은 편안하게 잠을 이룰 수 있었다. 그렇게 며칠 동안 계속 경계를 서자 어느새 두 장수도 피로한 기색이 역력했다. 황제는 꾀를 내어 두 장수의 모습과 똑같이 그린 그림을 문패에 걸어두었다. 이 계획이 성공해서 사귀는 더 이상 궁전에 접근하지 못했다.

문신의 역할은 언제나 같았지만 그 모습은 시대에 따라 조금씩 변모해갔다. 당나라 말에는 복숭아나무로 만든 인형을 문 양쪽에 세워두고, 문짝에는 호랑이 그림을 그려놓는 관습이 있었다. 복숭아나무는 신령스런 나무로 사귀를 퇴치하는 효과가 있다고 믿어왔다. 송(宋)나라 때는 복숭아나무로 만든 판(板) 위쪽에 신상(神像)이나 사자상, 백택(白澤: 세상 만물의 모든 뜻을 알아낸다고 하는 상상의 동물) 같은 길상수(吉祥獸)를 그려 넣고, 그 밑 오른쪽에 울루(鬱壘), 왼쪽에는 신도(神荼)가 그려진 도부(桃符: 복숭아나무로 만든 부적)를 문에 내걸었다. 청(淸)나라 말 이후에는 연말마다 문신 부적을 파는 행상들의 모습을 볼 수 있었다. 1949년 중화인민공화국 수립 이후에는 많은 신들이 미신으로 치부되어 사라졌지만, 문신만큼은 살아남았다. 문신은 그 형태나 문양이 상당히 다양해서 젊은 여성상이나 귀여운 아이, 문화대혁명(文化大革命) 후에는 해방군 병사 모습의 문신도 있었다.

문신을 장식하는 것은 섣달 그믐날부터 신년까지의 행사였다. 이는 현재 일본에서도 행해지고 있는 절분(節分)과 관련이 있다. 절분은 입춘 전날, 즉 현재 태양력으로는 2월 3일 또는 4일이며, 음력으로는 정월 전후이기 때문에 예전에는 섣달 그믐날이나 정월의 행사로 치러졌다. 절분은 본래 악령이나 사귀를 막는 주술 행위였다. 『주례(周禮)』에 따르면, '콩 뿌리기(입춘 전날 밤 사귀나 악령을 막기 위해 콩을 뿌리는 것)'는 방상씨(方相氏: 궁정의 제사관)의 주술에서 유래되었다고 한다. 방상씨는 곰 가죽을 뒤집어쓴 다음 얼굴에는 눈이 넷 달린 황금 가면을 쓰고, 붉은 옷에 창과 방패를 든 모습으로 눈에 보이지 않는 역귀(疫鬼: 전염병을 퍼뜨리는 악귀)들을 궁정에서 쫓아냈다고 한다.

이런 행사는 우리나라에서도 '매굿'이라는 형태로 벌어지고 있다. 매굿은 호남 지방에서 음력 섣달 그믐날 밤 풍물을 치며 드리는 마을 굿으로, 잡귀를 몰아내고 복을 불러들이기 위한 축원(祝願) 굿의 하나다. 흔히 뙤굿, 매귀(枚鬼) 등으로 불리기도 한다. 민간에서는 대나무나 복숭아나무 등 나뭇가지를 한데 묶은 비를 만들어 영호(欞戶)를 두드리고 북과 바라를 치며 문 밖으로 악귀를 쫓는다. 이렇게 악귀 쫓는 것을 매귀 쫓는다고 한다.

2) 조신(竈神)

조신은 말 그대로 부뚜막신이다. 부뚜막에 터를 잡고 있는 이 신은 가족의 모든 행동을 감시해서, 그 내용을 하늘에 보고하는 임무를 맡고 있다. 조신은 가족 중 누가 험담을 하고, 일을 게을리 하는지, 또 무슨 잘못을 저지르는지 하나하나의 언동을 기록해서 보고서를 만든다. 그러면 하늘의 신이 그 보고서를 보고 가족 개개인에 대한 사후, 혹은 현세에서의 벌을 부과하는 것이다. 물론 선행도 보고한다. 조신이 보고를 잘 하면 그 가족에게는 행운이 찾아온다. 조신은 사람들의 일거수일투족을 세세하게 기록하기 때문에 서민들에게 가장 가까이 있는 신이다.

| 조신(竈神)

3세기경부터 이러한 조신의 성격이 형성된 것으로 보인다. 조신은 불[火]과 연관된 신으로, 원시 시대에 불을 신성시했던 신앙에 근거를 둔 것이다. 따라서 이 신의 유래는 불을 주재했다는 삼황의 축융(祝融)

이라고 한다. 또 다른 설에는 부뚜막(아궁이)을 발명했다는 황제(黃帝)가 첫 번째 조신이었다고도 한다.

사실 부뚜막은 음식을 만드는 중요한 장소이다. 중국인들에게 부뚜막은 가정의 평화와 순조로운 삶을 상징하는 공간이었다. 중국인들이 부뚜막신을 귀중하게 여기는 것은 이 신이 가족의 건강과 장생, 번영을 좌우한다고 믿었기 때문이다. 부뚜막은 주부 소관이므로 조신은 주부와 깊은 관련을 맺고 있는데, 신에게 무례한 행동을 삼가야 하는 것은 물론, 부엌을 불결하게 해서도 안 된다는 금기가 있다.

후에 조신은 부엌에서 거실로 자리를 옮기게 된다. 거실 선반 위에 모셔져 있는 조신의 그림은 지금도 대만의 가정에서 쉽게 찾아볼 수 있다. 그리고 집에 모시고 있는 조신의 그림은 1년에 한 차례씩 엄숙하게 기도를 드린 후에 제물과 함께 불태웠다. 조신이 천계에 보고를 하러 가는 것이다. 이는 송조(送竈)라 불리는 의식으로 음력 12월 23일이나 그 다음날인 24일에 실시했다.

조신은 서민적인 신이었기 때문에 그와 관련된 이야기도 많이 남아 있다. 『수신기』에는 서한(西漢) 선제(宣帝) 때 허난성[河南省]에 살았던 음자방(陰子方)이라는 사람의 이야기가 전한다. 그는 효심이 깊고 사람들에게도 친절해서 아주 평판이 좋았을 뿐만 아니라, 조신도 지성으로 모셨다. 어느 해 조신에게 제사를 드리는 날이 되었다. 부엌을 깨끗하게 청소한 다음 아침밥을 준비하려고 하는데 갑자기 부뚜막 속에서 신이 모습을 드러냈다. 몸에는 황색 옷을 두르고 머리는 온통 풀어헤쳐져 있었다. 음자방은 공손히 인사를 드리고, 집에서 기르고 있던 황색 양을 산 제물로 바쳤다. 그때부터 음자방의 집은 크게 번영하였다. 잠깐 사이에 재산이 크게 불어나고, 하인의 수도 그 지역 장관에 필적할 만큼 늘어났다. 행운은 3대에 걸쳐 지속되었다. 그의 일족 중에 제후에 오른 사람만도 넷이나 되고, 군(郡)의 장관도 수십 명이나 나왔다. 그 후로 자손들은 매년 조신에게 황색 양을 공양하면서 성대하게 제사를 드렸다. 이 이야기를 전해들은 청나라 조정에서는 조신에게 제사를 드릴 때 반드시 황색 양을 제물로 바쳤다고 한다.

청나라 시대에는 조신이 남녀 둘로 늘어났다. 남신은 조군(竈君) 또는 조왕야(竈王爺), 여신은 조내내(竈奶奶)라고 불렀다. 남신은 선부(善缶), 여신은 악부(惡缶)라는 그릇을 가지고 있는데, 가족의 행위를 선악의 그릇에 나누어 담아 연말까지 보관했다고 한다. 말하자면, 선악을 분별해서 벌을 주거나 상을 준다는 것이다.

3) 성황신(城隍神)

| 성황신(城隍神)

성황신은 토지야(土地爺)나 후토신(后土神)과 함께 땅을 수호하는 신이다. 과거 중국의 행정 단위는 대개 부(府), 주(州), 현(縣)으로 이루어져 있었다. 그리고 지금의 도시에 해당하는 성(城)은 성벽으로 둘러싸여 있다. 이 성을 수호하는 신이 성황신(城隍神)이다. '황(隍)'은 성벽을 따라 파놓은 해자(垓字)를 의미한다. 성 바깥의 촌락이나 교외를 관할하는 신은 토지야(土地爺)

이며, 후토신(后土神)은 가장 좁은 지역, 즉 묘지의 수호신이다. 이런 신들의 역할 분담은 인간 세계의 직급과 유사한데, 이들 신들은 지상뿐만 아니라 천상과 지하의 영계까지 두루 관리하는 존재였다.

토지신에 대한 신앙은 역사가 유구하다. 기록으로 보면 239년에 오(吳)나라의 초대 황제 손권(孫權)이 안후이성[安徽省]의 무호(蕪湖)에 사당을 건립한 것이 가장 빠르다. 그 후 전쟁과 재해, 전염병 등이 발생할 때마다 각지에서 토지신에 대한 제사를 드렸다. 명나라 태조(太祖)는 도(都)의 성황신을 필두로 부(府), 주(州), 현(縣) 순으로 공식적인 토지신의 서열을 정해주었다고 한다.

토지신은 지역에 따라 다르다. 토지신에 임명되려면 그 지역에 연고가 있고, 생전에 공적이 있어야 했다. 따라서 각 지역을 관할하는 토지신의 실체는 제각기 달랐으며, 인간 세계의 지방관처럼 승진이나 전임, 좌천도 있었다. 이러한 배치는 옥황상제나 그 밑의 관제(關帝)가 맡았다고 한다.

『요재지이(聊齋志異)』에는 천계에서 성황신 시험을 치른 송(宋)이라는 선비 이야기가 전해온다. 송은 대시를 앞두고 병이 나서 앓아눕게 되었다. 그런데 흰말을 끌고 온 관리가 시험을 치러 가자고 재촉하여 천상의 궁궐에서 시험을 치렀고, 그 결과 허난성[河南省]의 성황신으로 발령받았다. 그제야 자신이 죽었다는 사실을 안 송은 일흔 된 노모를 봉양해야한다고 하소연하였고, 이에 노모의 수명까지 9년간 유예를 받게 되었다. 송의 어머니가 천수를 다 누린 9년 후에 송은 무사히 장례를 치르고, 어디론가 사라져버렸다고 한다.

묘지의 수호신인 후토신은 토지신 중에서 유일하게 여성이다. 이는 사자(死者)의 세계인 후토가 천(天)과는 대비되는 음(陰)의 장소이기 때문으로 보인다. 즉, 천은 양(陽), 지는 음(陰)이라는 음양설에서 나온 것으로, 묘지의 신은 양인 남성보다 음인 여성에게 더 어울릴 것이라고 생각했던 것이다.

4) 수성(壽星)

| 수성(壽星)

수성은 남극노인성(南極老人星)이라고도 하며, 진한(秦漢) 시대부터 사당을 세워 모셨다. 이 신은 처음에 국운(國運)을 관장하는 신이었으나 후에 인간의 수명을 관장하는 신으로 변하였다. 이에 사람들은 점점 노인성에 올리는 제사를 경로활동과 연계하기 시작했다. 민간에서 유행하는 수성의 형상은 모두 구불구불한 지팡이를 짚은 백발의 노인이다.

수성은 28수(宿) 가운데 동쪽의 각(角)과 항(亢)으로, 현재의 성좌로 보면 처녀자리에 해당한다. 이 성좌는 28수 가운데 우두머리다. 이 성좌는 전쟁이 나거나 나라가 혼란스러울 때는 보이지 않다가 천하가 안정되고 평화가 찾아오면 보인다고 한다. 이에 사람들은 이 별자리가 나타나면 모두 행복과 장생을 기원한다고 한다. 역대 황제들도 수성단(壽星檀)이라는 제단을 만들어 천하의 태평을 기원했다.

이 수성은 칠복신(七福神) 중의 하나이기도 하다. 칠복신은 수성을 의미하는 수노인(壽老人)을 비롯하여 대흑천(大黑天), 혜비수(惠比須), 비사문천(毘沙門天), 변재천(辯才天), 복록수(福祿壽), 포대(布袋) 등을 가리킨다.

1063년 11월, 북송(北宋)의 수도 개봉(開封)에 한 노인이 홀연히 나타났다. 거리를 배회하며 점을 치는 그의 모습은 매우 괴이했다. 키는 그다지 크지 않았지만, 머리는 이상하리만큼 길어서 거의 몸의 절반이나 차지했다. 도사(道士)의 복색을 하고 있었으나 도관(道觀)에는 살지 않았다. 게다가 이 노인은 엄청난 술꾼이었다. 그러나 아무리 마셔도 결코 취하는 법이 없었다. 이 불가사의한 노인은 마침내 도시 전체에 소문이 날 만큼 유명해졌다. 그래서 호기심에 가득 찬 사람들이 노인 옆에 바짝 붙어서 그 이상한 모습을 그림으로 그리기도 했다. 그러나 노인은 결코 화내지 않았고 그저 무관심할 뿐이었다. 이 소문은 당시 황제였던 인종(仁宗: 1010~1063)의 귀에까지 들어갔다. 흥미를 느낀 인종은 노인을 궁전으로 초대했다. 노인은 황제 앞에서도 평상시와 마찬가지로 태연했다. 인종은 술 한 말을 준비해서 노인에게 권했다. 그러자 노인은 기뻐하며 순식간에 마셔버렸다. 인종은 너무나 놀라 벌린 입을 다물지 못했다. 노인은 술을 일곱 말이나 비운 다음에 바람처럼 궁전을 빠져나가더니 그대로 행방을 감추었다.

바로 다음날, 천문대를 관장하던 관리가 인종에게 수성(壽星)이 황좌(皇座) 가까이 왔다가 돌연 사라져버렸다는 보고를 하였다. 바로 그 노인이 수성의 화신이었던 것이다. 수성이 하늘에서 빛날 때는 천하의 태평을 의미하지만, 수성이 보이지 않을 때는 국가에 혼란이 온다는 의미이다. 실제 역사를 살펴보면, 북송의 제4대 황제였던 인종이 즉위한 후 나라가 부강해지고, 많은 충신과 문인들이 배출되는 등 번영을 누린 것으로 기록되어 있다. 그러나 그 후 중국의 서북쪽에 있던 서하(西夏)가 급속하게 세력을 확장하고, 거란(契丹)이 여러 왕조를 통일하고 요(遼)나라를 세워 중국을 위협하기 시작했다. 이러한 외적의 침입을 막기 위해 북송은 병력을 백만 명이나 더 늘렸다. 게다가 서하와 전쟁을 치른 후에는 극심한 경제 위기가 찾아와 심각한 정치적 위기에 빠져들었다.

인종 재위 기간 중의 번영과 황폐의 전환점이 수성과 연관되어 있다는 것이 이 이야기의 요점이다. 통상적으로 중국에서는 이런 국가적 위기를 맞게 되면 황제는 천계의 신들에게 기도를 드렸다. 왜냐하면 중국 황제는 문자 그대로 천자(天子), 즉 천계의 신들로부터 지상의 통치권을 위임받은 존재이기 때문이다. 따라서 나라를 구하기 위해 신에게 기도를 드리는 것은 백성에 대한 의무이기도 했다. 북경 천단(天壇)의 엄청난 규모를 보면, 하늘에 드리는 기도의 중요성을 실감할 수 있다.

중국인들에게 수성, 즉 수노인의 초상은 대단히 친숙한 존재이다. 가구나 목조 조각, 도예품, 각종 직물 등에 그려져 있는 경우가 많다. 그런데 그 초상화를 보면, 우스꽝스런 대머리에 우아한 미소가 인상적이다. 그는 화려한 원색의 긴 옷을 몸에 걸치고, 신선이 먹는 영지(靈芝)와 불가사의한 풀을 매단 지팡이를 들고 있으며, 다른 손에는 반도(蟠桃)를 가지고 있다. 그리고 수사슴을 타고 있는데, 수사슴은 인간이 찾을 수 없는 영지를 산 속에서 찾아내는 능력을 가지고 있다고 한다.

　　　　　　　　　　　중국인의 생활문화

5) 문창제군(文昌帝君)

| 문창제군(文昌帝君)

문창제군은 문창성(文昌星) 또는 문성(文星)으로 불리는 여섯 개의 별[六星]을 신격화한 것으로[05], 이 별은 선비의 공명(功名)과 녹위(祿位)을 주관한다고 한다. 여기에는 인간의 운명을 관장하는 문창부(文昌府)라는 천제(天帝)의 관청이 있고, 문창제군은 천제로부터 문창부의 장관으로 임명되었다는 것이다. 또 일설에는 황제(黃帝)의 아들인 휘(揮)가 문창제군이라고도 한다. 휘는 주(周)나라 때부터 원(元)나라 때까지 73차례나 이 세상에 태어났으며, 학문에 뜻을 가진 사람들을 위해 많은 도움을 주었다고 한다.

문창제군은 또 재동제군(梓潼帝君)으로 불리는데, 이는 도교 신앙과 결부되어 촉(蜀)나라 재동(梓潼) 사람 장아자(張亞子)를 신격화한 것이다. 『명사(明史)』「예지(禮志)」와 『삼교원류수신대전(三敎源流搜神大全)』에 따르면, 장아자는 촉(蜀)의 칠곡산(七曲山: 지금의 쓰촨성[四川省] 쯔퉁현[梓潼縣] 북쪽)에 살았으며, 진(晉)나라에서 벼슬살이를 하다가 전사했

---

05 문창성은 괴성(魁星)과 자주 혼동되는데, 같은 별이라고 보는 사람도 있고, 다르다고 보는 사람도 있다. 중국 민간에서는 늘 문곡성(文曲星)을 문창성과 혼동했다. 그러나 도교 신앙으로 보면 문창성은 문인의 운명을 주관하는 재동신(梓潼神)이며, 괴성은 귀신을 밟고 있는 사나운 얼굴의 대괴성군(大魁星君)이다. 천문학적으로 보면 문곡성은 북두칠성의 네 번째 별이며, 괴성은 북두칠성의 첫 번째 별에서 네 번째 별 사이를 말한다.

는데, 후세 사람들이 그를 위해 사당을 세워주었다. 당송(唐宋) 때 여러 차례 벼슬이 더해져서 '영현왕(英顯王)'에까지 봉해졌다.

당송 시기에 과거제도가 흥성하면서 장아자 신앙도 급속히 퍼졌는데, 이 가운데 촉 지역의 장아자의 사당, 즉 재동신묘(梓潼神廟)가 가장 영험하였다고 한다. 도교에서는 그가 문창부(文昌府)의 일과 인간 세상의 벼슬살이를 관장한다고 여겼기 때문에, 원(元)나라 인종(仁宗) 연우(延佑) 3년(1316)에는 '보원개화문창사록굉인제군(輔元開化文昌司祿宏仁帝君)'에 봉해져서 흔히 문창제군(文昌帝君)으로 불렸다.

민간 전설에 따르면 사대부가 장아자에게 제사를 지내 바람이 불고 비가 오면 반드시 재상이 되고, 진사가 제사를 지내면 반드시 전시(殿試)에서 장원급제 한다고 한다. 송대 왕안석(王安石)도 어린 시절 장아자에게 제사를 지내 훗날 재상이 되었다고 한다. 이처럼 모든 사대부들이 문창제군의 숭배자였다.

명(明)나라로 접어들면서 더욱 인기가 높아져 대부분의 교육기관에서 문창제군을 모시는 사당을 건립했다. 청대(淸代)에는 그의 탄신일인 음력 2월 3일이 되면 북경 이화원(頤和園)에 있는 사당에서 성대한 제사를 치렀다. 이 제사에는 황제가 보낸 대신도 직접 참석했다고 하니, 그의 인기가 얼마나 대단했는가를 짐작해볼 수 있다.

이렇게 문창제군에 대한 신앙이 열렬했던 이유는 바로 과거제도에 있었다. 문창제군은 학문의 신이기도 했지만 시험의 신이기도 했다. 중국의 과거제도는 수(隋)나라 때부터 1905년 폐지될 때까지 거의 1300여 년간 시행되었다. 과거는 사대부의 일생을 좌우하는 중차대한 시험이었다. 과거제도는 발전과 쇠퇴를 거듭하다가 명·청대에 완전히 정비되었고, 문창제군의 인기도 덩달아 높아지게 되었다.

과거제도를 보면 수험자가 우선 3단계 시험을 거쳐 각 지방에 설립되어 있는 학교의 생원(生員)이 되어야 한다. 생원은 관리에 상응하는 대우를 받게 된다. 여기서 상급 관료에 뜻을 둔 사람은 8단계 시험을 준비하게 되는데, 한 단계씩 통과할 때마다 거인(擧人)이나 진사(進士) 같은 호칭과 그에 걸맞은 대우를 받게 된다. 최상급 시험은 산관고시(散館考試)라 불리는데, 황제가 직접 문제를 출제한다. 여기서 장원을 한 사람은 한림원(翰林院) 본관(本官)이라는 고위 관료가 되며, 2등은 중앙 정부의 관료, 3등은 현(縣)의 지사(知事)에 임명되었다.

과거 시험에 임하려면 박학다식해야 하며, 특히 사서오경(四書五經)을 모두 암송할 정도의 실력을 갖추어야 했다. 한편, 시험과정에서 생길 수 있는 부정행위를 방지하기 위한 방안도 다양하게 마련되었다. 그 가운데 '호명(糊名)'은 답안지의 수험자 이름을 풀[糊]로 붙여 채점자와의 유착을 방지하기 위한 방안이었다. 원래 시험장은 독립된 방으로, 입실할 때 한 번 검사를 하면 실내에서는 감시를 받지 않았다. 그래서 주석서를 깨알같이 적어 넣은 커닝용 하의를 입고 들어가는 수험생도 있었다.

과거는 무척 어려운 시험이었으므로 당연히 문창제군의 은덕을 바라는 사람들의 마음도 절실했다. 현재도 많은 사람들이 수험생들의 소원을 들어주는 신이라고 믿고 있다. 문창제군을 모시는 사당으로 유명한 곳은 쓰촨성[四川省] 쯔퉁현[梓潼縣]의 문창궁(文昌宮), 베이징 이화원(頤和園) 내 문창묘(文昌廟), 장쑤성[江蘇省] 양저우시[揚州市]의 문창각(文昌閣), 구이저우성[貴州省] 구이양시[貴陽市]의 문창각 등이 있다.

6) 노반(魯班)

| 노반(魯班)

노반은 중국에서 명성이 가장 높고 영향력이 큰 항업신(行業神)이다. 노반(B.C. 507~?)의 본명은 공수반(公輸般)이라고 하며, 성을 공격할 때 사용하는 운제(雲梯)라는 사다리 무기를 비롯하여 뛰어난 무기를 많이 발명한 것으로 알려져 있다. 노반은 춘추 말기 노(魯)나라 사람이므로 노반으로 불렸다. 노반은 당시 가장 뛰어난 장인이었다. 뛰어난 기술을 가지고 있었으므로 '천하의 교장(巧匠)'이라는 명예를 얻었다. 그래서 중국의 레오나르도 다 빈치라고 부르는 학자도 있다.[06]

노반은 어릴 때 그다지 공부에 관심을 기울이지 않았다. 그런데 무슨 연유인지 15세가 될 무렵에 갑자기 공자의 제자인 자하(子夏)의 문하에 들어가 유학을 공부하기 시작했다. 입문 이후 눈에 띄게 두각을 나타내며 불과 몇 개월 만에 학문의 진수를 깨우쳤다. 그 후 전쟁이 매일처럼 일어나는 세상을 등지고 태산 남쪽의 소화산(小和山)으로 들어갔다. 그는 거기서 포로동(鮑老董)이라는 인물을 만나 각종 기술을 배웠다.

---

06   마노 다카야 저, 이만옥 역, 『도교의 신들』, 도서출판 들녘, 2007.

노반은 조각이나 건축은 물론 배, 차, 농기구 등 여러 분야에 재능을 나타냈다. 그가 만든 것 가운데 유명한 것으로 목제 솔개가 있다. 나무를 깎아 만든 새를 허공으로 날리자 마치 살아 있는 생물처럼 날아다니다 사흘 후에 돌아왔다고 한다. 그리고 자신의 어머니를 위해 목제 차도 만들어 드렸다고 한다. 노반의 이름이 역사에 길이 남게 된 것은 그가 톱이나 대패 같은 목공 도구의 발명자일 뿐만 아니라 목공의 기본인 곡척(曲尺)[07]을 만든 인물이었기 때문이다. 노반은 레오나르도 다 빈치보다 2천 년이나 앞서 살았지만 그에 못잖은 재능을 가진 인물이었다. 현재도 그는 장인이나 직인(職人)의 수호신으로 극진히 추앙받는다.

노반은 또 건축가들의 수호신이기도 하다. 북경에는 노반과 관련된 이야기가 상당히 많이 남아 있다. 그 대부분은 건축가이자 조각가로서의 노반의 능력을 칭송하는 것들이다. 언젠가 베이징 충원구[崇文區]의 화스다제[花市大街]에 조신(竈神)의 사당을 세웠다. 부근에는 가난한 사람들이 많이 살았는데, 대부분 조화(造花)를 만드는 등 주로 수작업으로 뭔가를 제작해서 생계를 이어가고 있었다. 사당이 완공되자 주민들은 조신이 이 지역 사람들을 잘 보살펴줄 것이라며 열심히 향을 피우고 공물을 바쳤다. 그럼에도 불구하고 형편은 조금도 나아지지 않았다. 그러자 주민들은 조신의 영험을 조금씩 의심하기 시작했다. 그러던 어느 날 흰 수염을 단 땜장이 노인이 나타나 조신 사당 앞에 사자상을 세웠고, 그로부터 사흘째 되는 날 밤에 거리에서 사자가 포효하는 소리가 들려왔다. 더 신기한 일은 조신 상 옆에 붙어

---

07 한글의 'ㄱ'자 모양으로 90도 각도로 만든 자. 노반의 이름을 따서 노척(魯尺)이라고도 한다

있던 애마상(愛馬像)이 사라지고 사당 앞마당에는 말의 뼈가 잔뜩 쌓여 있었던 것이다. 그러자 사람들 사이에 이상한 소문이 떠돌기 시작했다. 흰 수염 노인이 노반이었고, 조신이 너무 게을러서 노반이 사자상을 만들어 사자에게 말을 먹어치우라고 시켰다는 것이었다. 그래서 조신도 놀라서 도망쳐버려 사당 어디에도 신의 모습이 보이지 않는다고 했다. 그때부터 어느 누구도 사당에 참배하러 가는 사람이 없었다고 한다. 받기만 하고 아무것도 주지 못하는 신이 서민들의 입장에서 좋게 보일 리가 없었다. 그래서 잘못된 신을 쫓아버리기 위해 노반의 출중한 조각 솜씨를 빌려 이야기를 만든 것이다.

노반을 모시는 사당으로는 톈진시[天津市]의 노반 사당과 홍콩의 노반 고묘(古廟)가 비교적 널리 알려져 있다.

7) 마조(媽祖)

| 마조(媽祖)

바다를 낀 모든 나라들은 예외 없이 해신을 숭배한다. 중국도 스스로의 해신을 갖고 있다. 그녀의 이름은 천후낭낭(天后娘娘)으로, 바로 마조(媽祖)이다. 많은 중국인들이 마조를 신봉하는데, 그녀를 모신 사당은 천후궁(天后宮), 또는 마조묘(媽祖廟)로서 중국의 연해 각 지역과 동남아 지역까지 분포한다. 대만 한 지역에서만 500여 군

중국인의 생활문화

데의 마조 사당이 있을 정도로 보편적인 민간신앙이다.

마조의 탄생에는 관음(觀音)과 얽힌 이야기가 전해온다. 당나라 현종(玄宗) 때 현재의 푸젠성[福建省] 푸톈현[莆田縣]에 임(林)씨라는 사람이 살고 있었다. 그런데 그의 아내가 관음에게 우담화(優曇華)를 하사받아 그것을 먹은 후에 아이를 가졌고, 수태 후 14개월째 되던 날에 예쁜 딸을 낳았다. 아이는 돌 무렵부터 누가 가르쳐주지도 않았는데 신 앞에 두 손을 모으고 절을 했고, 다섯 살이 되어서는 『관음경(觀音經)』을 암송하는 놀라운 능력을 보였다.

아이가 태어난 푸톈현은 어업과 해상무역이 번성한 지역으로, 그녀의 네 오빠들도 그곳 사람들과 마찬가지로 배를 타고 바다로 나가는 날이 많았다. 그러던 어느 날, 베를 짜던 그녀가 돌연 기운을 잃고 쓰러져 움직이지 않는 것이었다. 깜짝 놀란 부모는 그녀의 몸을 흔들어 깨웠다. 잠시 후 의식이 돌아온 아이는 바다에 나간 오빠를 구하던 중이었는데, 흔들어 깨우는 바람에 큰오빠는 구하지 못했다며 안타까워했다. 부모는 딸의 말을 도무지 이해할 수 없었지만 얼마 후 바다에 나갔던 아들들이 집으로 돌아오면서 모든 상황을 이해하게 되었다. 사흘 전에 엄청난 폭풍우를 만나 배가 침몰할 위기에 빠졌을 때 예쁜 소녀가 나타나서 구해주었는데, 마지막에 큰형이 타고 있던 배는 그만 침몰하고 말았다는 것이었다.

이후 그녀는 놀라운 영력(靈力)을 발휘해 주변 사람들에게도 그 공덕을 베풀었다. 병든 이를 보면 병을 치료해주고, 걱정거리가 있는 사람에게는 정확하게 미래를 예언해서 불안감을 씻어주었다. 이러한 평판을 접한 황실에서는 그녀에게 천비(天妃)라는 칭호를 하사하고, 그녀가 죽은 후에는 영혼을 기리는 사당을 각처에 짓도록 했다.

현재도 바다와 관련된 일을 하는 사람들 사이에서 마조는 항해자의 수호신으로서 절대적인 신앙의 대상이 되고 있다. 푸젠성은 해외 무역의 거점으로 발전한 역사를 가지고 있으며, 많은 항해자와 해외 이주자들을 배출한 지역이다. 화교(華僑)의 진출과 함께 마조 신앙도 동남아시아와 인도네시아 등지로 퍼져나가 각지에 마조 사당이 건립되었다. 그 중에서도 마조 신앙이 유별난 곳이 대만이다. 대만에서 마조는 여러 신들 가운데서도 옥황상제만큼이나 인기가 높다. 그리고 일본 오키나와에도 마조 사당이 있는데, 이는 섬이라는 지역적인 특성과 무관하지 않은 것으로 보인다. 마카오라는 명칭도 이 섬에 처음 발을 들인 포르투갈 사람들이 마조를 모신 마각묘(媽閣廟)를 이렇게 발음하면서 유래한 것이다.

중국인들이 좋아하는 재신(財神)

재신은 재물의 신, 곧 부(富)의 신을 가리키며, 중국 민간에서 가장 보편적인 신앙이라고 할 수 있다. 중국의 어느 지역을 가더라도 재신을 모신 사당을 쉽게 볼 수 있으며, 재신을 모신 사당 앞에는 언제나 크고 작은 향들이 가득 피어 있다. 더군다나 도시 농촌 할 것 없이 어지간한 가정에서는 재신의 신상이나 그림 혹은 재부(財富)를 구하는 글자가 쓰인 족자 하나쯤은 걸려 있다. 그것은 이미 종교의 영역이 아닌 중국의 전통풍속으로 자리 잡혀 있는 모습이다.

재신은 재운을 주관하는 신령으로, 중국 민간 신앙 가운데 가장 늦게 나타난 신에 속하지만, 사람들의 재운과 사업의 성패를 관장함으로써 현대 중국인이 가장 보편적으로 섬기는 선신 가운데 하나가 되었다. 중국인들의 돈에 대한 관념은 역사적으로 매우 일찍 정립되었다. 사마천은 그의 『사기』에 「화식열전(貨殖列傳)」을 두어 부에 대한 생각을 전하고 있다. '화식'은 돈을 모은다는 뜻이니, '화식열전'은 돈을 모은 사람들의 전기인 셈이다. 그는 춘추(春秋) 말부터 한(漢)나라 초까지 상공업으로 재산을 모은 부자 52명의 이야기를 담았다. 사마천의 부에 대한 생각은 2000년이 지난 지금과 별반 다르지 않으니, 다음과 같이 말하고 있다.

> 그래서 (관중은) "창고가 차야 예절을 알고, 입고 먹는 것이 풍족해야 영예와 치욕을 안다."고 했다. 예란 (재물이) 있을 때 생겨나고 (재물이) 없으면 사라진다. 따라서 군자가 부유하면 덕을 즐겨 행하고, 소인이 부유하면 그 힘에 따라 행동한다. 연못이 깊어야 물고기가 생겨나고 산이 깊어야 짐승이 오가듯이 사람이 부유해야 인의가 따라온다. 부유하면 세를 얻어 더욱 번창하며, 세를 잃으면 객들도 떨어져 나가 즐겁지 못하게 된다. 오랑캐들은 더 심하다. 속담에 "천금을 가진 부잣집 자식은 저자거리에서 죽지 않는다."고 했는데 빈 말이 아니다. 그래서 "천하 사람들이 왁자지껄 오가는 것은 모두 이익 때문이다."라고 하는 것이다. 무릇 천승(千乘)의 마차를 가진 왕, 만호(萬戶)를 가진 제후, 백가(百家)의 읍을 가진 대부들도 오히려 가난을 걱정하거늘, 하물며 호적에 간신히 이름을 올린 보통 사람들이야 오죽하랴![08]

이러한 재물관은 더욱 확장되어 돈에다 전능한 신의 능력까지 부여하였다. 서진(西晉)의 노포(魯褒)는 「전신론(錢神論)」에서 '하늘은 둥글고 땅은 네모나다(天圓地方)'는 우주관을 형상화한 동전의 탄생을 설명하고, 돈의 능력에 대해 다음과 같이 말하고 있다.

---

08 『史記』卷一百二十九「貨殖列傳」: 故曰, "倉廩実而知禮節, 衣食足而知栄辱." 禮生於有而廃於無. 故君子富, 好行其德; 小人富, 以適其力. 淵深而魚生之, 山深而獸往之, 人富而仁義附焉. 富者得執益彰, 失執則客無所之, 以而不樂. 夷狄益甚. 諺曰, "千金之子, 不死於市." 此非空言也. 故曰, "天下熙熙, 皆為利來; 天下壤壤, 皆為利往." 夫千乘之王, 萬家之侯, 百室之君, 尚猶患貧, 而況匹夫編戶之民乎!

　　　　　　　　　　　　　중국인의 생활문화

돈을 잃으면 빈약해지고 얻으면 부강해지며, …… 많으면 앞에 서고 적으면 뒤에 서게 되는데, 앞에 서면 임금이요, 뒤에 서면 신하요 노복이다. …… 돈이 있으면 위험도 안전하게 만들고, 죽을 자도 살릴 수 있다. 돈이 떠나면 귀하다가도 천해지고 산 자도 죽을 수 있다. 그래서 분쟁이나 소송도 돈이 없으면 이길 수 없고, 외롭고 약한 자나 막히고 갇힌 자는 돈이 아니면 떨치고 나오지 못하며, 원한도 돈이 아니면 풀지 못하고, 좋은 이야기와 우스갯소리도 돈이 아니면 나오지 않는다. …… 돈이면 화를 복으로 바꾸고 실패도 성공으로 만들 수 있으며, …… 장수와 단명, 부귀와 빈천이 다 돈에 달려 있으니, 하늘인들 어쩌겠는가![09]

위진남북조(魏晉南北朝) 시기에 이르면 상업이 발달하여 부를 축적한 사람들도 많이 출현했다. 특히 이 시기에는 큰 부를 축적한 석숭(石崇)이나 왕개(王愷) 같은 부자가 등장하고, 또 왕융(王戎)이나 화교(和嶠) 같은 수전노들도 나오면서 부의 편중도 심화되었다. 이 글은 이러한 사회 분위기를 비판한 것이라 할 것이다. 결론적으로 생사와 부귀가 하늘에 있는 것이 아니고 모두 돈에 달려 있다는 것으로, 유가의 도덕적 가치가 완전히 뒤집혀 버린 금전지상주의에 대해 중국 사대부들이 보내는 조소와 풍자이다.[10]

---

09 魯褒,「錢神論」(淸 嚴可均,『全上古三代秦漢三國六朝文』1152쪽) : 失之則貧弱, 得之則富強, ……錢多者處前, 錢少者居後。處前者爲君長, 在後者爲臣僕。……錢之所在, 危可使安, 死可使活。錢之所去, 貴可使賤, 生可使殺。是故忿諍辯訟, 非錢不勝, 孤弱幽滯, 非錢不撥; 怨仇嫌恨, 非錢不解; 令問笑談, 非錢不發。……錢能轉禍爲福, 因敗爲成, ……性命長短, 相祿貴賤, 皆在乎錢, 天何與焉!

10 오수경,「중국 재신(財神) 신앙의 형성과 그 의미 확장」,『중국문학』86집, 2016.

이후 '돈의 신' 전신(錢神)은 '술의 성인' 주성(酒聖)과 짝을 이루어 수시로 문학 작품에 나타난다. 백거이(白居易)는 "근심이 있으니 비로소 주성을 알겠고, 가난해지니 전신을 알겠네."라고 하였고, 위장(韋莊)은 "난리가 나니 주성을 알겠고, 가난해지니 전신이 대단함을 깨닫겠네."라고 했으며, 두목(杜牧)은 "전신이 자네에게는 무적임을 알겠는데, 주성도 나에게는 거의 그러하다네."[11]라고 하였다. 가난한 문인들의 빠듯한 삶에 가장 위로가 되는 것은 술이었던 것이다.

이처럼 중국의 돈에 대한 숭배는 오랜 역사 속에 축적되어 왔다. 중국인들의 현실적 재부관의 상징인 재신 신앙은 장수와 길상을 포함한 다양한 민속 상징들을 흡수하면서 개혁 개방 이후 시장경제체제에서 가장 중국인들의 구미에 맞는 민간 신앙이 되었다.

재신 신앙이 나타나기 시작한 시기는 상업이 크게 발달하고 도시 문화가 형성된 송원대(宋元代)로 보이며, 명청대(明淸代)에는 전국적으로 재신 신앙이 보편화되었다.[12] 뤼웨이[呂微]는 '재신보(財神譜)'를 만들어 중국의 재신을 다음과 같이 분류 정리하였다.[13]

---

11 白居易, 「江南謫居十韻」: 憂方知酒聖, 貧始覺錢神). / 韋莊, 「遣興」: 亂來知酒聖, 貧去覺錢神. / 杜牧, 「題桐葉」: 錢神任爾知無敵, 酒聖於吾亦庶幾.

12 오수경, 「중국 재신(財神) 신앙의 형성과 그 의미 확장」 『중국문학』 86집, 2016.

13 呂微, 『隱喩世界的來訪者-中國民間財神信仰』, 北京: 學苑出版社, 2000.

종류		재신
정재신(正財神)	문재신(文財神)	비간(比干), 범려(范蠡)
	무재신(武財神)	조공명(趙公明), 관우(關羽)
편재신(偏財神)		오로신(五路神), 오현(五顯), 오통(五通), 오성(五聖), 화광대제(華光大帝), 금원총관(金元七總管), 이시선관(利市仙官), 초재동자(招財童子), 만회화합(萬回和合)
준재신(准財神)		유해섬(劉海蟾), 조왕야(竈王爺), 무상귀(無常鬼)
활재신(活財神)		채경(蔡京), 심만삼(沈萬三), 엄숭(嚴嵩) 등

　정재신은 역대 조정에 의해 정식으로 책봉되어 주신으로 모셔진 경우로, 생전의 관직과 경력에 따라 비간과 범려를 문재신, 조공명과 관공을 무재신으로 분류하였다. 정재신이 중앙에 위치하는 재신이라면 정재신 옆에 함께 배향하는 재신을 편재신이라 한다. 행로신(行路神)인 오로신, 불의 신인 화광대제, 물의 신인 금원총관, 아동 신성으로 장사와 재물을 관장하는 이시선관과 초재동자 등은 주로 정재신과 함께 배향되므로 편재신이라 불린다. 준재신은 다른 업무를 맡고 있는 신이 재신의 일을 일부 겸하게 된 경우로, 집안의 재물을 주관하는 부뚜막 신 조왕야, 돈을 나눠주는 수수께끼 인물 유해섬 등이 있다. 준재신은 거의 민중의 일상 속에 존재하며 지역이나 시대마다 다른 형상을 가지기도 한다. 활재신은 살면서 부를 많이 축적한 사람들 가운데 '살아있는 재신'으로 불린 경우이다.

　재신은 중국에서 비교적 늦게 출현한 신이다. 대략 송대(宋代)를 전후하여 녹마(祿馬)와 재마(財馬)를 영접하는 풍속이 나타났다. 마(馬)는 신마(神馬)로, 신령의 형상을 그리거나 목판으로 인쇄한 종이를 가리킨다. 고대에는 공명을 얻어 관직에 나아가면 고정된 봉록(俸祿)이 있었으므로 녹마(祿馬)와 재마(財馬)는 바로 이러한 재신의 상징이었다. 명대에 이르러 재신의 종류와 직능이 정립되었지만 그 기원은 정확히 알기 어려우며, 모시는 신도 지역과 시대에 따라 변화되었다.

재신문화의 연원을 살펴보면 무재신 조공명과 관우는 사실 재물과 아무 관련이 없다. 이들이 재신이 된 것은 문학작품의 강력한 전파력과 함께 통치자의 의식 때문이었다. 조공명과 관우는 모두 장군의 신분으로 나라를 위해 순직하였으므로 이들의 충성은 바로 통치계층에 가장 필요한 도리였다. 따라서 이들을 추숭하는 분위기를 만들었던 것이다.

반대로, 범려의 경우는 비록 집안에 천금을 쌓아두고 관직이 재상에 이르렀으나 부귀공명을 내던졌고, 여러 차례 큰 재물을 모았지만 미련 없이 두루 나누어주어 천하의 빈자를 널리 구제하였다. 이 때문에 범려는 오히려 역대 통치계층의 의도적인 외면을 받아왔다고 볼 수 있다. 중국 근대사에서 상인의 영향력은 강력하였으며, 특히 절상(浙商), 소상(蘇商), 휘상(徽商), 진상(晋商), 영소방(寧紹幇) 등은 무재신 조공명과 관우를 추숭하는 분위기 속에서도 대담하게 재신을 상업계의 성인이라며 문재신(文財神)이라는 이름을 붙여주었다. 그래서 비간과 범려는 가장 널리 받들어지는 재신으로 등극하게 된 것이다.

1. 문재신(文財神)

문재신은 재백성군(財帛星君) 혹은 증복재신(增福財神)이라고도 하며, 항상 '복록수(福祿壽)' 삼성(三星)[14] 및 희신(喜神)과 함께 나타나서 복록수재희(福祿壽財喜)의 다섯 요소를 구성한다. 문재신의 모습은 문관의 형상으로 머리에 재상의 사모(紗帽)를 쓰고 얼굴이 희며 머리카락은 길다. 망포(莽袍)를 입고 한 손에는 여의(如意), 다른

| 문재신(文財神)

한 손에는 보물이 담긴 쟁반을 들고서 원보(元寶)를 밟고 있다. 이러한 형상은 바로 '초재진보(招財進寶: 재물과 보배를 불러들임)'의 의미를 나타내는 것이니, 도박꾼이나 상인들이나 돈을 벌고자 하는 사람들은 모두 숭배한다. 전설에 재백성군은 천상의 태백성(太白星)으로 금신(金神)에 속하며, 직함은 도천지부재백성군(都天致富財帛星君)으로 천하의 금은과 재백을 관장한다고 한다.

---

14 복록수(福祿壽) 삼성(三星) 가운데 복성(福星)은 손에 어린아이를 안고 있는데, 자식이 있어 만사가 풍족한 복스러운 기운을 상징한다. 녹성(祿星)은 화려한 조복을 입고 옥으로 만든 여의를 안고 있으므로 벼슬을 하여 승진하고 재물과 봉록이 증가함을 상징한다. 수성(壽星)은 손에 천도복숭아를 받든 채 행복하게 웃는 얼굴로서, 편안하게 장수함을 상징한다. 복록수 가운데 녹성 만이 재신이지만, 삼성은 통상 삼위일체이므로 복성과 수성도 함께 재신으로 받들어진다. 문필에 종사하거나 보수를 받고 일을 하는 사람들은 모두 문재신을 받들며, 장사하는 사람이나 군사 업무에 종사하는 사람은 보통 무재신을 받든다.

1) 비간(比干)

| 비간(比干)

비간(比干)은 매우 인기 있는 문재신이다. 비간은 상(商)나라 주왕(紂王)의 숙부로서, 심장이 없어서 감정에 휘둘리지 않았기 때문에 매사에 매우 공정한 사람이었다고 한다. 민간에서 비간은 문관의 형상으로, 머리에 재상의 모자를 쓰고 손에 여의를 든 채 몸에 망포를 입고 원보에 발을 올려놓고 있다. 문재신의 모습은 천관(天官)과 유사하지만 만면에 자상한 웃음을 띠고 있는 천관에 비해 엄숙하고 말쑥하다.

『봉신연의(封神演義)』에 따르면 비간은 달기(妲己)에 빠져 나라를 망치고 있는 주왕에게 자신의 충심을 보여주기 위해 심장을 꺼내어 던져주고는 궁궐을 떠났다고 한다. 그는 민간에서 백성들에게 재물을 나누어주며 널리 덕을 베풀었고, 또 심장이 없는 덕분에 일처리를 공정하게 하여 후세에 재신으로 받들어지게 되었다는 것이다. 그래서 비간을 섬기는 장사꾼은 공평하게 교역하며 절대로 속이는 법이 없다고 한다. 이처럼 비간은 공정하고 사심이 없었으므로 공정재신(公正財神)이라고도 한다.

주왕은 은(殷)나라[15]의 마지막 왕이었다. 그는 맹수와 격투를 벌여 한손에 때려눕힐 만큼 호걸이었으며, 뛰어난 행정 능력을 갖춘 군주였다. 그러나 절세 미녀 달기에게 빠져 점차 국사를 멀리하게 된다. 나라에는 관심을 두지 않고, 왕답지 못한 행동을 일삼아 후세의 역사가들로부터 중국 역사상 최악의 군주라는 평가를 받는다. 그는 일관된 방침 없이 국가를 운영하고, 적자에 허덕이는 국가 재정을 충당하기 위해 백성들에게 무리하게 세금을 물림으로써 나라는 점차 혼란에 빠지기 시작했다.

그러나 황제의 권력 앞에 신하들은 몸을 사릴 뿐 아무도 입을 열지 못했다. 어느 누구도 고언(苦言)을 할 용기가 없었던 것이다. 하지만 평소부터 충신임을 자처하던 문관(文官) 비간은 달랐다. 그는 황제로서는 듣기 거북한 상소를 올렸다. 하지만 주왕은 이러한 충언에 조금도 귀를 기울이지 않았다. 비간은 자신의 충심을 증명하기 위해 자신의 가슴을 절개해서 심장을 꺼내 보여주었다. 비간은 황제가 변하기를 촉구하면서 이렇게 죽어갔지만, 주왕은 이후에도 자신의 소행을 고치지 않아 결국 주(周)의 무왕(武王)에게 멸망당하고 말았다.

자신의 목숨을 걸고 황제에게 정의를 구했던 비간의 행동은 이후 충신의 한 본보기로서 많은 사람들의 추앙을 받았다. 중국 역사상 뛰어난 무장으로 알려진 충신은 많지만, 문관 출신으로 이 정도의 용기와 결단력을 보여준 인물은 드물었다. 그래서 민중들 사이에서는 이런 인물이라면 우리들의 소원도 들어줄 것이라는 믿음이 생겨나게

---

15 상(商)나라는 한때 은(殷)이라고 부르기도 했다. 하지만 은은 상왕조의 마지막 수도일 뿐이며, 은(殷)이라는 명칭은 상 왕조가 멸망한 뒤 주(周)에서 상의 주민들을 낮게 호칭하던 것에서 비롯된 것이다. 따라서 정확한 명칭은 상(商)이라 할 것이다. 여기서 '은나라'라고 한 것은 주왕이 마지막 왕이었기 때문에 당시의 호칭을 사용한 것이다.

되어 비간은 신으로 승격된 것이다.

2) 범려(范蠡)

| 범려(范蠡)

범려(范蠡) 역시 중국인들이 좋아하는 문재신이다. 범려는 춘추시대 오월(吳越) 양국의 전쟁사에서 월왕 구천(勾踐)을 보좌하던 대부(大夫)로서, 희대의 미인 서시(西施)를 발탁한 인물로도 유명하다. 후에 벼슬을 버리고 장사를 하여 큰 재산을 모았으며, 덕을 많이 베풀었다. 특히 그는 지혜로운 경영으로 세 번이나 큰 부를 축적하였고, 그 때마다 그 부를 조금도 남기지 않고 다 베풀었다고 한다. 그래서 '범려는 세 번 부를 쌓고 세 번 모두 베풀어 재신이 되었다(范蠡三聚三散成爲財神)'고 일컬어진다. 범려는 『사기』「화식열전(貨殖列傳)」에 정식으로 수록된 고대의 거부(巨富)로서, 상인의 항업신(行業神)으로 받들어졌고, 부자의 별칭이 된 도주공(陶朱公)으로도 불렸다. 그는 지혜로운 경영으로 큰 부를 쌓은 인물이어서 재신의 가장 모범적인 예라 할 수 있다.

오나라 정벌에 결정적인 공을 세운 범려는 구천이 공을 나누지 못하는 성격임을 간파하고, 모든 재물을 다 나누어주고 월나라를 떠난다. 당시 같은 공신인 문종(文種)에게 함께 떠날 것을 권하면서 '토사구

팽(兎死狗烹)'이란 유명한 고사성어를 남기기도 했다. 범려가 떠난 뒤 망설이고 있던 문종은 결국 구천이 내린 검으로 자결해야 했다.

제(齊)나라로 간 범려는 해변에 땅을 일구어서 수십만의 자산을 모았으나 제나라 왕이 그를 초치하려 하자 다시 모든 재산을 나누어주고 도(陶: 지금의 산둥성 딩타오[定陶]현) 지방으로 숨었다. 이곳에서 도주공(陶朱公)이라 자칭하며 농사짓고 가축을 기르는 한편, 장사를 하여 다시 수만금을 모았다. 그리고 그 재물을 또 백성들에게 나누어주었다. 여기서 '삼취삼산(三聚三散)'이란 고사성어가 나온 것이다. 이처럼 범려는 항상 지혜로운 경영으로 부를 축적하였을 뿐 아니라 지혜롭게 물러나고 나눌 줄 알았던 인물이었으므로 지혜재신(智慧財神)으로 불렸다. 소위 노블레스 오블리주의 전형적인 인물이라 할 것이다.

후대의 상인들이 그를 재신(財神)으로 받들었고, 사람들이 그를 존경하여 '상성(商聖)'으로 불렀다. 아울러 그의 경영관을 바탕으로 다양한 이론들을 만들어냈는데, 그 가운데 치부십이계(致富十二戒)를 보면 "추해지지 말고, 허욕부리지 말고, 우유부단하지 말고, 억지주장하지 말고, 나태하지 말고, 고집부리지 말고, 돈을 가벼이 쓰지 말고, 외상을 탐하지 말고, 겉멋에 취하지 말고, 저축을 소홀히 하지 말고, 시기를 놓치지 말고, 돈에 눈멀지 말라."[16]고 했다.

---

16 勿鄙陋, 勿虛華, 勿優柔, 勿強辯, 勿懶惰, 勿固執, 勿輕出, 勿貪賒, 勿爭趣, 勿薄蓄, 勿眛時, 勿痴貨.

2. 무재신(武財臣)

1) 조공명(趙公明)

재신 중에서도 '화하제일재신(華夏第一財神)'으로 꼽히는 이가 조공명이다. 그는 상(商)나라 때 사람으로, 간보(干寶)의 『수신기(搜神記)』에는 전문적으로 사람의 목숨을 빼앗는 저승의 신령으로 등장한다. 또 도홍경(陶弘景)의 『진고(眞誥)』에 따르면 질병으로 사람의 목숨을 빼앗는 온역신(瘟疫神)이었다.

조공명은 원대(元代) 『삼교수신대전(三教搜神大全)』이라는 책에서

| 조공명(趙公明)

처음 재신으로 소개되었다. 본래 여러 직능을 갖고 있으나, 명대(明代) 『봉신연의(封神演義)』가 세상에 나온 뒤에 조공명은 비로소 지난날의 사기(邪氣)와 귀기(鬼氣) 및 온기(瘟氣)가 충만한 모습에서 벗어나 재신으로 자리를 잡았다. 조공명(趙公明)은 『봉신연의』 제99회에서 강태공(姜太公)으로 알려진 강자아(姜子牙)가 주왕(紂王) 토벌을 마치고 각 신들을 봉할 때, 금룡여의정일용호현단진군(金龍如意正一龍虎玄壇眞君)으로 책봉을 받았다. 그리고 휘하에 초보천존(招寶天尊) 소승(蕭升), 납진천존(納珍天尊) 조보(曹寶), 초재사자(招財使者) 진구공(陳九公), 이시선관(利市仙官) 요소사(姚少司) 네 신을 거느리게 된다. 이로써 조공명은

온갖 진귀한 보물과 재물을 모으며 시장을 이롭게 하는 초보(招寶), 납진(納珍), 초재(招財), 이시(利市)의 기능을 모두 갖춘 재신으로 자리매김하게 되었다. 이들 다섯 신을 통틀어 오로재신(五路財神)이라 하며, 함께 모든 재부와 관련된 업무를 맡는다. 이들은 모두 각자의 역할이 있지만, 주신인 조공명의 보좌역으로서 함께 배향되는 편재신이다.

| 조공명과 함께 배향되는 오로재신

이들 재신은 공리적이고, 현실적이다. 삼교합일은 물론, 어떤 종교에 대해서도 배타성을 지니지 않으므로 다른 민간 신앙과 공존할 수 있었다. 이는 재신 신앙이 더욱 널리 퍼질 수 있었던 이유이기도 하다. 이처럼 조공명은 목숨을 빼앗는 무서운 저승 신에서 천하의 재부를 관장하는 재신으로 변신한 것이다. 전설에 따르면 조공명은 두 눈이 없어서 세에 편승하고 이익을 따지는 눈도 없었다고 한다. 따라서 모든 것을 공평하게 판단하고 분배하였기 때문에 심장이 없어서 공정재신으로 불린 비간과 마찬가지로 공정재신(公正財神)으로도 불린다.

2) 관우(關羽)

일반적으로 무재신은 조공명을 가리키지만 홍콩과 대만 지역에서는 관우를 많이 신봉한다. 관우는 관성제군(關聖帝君), 관제(關帝) 등으로 불리며, 본래 도교의 호법사수(護法四帥) 가운데 하나이다. 충성스럽고 의로워 재신으로 봉해졌는데, 충의를 중시하였으므로 충의재신(忠義財神)이라고도 한다. 상인들이 관우를 재신으로 받드는 이유는 세 가지이다. 첫째, 관우는 생전에 이재(理財)에 매우 밝고 회계업무에 뛰어났으며, 일청부(日淸簿)라는 회계장부를 발명하였다. 일청부는 원(原), 수(收), 출(出), 존(存)의 네 가지 항목이 있어 매우 명확하였으므로 후대의 상인들은 관우가 회계의 전문가라고 인정하여 상업의 신으로 받들었다. 둘째, 상인들은 장사할 때 의리와 신용을 매우 중요시하는데, 관우는 신의를 갖춘 사람이다. 셋째, 관우는 사후에도 진신(眞神)이 되어 늘 전쟁을 승리로 이끌도록 도와준다고 믿는데, 상인들도 언젠가 사업이 좌절되었을 때 관우처럼 재기하여 최후의 성공을 얻기를 희망한 것이다. 이러한 신앙은 청대에 각종 직업에 받아들여져서 관우에 대한 숭배가 특히 성행하였다.

| 중국 우표의 모델로도 등장한 관우(關羽)

관우(關羽: ?~219)만큼 중국인에게 친근한 인물도 드물 것이다. 대개의 중국인들이 이야기와 연극, 책 등을 통해 그에 관한 거의 모든 것을 알고 있다고 해도 과언이 아니다. 원래 관우는 산서성 출신이지만, 하북성으로 망명해서 유비(劉備: 161~223)와 장비(張飛: ?~221)를 만나 의형제를 맺었다. 그리고 쇠망한 한(漢) 왕조를 부흥시키기 위해 유비에게 힘을 보탰다. 이 세 사람의 관계는 말 그대로 형제와 같았다. 수많은 전투에서 승리하면서 세 사람의 꿈은 곧 실현될 것처럼 보였다. 하지만 승상 조조(曹操: 155~220)가 이들을 배반하고 위(魏)를 건국하게 된다. 강력한 군사력을 자랑하는 위나라는 물론, 손권(孫權: 182~252)이 이끄는 오(吳)와도 맞서게 된 유비는 자신이야말로 한 왕조의 정통 후계자임을 내세우며 촉(蜀)의 황제로 등극한다. 관우는 오와 연합해서 위의 군대를 적벽(赤壁)에서 크게 물리치지만, 이후 오와 위의 연합군의 공격을 받아 전사하고 만다.

그의 늠름한 모습은 『삼국지연의』에 잘 표현되어 있다. 그는 대단한 애국자인데다 우정과 의리가 있으며, 금전 관계도 깨끗하고, 성격마저 침착한 아주 이상적인 사나이였다. 이런 영웅이 비극적인 죽음을 맞았다는 사실은 사람들을 더욱 안타깝게 만들어 각종 이야기가 만들어졌다. 관우는 죽은 후에도 수백 년간 그의 영혼이 이 세상을 떠돌았다고 한다. 『삼국지연의』에 따르면, 그의 혼은 형문주(荊門州) 당양현(當陽縣)에 있는 옥천산(玉泉山)으로 날아왔다고 한다. 당시 이 산에는 보정(普靜)이라는 노승이 살고 있었다. 어느 날 밤, 보정이 명상을 하고 있는데 갑자기 내 머리를 돌려달라며 절규하는 소리가 들려왔다. 관우는 조조와 손권 연합군의 포위를 뚫고 탈출하다가 아들 관평(關平)과 함께 손권의 군대에 붙잡혀 참수되었다. 손권은 그의 머리를 조조에게 보냈고, 조조는 제후의 예로 장례를 치렀다고 한다.[17] 관우가 머리를 돌려달라고 한 것은 이처럼 사후에 몸과 머리가 분리되었기 때문이다. 보정이 고개를 들어보니 말에 올라탄 관우가 부하들을 데리고 공중에 떠 있었다. 보정은 관우를 안으로 인도한 다음 "생전에 일어났던 일에 대한 시비는 이제 아무 소용이 없소. 무엇이 좋고 나쁜지 그 경계란 없소이다. 당신은 지금 내게 머리를 돌려달라지만, 그렇다면 당신에게 죽임을 당한 장군들은 누구에게 가서 돌려달라고 한단 말이오."라고 했다. 이 이야기를 들은 관우는 큰 깨달음을 얻어 성불(成佛)했다고 한다. 그리고 그 후 자주 옥천산에 나타나 악령을 퇴치하기도 하고, 재해를 미리 알려주는 등 주민들에게 영험함을 보여주자 사람들은 산꼭대기에 사당을 세워 관우를 극진히 모셨다고 한다.

이것이 관우가 신격화된 최초의 사례로 보인다. 사실 중화인민공화국 수립 전까지만 해도 관우의 탄생일(음력 6월 24일)에는 학교가 휴교하고, 각 가정에서는 공양을 하는 등 국민적 영웅으로서 대단히 높은 인기를 누렸다고 한다. 관우가 불교 사찰에서 성불했다는 전설은 관우가 불교와도 관련이 있다는 사실을 보여주는 증거이다. 실제로 관우는 불교에서도 관제보살(關帝菩薩) 또는 가람보살(伽藍菩薩)로 불리며, 호법신(護法神)으로 숭배되고 있다. 유교의 경우에도 관우가 항상 『춘추(春秋)』를 애독했다는 사실 때문에 신으로 받들어 모시고 있다.

무장이었던 관우가 재신(財神)으로 추앙받는 이유 가운데 하나로 다음과 같은 이야기가 전한다. 관우가 조조의 포로가 되었을 때 조조

---

17 오늘날 그의 몸이 매장된 것으로 알려진 후베이성[湖北省] 당양[當陽]의 무덤은 관릉(關陵)으로, 그의 머리가 매장되었다는 허난성[河南省] 뤄양[洛陽]의 무덤은 관림(關林)으로 불린다.

는 관우를 회유하기 위해 금은보화를 주고 환대했다. 하지만 관우는 기회를 엿보다가 함께 붙잡힌 유비 부인과 함께 탈출했다. 그런데 그때 조조로부터 받은 금과 은에는 하나도 손대지 않고 그대로 남겨두고 떠났다. 즉, 금전 문제에 대해서는 누구보다도 청렴한 인물이었던 것이다. 이러한 금전 관념이 관우를 재신으로 만든 것이다.

관우는 무신이자 재신으로 널리 알려져 있지만, 그 밖에도 재난을 예지하는 신, 요괴를 퇴치하는 신, 죽은 사람을 소생시키는 신, 천계를 지키는 신으로서 숭배되는 등 다방면에서 활약하는 신이다. 근대에 들어 강호에서 의형제를 맺을 때 반드시 관제상(關帝像) 앞에서 "어려움이 있어도 함께 하고, 복이 있어도 함께 누린다. 같은 해 같은 달 같은 날에 태어나지는 못했지만, 같은 해 같은 달 같은 날에 죽기를 바란다.(有难同当, 有福同享. 未能同年同月同日生, 但愿同年同月同日死.)"라고 맹세한다. 이것은 모두 『삼국지연의』의 '도원결의(桃園結義)'를 모방한 것으로, 관우를 의리의 표상으로 받든 것이다.

이 외에 사람들은 관운, 승진, 치병, 벽사, 징벌, 명부(冥府) 등의 직능을 부여하였으며, 심지어 재물과 사업까지 그의 소관으로 믿고 있다. 이처럼 관우는 인간의 대운을 좌우하는 신이 되어 그를 모시는 곳은 늘 붐빈다. 말하자면, 중국의 여러 신들 가운데 가장 대표적인 신이다. 한국이나 일본에도 관우를 모시는 무당이나 사당이 있으며, 중국인들이 모여 사는 곳에는 어김없이 관우의 사당이 있다. 휘날리는 듯한 긴 수염과 혈색 좋은 얼굴이 관우의 상징으로 알려져 있다.

3. 기타 재신(財神)

이상의 문재신과 무재신 외에도 편재신, 준재신, 활재신 등
이 있다. 이 가운데 비교적 영향력이 큰 재신 몇몇을 소개한다.

1) 오로신(五路神)

| 오로신(五路神)

오로신은 노두신(路頭神), 행신(行神)
이라고도 하며, '오로'는 동서남북과 중
앙을 가리킨다. 길을 떠날 때 이 다섯
곳 모두에서 재복을 빌었으므로 로신
(路神)이라고도 한다. 오로신은 민간의
길상연화(吉祥年畵)에 가장 자주 등장하
는 길상신이다. 정월 초닷새는 오로신
의 생일이므로 날이 밝자마자 모두 폭
죽을 터뜨린다. 이는 재신을 먼저 영접
하기 위한 것인데, 상가에서는 아예 초
나흘 날에 영신의식을 거행한다. 과일
과 떡, 돼지머리 등 제수를 준비하여 술을 올리고, 시간이 되면 향촉을
피우고 오방재신당(五方財神堂)에서 재신을 영접한다. 그리고 재신지
마(財神紙馬)을 걸고 분향하는데, 분향이 끝나면 모두 절을 한 후 재신
지마를 태운다.

『봉신연의』에도 오로재신(五路財神)이 등장하는데, 민간의 오로신
과는 차이가 있다. 중앙의 현단원수(玄壇元帥) 조공명, 동로재신 초보
천존(招寶天尊) 소승(蕭升), 서로재신 납진천존(納珍天尊) 조보(曹寶), 남

로재신 초재사자(招財使者) 진구공(陳九公), 북로재신 이시선관(利市仙官) 요소사(姚少司) 등을 오로재신이라 했다.

2) 오현재신(五顯財神)

오현재신(五顯財神)도 지방재신 가운데 비교적 유명하다. 오현재신에 대한 신앙은 장시[江西] 더싱[德興]과 우위안[婺源] 일대에서 유행하였다. 오형제의 봉호 첫 글자가 모두 현(顯)이었으므로 오현재신이라 한다.

| 1940년대 베이징의 오현재신묘(五顯財神廟)

생전에 빈자를 구제하고 사후에도 권선징악에 힘써 궁핍한 백성을 보호하였다고 한다. 북경 안정문(安定門) 밖에도 오현재신묘가 있다.

3) 금원칠총관(金元七總管)

각 지방에는 또 지방의 재신이 있다. 금원칠총관(金元七總管)은 명청 이래로 강절(江浙) 일대에서 받들었던 지방의 재신이다. 전설에 따르면 왜구를 격파한 영웅이라고 한다. 백성들은 그 지역을 안정시킨 영웅이 죽어서도 현지의 백성들을 보호해주기를 기원하며 사당을 세워 받들었다. 매월 2일과 16일에 제사를 지내는데 이를 '배리시(拜利市: 신에게 제사지낸다는 謝神의 의미)'라고 한다. 금원칠총관은 보통 '당송팔대가(唐宋八大家)'와 짝을 이루는 대련 많이 등장한다. 전혀 관계가 없는 듯한 내용이 함께 등장하므로 여러 주장이 분분하다. 『금이상판차(金二相販茶)』라는 책에는 다음과 같이 기록되어 있다. 한(漢)나라 황실의 한 후손이 왕망(王莽)의 난을 피하여 쑤저우[蘇州] 정산호로 피난하여 정착하였다. 그는 신분을 감추기 위해 '유(劉)'씨 성의 '묘(卯)'자와 '도(刀)'자를 제거하여 '금(金)'씨로 고쳤다. 그는 차(茶) 장사를 하여 큰 부자가 되었고, 슬하에 칠형제를 두었다. 아들들은 사후에 모두 금총관(金總管)에 봉해졌으니, 바로 이들이 '금원칠총관'이라는 것이다. 아마도 당송팔대가에 버금가는 뛰어난 인재라는 의미에서 함께 대련에 등장하는 것으로 보인다.

4) 이시선관(利市仙官)

| 이시선관(利市仙官) 대련

이시선관의 본명은 요소사(姚少司)로서, 조공명의 도제이다. 『봉신연의』에 따르면 강태공에 의해 길상과 복을 맞이하는 신령에 봉해졌다. 이시(利市)에는 세 가지의 의미가 함축되어 있다. 장사하여 얻는 이익, 이로움이나 행운, 경사스러운 날이나 명절에 주는 축하금인 압세전(壓歲錢: 세뱃돈) 등을 가리킨다. 새해가 되면 상인들은 이시선관과 초재동자의 초상화를 문 위에 붙이고 '초재동자가 들어오고(招財童子至), 이시선관이 오신다(利市仙官來)'라는 대련을 써 붙이곤 한다.

5) 유해섬(劉海蟾)

| 유해섬(劉海蟾)

유해섬은 돈을 풀어 빈자를 구제하는 준재신(準財神)이다. 준재신이란 재신의 봉호를 얻지 못한 신이지만 인간에게 일정한 재운을 가져올 수 있으며, 재신의 일부 직책을 담당하고 있으므로 재신의 대접을 받는 신을 말한다. 유해섬은 대표적인 준재신이다. 유해섬은 유해(劉海)라고도 하며, 전진교(全眞敎) 오조(五祖)의 한 사람으로서, 오대(五代) 시기 연산(燕山: 현재 북경) 출신이다. 요(遼)나라에서 진사가 되었고, 훗날 연(燕)나라의 승상을 지내기도 했다. 이후 도사 여동빈(呂洞賓)을 만나 벼슬을 버리고 도사가 되었다. 도호(道號)를 해섬자(海蟾子)라고 하며, 신선이 되어 종남산(終南山)과 태화산(太華山)에서 노닐었다고 한다. 원(元) 세조(世祖) 쿠빌라이[忽必烈]가 '해섬명오홍도진군(海蟾明悟弘道眞君)'으로 봉하였으며, 무종(武宗)은 '해섬명오홍도순우제군(海蟾明悟弘道純佑帝君)'으로 봉하였다.

이처럼 유해섬은 깨달음을 얻은 도사로서, 본래 재물과 무관하였다. 그가 재신이 된 것은 아마 그의 도호가 두꺼비를 뜻하는 해섬자였기 때문으로 보인다. 두꺼비는 용모가 괴이하고 분비물에 독을 품고 있으므로 오독(五毒)[18]의 하나로 여겨졌다. 그러나 또한 약재로 사용되

---

18   전갈(蝎), 뱀(蛇), 지네(蜈蚣), 도마뱀(壁虎), 두꺼비(蟾).

어 병을 피하고 사마(邪魔)를 진압하며, 장생에 유익하고 부귀를 주관하는 상서로운 동물로 여기기도 한다. 유해는 이러한 두꺼비를 의미하는 '섬(蟾)'자가 들어간 도호를 갖고 있어서 '유해희금섬(劉海戲金蟾)'이라는 전설이 생겨났고, 이로 말미암아 재신의 지위로 격상되었다. 전설에 따르면 유해의 곁에는 세 발 달린 금 두꺼비가 수호신처럼 함께한다. 이 두꺼비는 유해가 원하는 곳으로 데려다주는 영물이다. 그런데 가끔씩 말썽을 피워 우물로 도망치면 두꺼비가 좋아하는 동전 꾸러미로 유인해 다시 불러내었다. 그래서 '유해가 금 두꺼비를 희롱한다'는 '유해희금섬'의 전설이 생긴 것이다.

'유해희금섬'은 민간의 연화(年畵)와 전지(剪紙)에 많이 등장하며, 역대 화가들의 단골 소재이기도 했다. 그림 속의 유해는 춤을 추며 웃고 있는 개구쟁이이다. 손에 돈 꾸러미를 들고 있는데, 세 발 달린 두꺼비가 그 돈 꾸러미 끝을 뛰어올라 물고 있는 형상이다. 유해는 돈의 상징인 이 금 두꺼비를 타고 원하는 곳으로 가서 노닐었다. 아울러 가는 곳마다 금 두꺼비가 토해내는 돈으로 수많은 빈자를 구제하였으므로 사람들은 그를 '살아있는 신선[活神仙]'으로 신성시하였다. 그래서 곳곳에 유해 사당을 짓고, 이 이야기는 희곡으로 각색되어 도처에서 공연되기도 했다.

6) 심만삼(沈萬三)

| 심만삼(沈萬三)

심만삼은 원말 명초 사람으로, 장쑤[江苏] 쿤산[昆山]에서 태어나 주로 강남지역에서 활동하던 거부였다. 그는 명나라 초기부터 부자의 대명사로 이름을 알렸는데, 재산이 명나라 전체 예산보다도 많았다고 한다. 심만삼은 원나라 말기 때 상하이[上海]와 난징[南京]에서 곡물, 비단, 도자기 등 각종 특산품을 거래하며 부를 쌓았다. 내란이 극심해지기 시작한 원나라 말, 심만삼은 당시 민중봉기의 주역인 주원장(朱元璋)을 알아보고 그를 적극적으로 지원했다. 『명사(明史)』에 따르면 심만삼은 서예작품을 수집했는데, 문장 한 편에 20량이라는 거금을 주고 사들였다고 한다. 이 소문을 듣고 명나라에서 글깨나 쓴다는 사람들이 모두 그의 집 앞에 모여 자신의 작품을 팔기 위해 진을 쳤다고 한다.

심만삼은 나랏일에도 재정 지원을 아끼지 않았다. 명태조(明太祖) 주원장이 남경성(南京城)성을 건축할 때 그는 선뜻 자신의 재산을 내어 홍무문(洪武門)에서 수서문(水西門)이르는 10km 이상의 성벽을 쌓는 공사를 완성시켰다. 기록에 따르면 전체 공사비 가운데 3분의 1에 가까운 금액을 부담했다고 한다.

그러나 명나라 최고 부자의 최후는 쓸쓸했다. 태조 주원장은 그의 공을 인정하여 그의 두 아들을 황실의 고위관리로 임명했다. 그러나 훗날 두 아들이 비리사건에 연루되어 심만삼은 윈난[云南]으로, 두 아들은 차오저우[潮州]로 귀양을 갔다. 물론 그의 재산은 모두 몰수되었다. 하지만 불행은 여기서 끝나지 않았다. 심만삼의 증손과 사위가 반란사건에 연루되어 가족 전체가 처형당한 것이다. 그는 겨우 죽음을 면했지만 윈난에서 쓸쓸한 여생을 보내다 굶어 죽었다고 한다.

심만삼이 강남지역에서 장사를 해 부를 축적한 건 사실이지만 부를 축적한 방법에 대해서는 명확한 기록이 없다. 한 기록에 따르면 그는 원나라 오강(吳江) 일대에 육덕원(陸德源)이라는 부자의 비서로 재산관리를 맡았다고 한다. 훗날 육덕원이 인생의 덧없음을 깨닫고 속세를 떠날 때 자신의 모든 재산을 심복인 심만삼에게 넘겨주었고, 이를 기반으로 강남 최고의 부자가 되었다는 것이다.

심만삼(沈萬三)은 강남지역의 재신으로 추앙받고 있는데, 거기에는 신비한 전설이 전해온다. 심만삼이 청개구리를 구해 방생을 하다가 연못가에서 그릇을 하나 얻었다. 그의 아내가 우연히 동전 한 닢을 그 안에 놓았더니 갑자기 그릇에 가득하게 되었다. 금은으로 시험하였더니 모두 효험이 있어 이로부터 천하의 갑부가 되었으며 이 그릇을 취보분(聚寶盆)이라 하였다. 그래서 심만삼은 재신으로 받들어졌다. 심만삼은 원래 강남 지역의 거부였으므로 지금도 장쑤, 저장, 푸젠 등에서는 보통 돈 많은 사람을 '심만삼'으로 비유한다.

중국의 숫자 문화

1. 숫자에 담은 의미

중국인들이 8이라는 숫자에 광적으로 집착한다는 것은 널리 알려져 있다. 특히 결혼식 같은 중요한 의식에는 8이 들어간 날을 잡는다. 우리나라 올림픽이 열린 1988년 8월 8일, 중국에서는 수많은 사람들이 결혼식을 올렸다. 8자가 네 개나 들어간 그 날이 중국인들에게 대단한 길일로 여겨졌기 때문이다. 당시 홍콩, 마카오, 대만에서 발행된 신문을 보면, 이날 결혼식장 예약이 쇄도하여 모든 예식장이 밤까지 꽉 찼으며, 도처에서 축하 폭죽을 터뜨려 시내가 온통 전쟁을 방불케 했다고 한다. 중국이 북경올림픽 개막을 2008년 8월 8일로 잡은 것도 마찬가지 이유에서이다.

결혼뿐만 아니라 회사나 사무실 개업도 8이 들어간 날짜에 많이 한다. 실제 90년대 초에 우후죽순처럼 생겨난 수많은 회사들이 모두가 8이 들어간 날에 개업했다. 개업 날짜와 관련하여 다음과 같은 에피소드가 전한다. 어떤 회사가 개업을 하는데 날짜를 8일로 잡고 개업식을 아침 8시 8분에 하기로 하였다. 8자를 최대한 많이 사용한 것이다. 그러나 시간이 너무 일러 사람들이 별로 오지 않았다. 그러자 그걸 본 이웃 사람이 18일에 개업을 하면서 시간을 8시 88분으로 통보하였다. 실제로는 9시 28분이지만 이렇게 써 놓은 걸 보고 많은 사람들이 함박웃음을 지으며 달려 왔다.

그러다 보니 신문사의 편집장들은 이때마다 매번 골치를 앓아야 했다. 개업 광고가 8일, 18일, 28일 등 8이 들어간 날에 집중되는 바람에 이 날 신문 면수가 평소의 배로 늘어났는데, 그 대부분이 개업을 알리는 빨간 색 광고로 뒤덮였다.

이처럼 중국인들은 8을 좋아한다. 전화번호, 자동차 번호, 방 번호, 복권 번호, 신용카드 번호 가릴 것 없이 8자가 들어가면 좋아한다. 중국은 가히 8자의 천국이라고 할 수 있다. 이것은 중국인들이 숫자 8에 특정 상징을 담았기 때문이다.

다음에서 중국인들의 특정 상징이 담긴 몇몇 숫자들을 살펴보기로 한다.

1) 돈을 번다는 의미의 '8'

중국인들의 8에 대한 사랑은 돈과 연관되어 생겨났다. 우리나라에서 새해 덕담으로 '돈 많이 벌어라'고 말하는 이는 별로 없다. 하지만 중국인들은 '즐거운 새해를 맞아라'는 의미의 '신녠콰이러[新年快樂]'와 함께 '축하해, 돈 많이 벌어라'는 의미의 '궁시파차이[恭喜發財]'로 새해 인사를 한다. 여기에 돈을 '번다'는 동사 '發[fa]'가 '8[ba]'과 발음이 비슷하여 숫자 8에 부를 축적한다는 의미를 연결시킨 것이다.

이러한 상징은 중국에서도 타고난 장사꾼으로 꼽히는 광둥 사람들에 의해 처음 등장했다. 특히 광둥어는 '發[fat]'과 '8[bat]'의 발음이 더욱 비슷하다. 광둥 사람들은 개혁개방 이래 다른 지역보다 한발 앞서 부자가 되었으므로 다른 지역 사람들의 부러움의 대상이었다. 그들의 일거수일투족이 관심의 대상이었고 모방의 대상이었다. 광둥성 부호들이 내륙으로 발걸음을 옮김에 따라 8을 숭배하는 관념도 자연스럽게 중국 전역으로 퍼져나가게 되었다.

2) 순조로움을 나타내는 '6'

6은 중국인들이 8자 다음으로 좋아하는 숫자이다. 6[liu]자는 물이 막힘없이 순탄하게 흐른다는 '流[liu]'와 발음이 같다. 또한 '가는 길마다 순조롭다'는 뜻의 성어 '六六大順[liu liu da shun]'과 연관되어 있다. 그래서 모든 일이 뜻대로 순조롭게 이루어지기를 바라는 마음에서 결혼일자를 6일, 16일, 26일처럼 6이 들어간 날짜를 택하기도 한다. 만약 음력과 양력이 모두 6을 포함하고 있다면, 다시 말해 양력 6월 6일이 음력 5월 16일이라면 이 날은 대단한 길일이 된다.

6[liu]가 또 나라로부터 받는 봉록(俸祿)을 뜻하는 '祿[lu]'와 소리가 비슷하다고 해서 선호하는 사람도 있다. 베이징이나 상하이에서 전화 국번호가 네 자리로 바뀔 때 첫 자리에 6이나 8을 먼저 넣은 것도 모두 이러한 의미를 취한 것이다.

3) 장수를 뜻하는 '9'

중국 사람들은 오래 전부터 9를 장수의 상징으로 여겼다. 9[jiu]의 발음과 '久'[jiu]의 발음이 같기 때문이다. 9는 특히 봉건시대 제왕들이 자신의 만수무강과 왕조의 무궁한 번창을 바라는 뜻을 담은 수이기도 했다. 역대 황제들은 천자를 상징하는 용 9마리가 그려진 구룡포[九龍袍]를 입었고, 명대에 축조된 자금성은 문이 9개이며 그 문에 박혀있는 못도 가로 세로 9개이고, 궁전의 계단도 9 또는 9의 배수로 이루어져 있다. 그리고 자금성 안의 방은 모두 9999와 1/4칸이다. 9999는 인간이 도달할 수 있는 최상의 수를 의미하고 1/4은 여백이다. 이처럼 평생 늙거나 죽지 않고 오래오래 황제 노릇을 하고 싶은 염원을 궁궐 구석구석에 담아 놓았던 것이다.

4) 다원적인 의미의 '4'

4[si]가 死[si]와 음이 같기 때문에 입에 올리기 싫어하는 것은 중국인들이나 우리나 마찬가지다. 그래서 광둥, 푸젠 같은 지역에서는 병원에 4호 병실을 두지 않고, 버스에는 4번이 없으며, 자동차 번호판에도 4가 없다. 빌딩에도 4층이 없는데, 14[shisi]도 '실제로 죽는다'는 뜻의 '實死[shisi]'와 음이 비슷하다 하여 14층도 없다. 우리나라에서 4층을 'F'로 표시하거나 아파트의 4호 라인을 아예 사용하지 않는 것도 같은 이유이다.

하지만 4가 항상 기피되는 것은 아니다. 때로는 일부러 4자에 맞춰서 일을 처리하는 경우도 있다. 예를 들어 중국 4대 기서의 하나인 『금병매(金瓶梅)』에는 서문경이 잔치를 준비하라고 분부하면서 "네모난 큰 쟁반을 쓰되 찐만두를 네 접시, 신선한 과일도 네 접시, 고기 요리도 네 접시를 준비하고, 금은보석 반지도 네 개를 준비하라."고 했다. 손님맞이용 음식과 선물을 모두 네 가지씩 준비시키는 것으로 보

　　　　　　　　　　　　　　중국인의 생활문화

아 당시에는 4자가 길한 숫자로 쓰이고 있음을 알 수 있다. 이것은 잔치를 성대하게 벌일 때 요리를 네 접시씩 내온다는 뜻을 가진 성어 '쓰쓰다오디[四四到底]'에서도 확인할 수 있다. 이로 보아 4는 일을 빈틈없이 주도면밀하게 한다는 의미를 담고 있다 할 것이다.

이 외에 4를 또 만사형통의 길수로 보기도 한다. 1991년 신영복이 번역한 다이허우잉[戴厚英]의 『사람아, 아, 사람아[人啊, 人!]』에 그 예가 나온다. 이 소설의 저자는 안후이성[安徽省] 잉상현[潁上縣] 사람인데, 소설 속의 등장인물이 "지금 내 나이 44인데 그야말로 순풍에 돛단 때이지. 우리 고향에서는 4를 길수로 봐. 44는 사사여의(事事如意)와 통하지. 일마다 뜻한 대로 잘 풀린다는 뜻이야."라고 말하고 있다. 여기에서 4는 일마다 뜻대로 된다는 '스스루이[事事如意]'의 의미인 것이다.

어쨌든 4가 일반적으로 아주 선호되는 숫자는 아니지만 지역에 따라 긍정적인 의미로 사용되고 있음을 알 수 있다.

2. 비싼 가격에 팔리는 숫자들

숫자에 의미를 담는다는 것은 인간의 욕망을 담는다는 것이다. 그리고 그 욕망은 시장에서 숫자 자체에 금전적 가치를 지니게 했다. 그래서 숫자를 마케팅에 활용하거나 직접 숫자를 가지고 장사하려는 사람들도 생겨났다.

1) 지샹하오마[吉祥號碼: 행운의 번호] - 1688

8을 가지고 처음으로 큰돈을 벌어들인 것은 상하이 우편전화국이었다. 90년대 초 서민들의 소득이 늘어나면서 가정집과 개인 회사에 전화 설치 요구가 빗발쳐 들어오자 그들은 이 기회를 놓칠세라 사람들이 좋아하는 번호를 골라 경매에 붙였다. 그러자 'XXX-8888'과 같은 전화번호는 경매에서 수십만 위안의 고가에 팔렸다.

'XXX-1688'도 좋은 번호로 여겨져서 고가에 판매되었다. '1688[yi liu ba ba]'의 발음이 '이루파파[一路發發 yi lu fa fa]'와 비슷해서 '계속해서 돈을 번다'는 의미를 연상시키기 때문이었다. 이런 행운의 번호는 순식간에 동이 났고, 우편전화국은 8자를 이용하여 엄청난 돈을 벌었다.

2) 자동차번호 - x888 / x168 / x518

중국은 우리와 달리 자동차 번호를 사고파는 시장이 형성되어 있다. 주로 경매를 통하여 거래되는데, 경제가 발전하면서 수요가 급증하고 있다. 예를 들면 번호가 '京B D8804'라면 '京'은 수도 베이징[北京]을 가리키고 B는 업종을 가리키며 D는 지역을 가리킨다. 그리고 8804가 이 차의 번호가 된다. 바로 이 뒤의 네 자리 번호를 경매에 붙이는데, x888, x168, x518과 같은 번호가 최고 인기번호이다. 왜냐하면, 'x888'은 '發發發[벌고 벌고 또 벌다]'의 의미를 연상시키고, 'x168'은 '一路發[끊임없이 벌다]'를 연상시키며, 'x518'은 '我要發[나는 돈을 벌거야]'의 의미와 연결되기 때문이다. 5[wu]는 '나'를 뜻하는 '吾[wu]'와 통하고 '1[yi]'는 때로 '要[yao]'로 발음된다.

홍콩 사람들의 자동차 번호에 대한 사랑은 유별나다. 홍콩의 자동차 딜러들은 좋은 자동차 번호판을 경매에 붙이며, 홍콩 부호들은 특별한 번호판을 달기 위해 큰돈을 쓰는 것을 개의치 않는다. 번호판 경매는 홍콩 정부에서 1973년 복권 기금 마련을 위해 시작했다. 1~9까지의 숫자 번호판이 가장 특별하고 비싼 번호판이었다. 1번부터 9번까지 한 자릿수 번호판은 각각 가격이 달랐지만 모두 1000만 위안 이상의 가격에 거래됐다. 5개의 9가 있는 '99999' 번호판은 320만 위안에 낙찰되기도 했다.

홍콩의 번호판은 알파벳으로도 가능하다. 2006년 9월 홍콩 교통 운수부는 자체 차량등록번호 지정을 시작하면서 숫자 번호판에서 영문 번호판을 허용하기 시작한 것이다. 이후 홍콩 부호들은 숫자 번호판 외에 모두 영어로 구성된 세상에 하나뿐인 영어 번호판 등록을 원했다. 대표적인 것이 'I LOVE YOU' 번호판이다. 홍콩 재벌 라우는 부인에게 'I LOVE YOU' 번호판을 선물했는데, 가격이 무려 140만 위안(2억 4천만 원)이다. 영화배우 주윤발의 차량 번호판은 CF1955이다. 그의 출생 연도가 1955년이기 때문이다. 이외에도 'CCTV', 'FACEBOOK', 'BOY BOY', 'DONKEY', 'DREAMER', 'THINKER' 등 다양한 영문 번호판이 있다.

또 많은 사람들은 홍콩을 의미하는 HK에 추가적으로 숫자를 조합하거나 영어 번호판을 제작한다. '999HK' 번호판의 낙찰가는 8만7천 홍콩달러(1132만 원)였다. 현재 가장 비싼 가격에 거래될 것으로 여겨지는 번호판은 'HK1997'이다. 1997년에 홍콩이 중국으로 반환됐기 때문이다. 몇 년 전 이 번호판은 45억의 가치를 지니고 있다는 평가가 나오기도 했다.

영문 번호판은 자신이 원하는 알파벳으로 자신만의 번호판을 만들 수 있지만 제약 조건도 있다. 우선 8글자를 넘길 수 없다. 아울러 비속어로 사용되는 단어도 쓸 수 없다. 숫자 0과 알파벳 O 등 서로 헷갈릴 수 있는 조합도 불가능하다. 이런 맞춤 번호판은 홍콩 교통 운송부에 신청하고 경매를 통해 구매할 수 있다. 경매가는 최소 5000 홍콩달러(70만원)부터 시작한다. 자동차 번호판은 양도가 가능하지만 구매 후 15년이 지나면 다시 경매에 내놓아야 한다.

또 홍콩의 번호판은 앞뒤 색이 다르다. 앞에는 흰색 바탕에 검은 글씨, 뒤에는 노란색 바탕에 검정 글씨이다. 그 이유는 일방통행이 많은 홍콩에서 일방통행 골목으로 진입할 때 혼동에 의한 역주행을 막기 위해서라고 한다. 골목에 진입한 이후 앞차의 번호판이 노란색이면 제대로 주행하는 것이고 흰색이면 자신이 반대 방향으로 진입한 것을 알 수 있다.

이처럼 홍콩은 번호판에 대한 규제가 적어 많은 홍콩 사람들이 번호판으로 자신의 개성을 드러낸다. 홍콩 시내를 돌아다니다보면 다양한 번호판을 발견할 수 있다. 자동차뿐만 아니라 자전거도 번호판을 달고 있는데, 어쩌면 차량 가격보다 번호판 가격이 더 비싸 배꼽이 배보다 큰 경우도 많다. 이는 다른 곳에서 볼 수 없는 홍콩만의 특이한 거리 풍경이다.[19]

---

19 김민영, 「2억4천만원 'I LOVE YOU' 번호판 보셨나요..홍콩의 이색 번호판」 <카카이>, 2019-08-12.

3) 1314에 담긴 뜻

어떤 중국 드라마에서 남자가 애인에게 자동차를 선물했는데, 번호가 '1314[yi san yi si]'였다. 선물도 선물이지만 그 번호판을 보면서 여자 친구는 무척이나 감동하는 모습을 보였다. 1314가 '一生一世[yi sheng yi shi, 일생을 끝까지]'를 뜻했기 때문이다. 이처럼 숫자에 의미와 염원을 싣는 것은 중국인들 사이에 생활화 되어 있다. 중국 핸드폰의 SIM 카드도 숫자에 따라 다른 가격에 팔린다. 번호에 따라 수천 위안에서 몇 십 위안까지 차이가 있다.

| '1314'를 응용한 커플 컵

우리나라에도 삐삐가 유행했던 시절에 숫자를 통해 의미를 전달하는 경우가 많았다. 7942(친구사이), 8252(빨리와), 3535(사모사모) 등과 같이 숫자로 글자를 대신했으며, 또 2424(이삿짐센터), 2404(이사공사), 4989(물물교환), 9292(구이집), 1313(열쇠열쇠), 1304(열쇠공사) 등 상호를 대체하는 전화번호로 애용되기도 했다.

3. 숫자의 상업적 활용과 숫자 성어

숫자는 기업이나 브랜드 네임에 사용되어 특별한 의미를 만드는 경우도 있고, 숫자가 가지는 명료성과 단순성 때문에 구호나 개념을 담은 성어로 활용되는 경우도 있다. 누구나 사용하는 0에서 9까지의 숫자는 사회 구성원 모두에게 공통된 의미를 가진다. 현대사회에서 수치가 곧 믿음으로 통하듯이, 숫자는 메시지의 용이한 전달은 물론 신뢰성을 가져다주는 경우도 많다. 따라서 10개의 숫자와 그 조합들은 가감승제의 계산이라는 본질적인 용도를 떠나 상업적 혹은 사회 정치적으로 활용되는 예가 많다

1) 숫자 브랜드

숫자 브랜드에서 숫자는 더 이상 단순한 기호가 아니라 소비자들에게 차별성을 가진 새로운 상징체계가 된다. 숫자 브랜드의 가장 큰 장점은 보는 이에게 강한 호기심을 유발한다는 점이다. 짧으면 짧은 대로 길면 긴 대로 그것이 의미하는 뜻이 무엇일까 생각을 하게 한다. 그런 면에서 숫자 브랜드는 광고 카피의 헤드라인을 닮았다. 헤드라인의 첫 번째 임무가 소비자의 관심 유발이라는 점에서 그러하다.

두 번째 장점은 단순함 속에 풍부한 의미를 담을 수 있다는 것이다. 소비자들은 단순한 몇 개의 숫자에서 다양한 연상을 하게 되는데, 이것 또한 제작자들이 기대하는 바이다. 중국의 숫자 브랜드는 보다 직설적이고 단도직입적이다. 중국어는 표의문자로서 글자 자체가 뜻을 나타내므로 단순히 개수만 표시하는 아라비아 숫자보다 훨씬 풍부한 의미를 담을 수 있다. 숫자가 중국의 문자인 한자와 연결되면서

새로운 의미연상이 가능하게 되는 것이다.

중국에는 숫자가 가진 상징이나 의미를 활용한 기업들이 많다. 싼주치예[三九企業]를 예로 들어보면, 장수를 의미하는 '九[jiu]'에다 성장 발전한다는 뜻의 '生[sheng]'을 대신한 3[san]을 결합했는데, 광둥어로 '3[sam]'은 '生[sang]'과 더욱 발음이 유사하다. 9를 세 개 썼다는 뜻에서 이름 붙인 이 회사는 중국 최대의 제약회사이다. 주력 상품은 싼주웨이타이[三九胃泰]라는 위장약이다. 싼주웨이타이의 매출량은 중국 의약시장의 반 이상을 점유한다. 그래서 중국인들은 이것을 '위장약의 왕[胃藥之王]'라고 부른다.

| 싼주치예[三九企業]의 위장약 싼주웨이타이[三九胃泰]

싼주치예[三九企業]는 모든 제품의 포장 디자인에 999를 쓰고 있다. 9는 앞서 말했듯이 고귀한 숫자로서 옛날에는 황제가 독점했던 숫자이다. 9[jiu]는 오래 오래 장수한다는 久[jiu]와 발음이 같다. 약효도 오래 가고 당신의 건강도 오래 오래 지켜주며 장수를 보장해 준다는 신호를 보내고 있다. 건강 장수와 불로장생의 이미지를 숫자로 간

단하게 보여주는 것이다. 그리고 3개의 9는 중국인들의 전통 관념 속에서 행운을 나타내는 숫자로 인식되는 대단히 좋은 숫자이다.

이 기업은 333도 점유해버렸다. 그들은 333이 가지고 있는 의미를 다음과 같이 풀이하고 있다. 333을 광둥어로 발음하면 '낳다, 키우다, 삶'을 의미하는 '生'이란 단어와 비슷하다. 이것은 '새로운 삶을 낳다', '희망을 낳다', '삶'이라는 의미를 떠올리게 한다. 그래서 중국 사람들이 좋아한다. '333'은 중국인에게 건강과 무궁한 성장 발전을 떠올리게 하는 행운의 숫자이다. 중국의 333은 돼지 사료와 약품 관련 브랜드이다.

2) 숫자 도메인과 알파-뉴메릭(Alpha-Numeric)

중국인들을 고객으로 하는 홈페이지를 만들 경우 숫자 도메인을 생각할 수 있다. 인터넷 도메인에서는 영문이 주로 쓰이지만 숫자도 적지 않게 쓰인다. 그리고 숫자와 영문을 결합한 것도 많다. 앞서 언급한 싼주치예[三九企業]에서 운영하는 건강 관련 정보 사이트의 도메인이 999.com.cn(三九健康網)인 것은 너무나 당연한 일이다. 그런데 999는 어느 한 쪽에서 독점하기에는 너무 좋은 숫자이다. 그래서 다른 도메인에서도 999를 많이 사용하고 있다. 999.sunup.net이라는 이름의 '999日出求職網'은 취업 사이트이다. 우리말로 옮기면 '오래(久) 오래 언제나 태양이 떠올라 비추는 취업정보 사이트'가 된다. 그 외에 Media999는 인터넷 광고회사의 웹사이트이고, 999.forchina.com은 중국시장조사(ADWEB)의 웹사이트이며, 999AirChina는 중국 국제 항공공사(中國國際航空公司)의 웹사이트이다.

그런데 좋은 것은 다 선점되기 마련이다. 예컨대 '163[yi liu san]'은 一路生[yi liu sheng]을 연상시키며, '계속하여(一路) 성장 발전(生)한다'는 뜻이다. 이 숫자는 일찍이 중국의 10대 인터넷 사이트의 하나인 163.com(NetEase)가 사용하고 있다. 8899도 좋은 숫자인데 이것은 인삼녹용 직매점(8899.com.cn)에서 선점하였다.

이에 대한 대안으로 나온 것이 숫자와 영문을 함께 사용하는 것이다. 이것을 '알파-뉴머릭(Alpha-Numeric) 브랜드'라고 하는데, 숫자에는 숫자가 가진 의미를 담고, 영문에는 회사나 업종의 성격을 담는 것이다. 예컨대 1688을 이미 중국의 화물운수회사(1688.com.cn)에서 쓰고 있다면 여기에 제품이나 서비스와 관련되는 말을 덧붙여서 auto1688.com과 같이 쓴다. 이 회사는 자동차 부품을 판매하는 곳이다.

51marry.com도 재미있는 예이다. 우리나라 사람들에게 이 도메인은 별 감흥이 없겠지만 중국인들은 즉각 '나 결혼 할래'라는 의미의 '我要結婚[wo yao jiehun]'이라고 읽는다.

'51'이 지닌 이러한 범용적인 의미 때문에 이 숫자가 들어간 예가 자주 보인다. '51up'도 '나는 도전한다'는 의미의 '我要進取'로 읽힌다. 긴 문장을 짤막한 숫자+알파벳으로 간결하고 강력하게 표현한 것이다. 바로 알파-뉴머릭(Alpha-Numeric) 브랜드가 지닌 힘이다.

3) 정치 구호에 동원된 숫자 성어

이처럼 숫자는 정보의 직접성과 명료함 때문에 정치적 구호를 개념화하여 선전하는 데에도 유용하게 쓰이고 있다. 마오쩌둥(毛澤東)

의 '3면홍기(三面紅旗)'[20]나 '4청운동(四淸運動)'[21]에서 덩샤오핑(鄧小平)의 '일국양제(一國兩制)', 장쩌민(江澤民)의 '3개대표(三個代表)'[22]에 이르기까지 정치 용어에 숫자 성어(成語)를 사용하는 예는 부지기수이다.

| 3면홍기(三面紅旗) 선전도

선전에 숫자를 사용하는 관행은 마오쩌둥 때부터 시작됐는데, 그 시절에는 숫자 슬로건이 넘쳐났다. '소4구(掃四舊)'는 '구사상, 구문화,

---

20 세 개의 붉은 기라는 뜻으로, 1958년 중국 공산당이 마오쩌둥(毛澤東)의 지도 하에 팔전(八全) 대회에서 결정한 사회주의 혁명의 기본 노선을 이르는 말. 사회주의 건설의 총노선(總路線), 대약진(大躍進), 인민 공사(人民公社)의 세 가지 경제 정책을 상징한다.

21 1964년 가을부터 중국 공산당이 농촌에서 벌인 사회주의 교육 운동. 부패하거나 독직하는 지방 정부 간부들과 당 간부와의 친분을 이용하여 지주나 부농의 자제가 다시 권력을 얻게 되는 것을 비판, 숙청하자는 운동이다.

22 장쩌민 정치사상의 종합으로, 중국 공산당은 '항상 중국의 선진 사회 생산력의 발전 요구를 대표한다.(始终代表中国先进社会生产力的发展要求)', '항상 중국의 선진 문화의 전진 방향을 대표한다.(始终代表中国先进文化的前进方向)', '항상 중국 대부분의 인민의 근본 이익을 대표한다.(始终代表中国最广大人民的根本利益)'는 것이다.

구풍속, 구습관을 쓸어버리자'는 것이고, 1952년의 '3반운동(三反運動)'은 '부패, 낭비, 관료주의 반대 운동'이었다. 또 '취노9(臭老九)'는 배신자, 간첩, 주자파, 지주, 부농, 반혁명분자, 악질분자, 우파분자 다음의 아홉 번째로 구린내를 풍기는 자라는 뜻으로서, 지식인들을 멸시하는 말이었다. 역시 문화대혁명 때 유행한 '홍5류(紅五類)'는 출신 성분상 믿을 수 있는 노동자, 빈농, 하층 중농, 혁명 전사, 혁명 간부, 혁명열사 유자녀를 지칭했고, 흑5류(黑五類)는 구 지주계급, 구 부농분자, 반혁명분자, 악질분자, 그리고 우파분자들을 의미했다.

| 개혁개방 시기의 정치 선전 벽화

1976년 마오쩌둥이 사망한 후 그를 계승한 개혁주의자 덩샤오핑은 낙후된 중국의 공업, 농업, 국방, 기술 등 4개 분야를 발전시키기 위해 '4개현대화(四個現代化)'를 내세워 개혁개방을 밀어붙였다. 덩샤오핑은 이어 홍콩 미래에 관한 자신의 비전을 '일국양제(一國兩制:

한 나라 두 체제'라는 숫자에 담아 결국 1997년 홍콩의 중국 반환을 성사시켰다. 그를 이은 제3세대 최고지도자 장쩌민은 공산당의 사상이 변화하는 경제 환경을 수용하기 위해 어떻게 발전해나가야 하는가를 밝힌 '3개대표' 이론을 내세우기도 했다.

이것은 문맹자나 무관심한 대중을 위해 거대한 이론을 2~5자의 짧은 슬로건으로 축약해 널리 알리는 선전 관행이다. 전문가들은 중국 공산당이 국민을 대상으로 선전해야 할 일이 항상 있지만 그 양이 방대해 내용을 이해할 수 있는 사람이 많지 않기 때문에 핵심을 짤막한 성어로 만들어 국민이 쉽게 이해할 수 있도록 한다고 설명한다.

5
중국의 색채상징

중국인들의 관습 중에 자기 띠에 해당하는 해가 되면 액땜을 위해 무엇이든 빨간 물건을 몸에 두른다. 그래서 정초가 되면 빨간 허리띠, 빨간 내복, 빨간 팬티 같이 겉에 안보이도록 속으로 껴입을 수 있는 물건들이 선물용으로 불티나게 팔린다. 자기 띠의 해를 긍정적으로 바라보는 우리와 반대이지만 우리도 삼재(三災)가 든 해를 따지며 조심하는 것과 같은 맥락이라 할 것이다.

이처럼 문화가 다르면 색깔에 대해 느끼는 이미지나 상징도 달라진다. 사람이 색깔을 인식하고 분별하는 양상은 대체로 같으나 그 색깔에 어떤 가치와 신앙을 결합시키는가는 문화와 환경에 따라 다르다.

빨강은 한반도에서 꽤 오래 동안 불온한 색깔이었다. 해방 이후 남북이 갈라진 뒤부터 줄곧 그래왔다. 그러한 금기를 깬 것이 'Be the Reds!'로 대표되는 2002년 월드컵이었다. 반면에 중국에서는 행운을 안겨주는 동시에 액운을 막아주는 기능까지 하는 색깔이다.

어느 나라에서 특정한 색이 어떤 메시지로 인식되는가를 아는 것은 그 나라의 문화를 이해하는 데에도 도움이 되며, 나아가 비즈니스

활동을 하는 데에도 도움이 된다. 색깔 자체가 하나의 상징이자 언어인 만큼 이에 대한 이해는 소통의 필수요건이기 때문이다.

다음의 기본적인 5가지 색깔에 대해 중국인들의 의식과 그 상징을 살펴보자.

1. 빨강

붉은 색을 숭상하는 중국민족의 습속과 심리는 태초부터 시작되었다. 인류가 처음으로 사용한 색깔이 바로 붉은색과 검은색이었다고 한다. 고고학의 발견에 의하면 1만 8천 년 전 구석기시대의 북경원인(北京猿人)들은 적철광 가루로 물들인 붉은 돌을 좋아하였으며, 짐승의 이빨, 고기 뼈 등으로 만든 장식을 했다고 한다. 원시인들은

| 경극(京劇) 검보(臉譜)의 관우(關羽)

자연과 맞서고 다른 인간과 전투를 하면서 죽은 사람의 몸에서는 붉은색 피가 보이지 않는다는 것을 깨달았다. 이에 붉은색에 진한 생명력이 숨어 있다고 여겼다. 후에 불을 사용하게 되면서부터는 또 불의 붉은색에 대한 숭배도 생겨나게 되었다. 이것이 점차 종교화 되어 붉은색은 액을 막고 위험에서 벗어나 안전하게 한다는 정서적 의미도 부여되었다. 그리하여 고대 사람들에게 붉은색은 야수를 쫓고 자신을 보호하는 색깔로 인식되었다. 원시문화에서 붉은 색의 가치와 그것의 상징적 의미는 심리 심층에 오랫동안 축적되어 중국민족은 대대로

붉은 색에 대해 특수한 감정을 지니게 되었던 것이다.

이처럼 중국에서 붉은색은 보통 축하나 좋은 일에 등장한다. 국경일 기념식장, 결혼식장, 개업식장, 대규모의 회의장은 온통 빨간 색 현수막과 휘장으로 장식된다. 특히 결혼식장에는 온 사방이 빨강으로 가득 차 있다. 신부는 빨간 색 치파오[旗袍]를 입고 빨간 족두리를 쓴다. 신방 구석구석도 모두 빨간 색으로 가득 채운다. 빨간 커튼, 빨간 상자, 빨간 침대, 빨간 이불, 빨간 의자, 빨간 주련 등. 손님들에게 주는 선물 역시 빨간 종이에 싼다. 식장 바깥에서는 귀신을 쫓아낸다는 의미로 폭죽을 터뜨리는데 이 폭죽도 역시 빨간 색으로 포장되어 있다.

중국인들은 또 아이를 낳으면 빨갛고 노란 이불로 감싸준다. 하얀 배냇저고리를 입혀주는 우리나라의 어머니들을 그들은 도저히 이해하지 못한다. 축의금이나 금일봉이나 세뱃돈을 줄 때에도 빨간 봉투나 빨간 천에 싸서 준다. 이것을 훙바오[紅包]라고 한다. 역시 우리나라 사람들이 흰 봉투에 축의금을 넣는 것도 도저히 이해하지 못한다. 이것은 색깔에 대한 인식이 다르기 때문이다. 중국의 전통 공연예술인 경극은 인물의 성격을 색깔 분장으로 나타는데, 빨강은 선한 역을 맡은 사람에게 칠한다. 대표적인 인물이 관우이다. 중국인들이 『삼국지』에서 제일 좋아하는 인물이다.

그러다 보니 좋은 일이 생겼을 때 '훙[紅]'자를 써서 표현하는 경우가 많다. 예컨대 영화배우나 가수 같은 사람들처럼 관중의 호감을 많이 받게 되어 지명도가 점점 높아진다면 "他最近走紅了(쟤 요즘 잘 나가)"라고 한다. 그리고 아주 유명한 사람을 '다훙런[大紅人]'이라고 한다.

이처럼 중국민족은 붉은 색을 상서로움과 경사로움의 상징으로 여긴다. 이를테면 순결하고 선량한 효자를 '적자(赤子)'라고 부르고, 여성의 화려한 화장을 홍장(紅粧)이라 부른다. 홍안(紅顔)은 여성들의 아름다운 얼굴을 가리키는 동시에 미인을 가리키기도 한다.

2. 녹색

녹색은 자연의 생명을 대표하는 색이다. 그래서 누구나 녹색을 보면 마음이 편안해진다. 특히 우리나라는 사방에 산이 많아서 봄에서 여름을 지나 초가을에 이르기까지 녹색의 물결 속에서 산다. 그래서 우리에게는 청색보다는 녹색이 더 친밀하다. 이 점은 중국인들도 마찬가지다. 특히 녹색이 지니고 있는 '건강, 환경보호, 안전, 생명' 등의 이미지로 인하여 더욱 각광을 받는 색이 되었다.

정인갑은 '뤼써[綠色]'의 다양한 쓰임을 다음과 같이 말하고 있다.

> 농약 등을 치지 않고 재배하여 만든 식품을 '뤼써스핀[綠色食品]'이라고 한다. 환경오염 물질을 함유하지 않은 채소, 과일, 고기, 우유, 계란, 술, 음료, 조미료, 곡물 등의 자연식품이 여기에 포함된다. 브라운관에 전자파 차단 장치가 있는 것을 '뤼써뎬스[綠色電視]'라고 하며, 시력보호용 조명을 '뤼써자오밍[綠色照明]'이라고 한다. '뤼써푸좡[綠色服裝]'을 녹색 패션 의류라고 생각하면 중국문화에 대한 이해부족을 자인하는 것이다. 이는 천연소재 원단, 즉 순면, 순 삼베, 순 실크나 통풍이 잘 되고 피부에 자극이 없으며 항균 기술 처리를 한 원단으로 만든 복장을 말한다. 또 자주 사용되는 말 중에 '뤼써왕뤄[綠色網絡]'라는 말도 있다. 이것도 '녹색 네트워크'라는 뜻이 아니라 '건전한 인터넷 문화'를 의미한다. 최근 몇 년 사이에 이와 같이 '뤼

씨[綠色]와 결합된 새로운 단어들이 대량으로 만들어지고 있다. 이 시대 중국의 문화현상을 설명하는 새로운 키워드는 아마 '뤼써'가 아닌가 싶다.[23]

그런데 중국 사람들은 절대로 녹색 모자만은 쓰지 말라고 한다. 중국인들이 자기네끼리 "他戴着(一頂)綠帽子.(저 사람 녹색 모자를 쓰고 있군)"이라고 수군거리면 '당신 아내가 다른 남자와 바람피우고 있다'는 것을 의미하기 때문이다. 이것은 명청대(明淸代) 기방의 남자에게 녹색 모자를 씌우던 일에서 연유한 것인데, 지금까지도 그 인식이 남아 있는 것이다.

3. 하양

흰색을 싫어하는 나라나 민족은 별로 없을 것이다. 그런데 중국에서는 조심스럽게 다뤄야 할 색의 하나이다. 중국에서는 이 색깔이 죽음과 관련되어 있기 때문이다. 중국 사람들은 하양에서 부정적인 연상을 많이 한다. 그래서 축제의 색깔인 빨강의 반대 의미로 많이 쓰이고 있다.

| 경극(京劇) 검보(臉譜)의 조조(曹操)

중국에서는 장례를 '바이[白]'로 표현한다. 예컨대 '훙바이시스[紅白喜事]'는 결혼과 장례를 의미한다. 여기

---

23 정인갑, 『중국 문화.com』, 다락원, 2002.

서 '훙[紅]'은 결혼을 의미하고 '바이[白]'는 죽음을 나타낸다. 남녀의 결혼을 '시스[喜事]'라 하고, 천수를 다하고 죽은 이의 장례를 '시쌍[喜喪: 호상]'이라고 하는데, 이 두 가지를 통틀어 일컫는 말이며, '훙바이스[紅白事]'라고 부르기도 한다. 그래서 하양은 죽음의 색깔이다. 그래서 우리나라와 달리 결혼식 때 흰색 봉투에 돈을 넣어 주는 것은 대단한 금기이다.

경극에서 흰 분장을 한 인물도 긍정적 인물이 아니다. 경극 『삼국지』에서 하얗게 분칠하고 나오는 두 인물이 있는데, 하나는 조조이고 또 하나는 동탁이다. 실제 이들은 난세의 영웅이었지만 『삼국지연의』에서는 최악의 간웅과 색마로 등장한다.

중국인들에게 흰색은 반동, 즉 혁신을 거부하는 색깔이기도 하다. 편 가르기를 할 때 우리는 청군 백군이라고 하지만 중국인들은 홍군 백군이라고 한다. 홍군은 좋은 군대인 중국의 인민해방군을 가리키고, 백군은 장개석이 이끄는 나쁜 군대, 즉 국민당 군대를 가리킨다.

그렇지만 중국인들이 무조건 흰색을 꺼리는 것은 아니다. 전통적으로 내려오는 습관이 그렇다는 것이지 하양이 가지고 있는 순수함의 이미지까지 부정하는 것은 아니다. 서양문화의 영향을 받은 흰색 드레스나 미백(美白) 화장품 광고를 보면 아름답고 순수하다는 보편적 이미지는 공유하고 있음을 알 수 있다.

4. 검정

검은 색은 우리나라나 중국에서 사악함, 불결, 범죄 등과 같이 대개 좋지 않은 것과 연관되어 있다. 중국에서도 음흉한 자들을 형

| 경극(京劇) 검보(臉譜)의 포공(包公)

용할 때 '헤이[黑]'자를 쓴다. 블랙리스트를 '헤이밍단[黑名單]'이라고 하고, 비밀리에 이루어지는 암시장을 '헤이스[黑市]'라고 하며, 불온한 무리나 조폭들을 '헤이서후이[黑社會]' 또는 '헤이방[黑幫]'이라 하며, 이들 사이에서 자기네끼리 통하는 은어를 '헤이화[黑話]'라 한다.

중국역사상 '헤이[黑]'자가 제일 부각되었던 시기는 문화대혁명(1966-1976) 때이다. 이 시기에 '헤이[黑]'자가 포함된 단어가 무수히 만들어졌다. 이 당시에 가장 많이 사용된 단어는 '헤이우레이[黑五類]'이다. 지주, 부농, 반혁명분자, 악질분자, 우파 지식인과 그 자식들 등 다섯 부류를 일컫는 말이다. 그 상대어는 노동자, 빈농, 하층 중농, 혁명 전사, 혁명 간부, 혁명열사와 그 유자녀를 일컫는 '훙우레이[紅五類]'이다.

하지만 '헤이[黑]'자가 긍정적인 이미지를 나타내는 경우도 있다. 한 때 우리나라에서도 큰 인기를 끌었던 TV 드라마 「판관 포청천」은 송나라 때 개봉현의 현장으로서 청렴결백하며 난해한 송사를 솔로몬보다 더 뛰어난 지혜로 풀어나가는 위인의 이야기이다. 그의 이름은 포증(抱拯), 호는 청천(靑天)이다. 그래서 포청천이라고 부르지만 중국인들에게는 바오궁[抱公]으로 더 잘 알려져 있다. 그런데 그의 얼굴은 검은 색에 이마 한 가운데 달 모양의 무늬가 그려져 있다. 그의 검은 얼굴은 충직하고 청렴결백함을 상징한다. 이것은 경극에서도 마찬가지이다. 경극에서 검은 얼굴은 충직하고 청렴결백한 인물이다.

5. 노랑

중국 민족은 황색을 고귀하고 신성한 권위의 상징으로 여긴다. 음양오행론에 따르면 중앙인 중원에서 천하를 호령하는 것이 노란색이다. 그래서 고대 중국인들은 노란색에 특별한 의미를 부여하고 있다. 중국인들은 중국 최초의 임금을 황제(黃帝)라고 부르며, 스스로를 황제의 자손이라고 말한다. 한대에서부터 청대까지 중국의 황제는 모두 황색 옷[黃袍]을 입었다. 황제가 머무는 궁전의 지붕은 황금빛으로 만들었다. 지금의 자금성이 현존하는 증거이다.

그런데 지금은 상황이 달라졌으니, 황색처럼 천대 받는 색도 없는 것 같다. 우선 황색은 중국에서 특히 '써칭[色情: 음란물]'과 관련된 것을 일컫는다. '황써뎬잉[黃色電影]'은 음란한 에로 영화, '황써샤오숴[黃色小說]'는 외설 소설을, '황써바오즈[黃色報紙]'는 음란한 내용을 담은 신문을 가리킨다. 성인용 도색 웹사이트를 '황써왕잔[黃色網站]'이라고 하고, 여기에 접속하는 것을 '칸황[看黃]'이라고 하며, 음란물 단속을 '싸오황다페이[掃黃打非]'라고 한다.

현대에 와서 황색의 의미가 이렇게 퇴락했지만 황금색이 지니는 고급의 이미지까지 바뀐 것은 아니다. 실제 황금색 그 자체는 대단히 사랑받는 색깔 중의 하나이다. 추석 때 웨빙[月餅]에 황금색을 입힌 것은 매우 비싼 값에 팔린다. 고급 음식점이나 호텔 상호는 대개 황금색으로 디자인한다. 황금색 그 자체는 황색이라는 글자와 달리 부귀와 품위를 나타내는 존귀한 색임에 틀림없다.

1. 원전류

『詩經』

『尚書』

『周禮』

『禮記』

『論語』

『呂氏春秋』

『戰國策』

『說文解字』

『二十五史』

『全唐詩』

『茶經』

『煎茶水記』

『茶疏』

『神農本草經』

『資治通鑑』

『蘇軾集』

『三國演義』

『金瓶梅』

『水滸傳』

『西遊記』

『夢粱錄』

『焚書』

『袁宏道集』

『小倉山房集』

『徐霞客遊記』

『封氏聞見記』

『陶闇夢憶』

『日知錄』

2. 저서류

龍劍宇, 『毛澤東家居』, 中共党史出版社, 2013.

黃墩岩 編著, 『中國茶道』, 臺北, 暢文出版社, 民國80年.

连振娟, 『中国茶馆』, 中央民族大学出版社, 2002.

梅兰芳, 『舞台生活四十年』, 新星出版社有限责任公司, 2017.

呂微, 『隱喻世界的來訪者-中國民間財神信仰』, 北京: 學苑出版社, 2000.

우샤오리, 『중국음식』, 김영사, 2004.

신디킴, 임선영, 『중국요리 백과사전: 한국인이 좋아하는 진짜 중국 음식』, 상상
        출판, 2019.

심현희, 『맥주: 나를 위한 지식 플러스』, 넥서스BOOKS, 2018.

조너선 헤네시, 마이클 스미스 글 / 아론 맥코넬 그림, 『만화로 보는 맥주의 역사
        BEER』, 계단, 2016.

정동효, 윤백현, 이영희 공저, 『차생활문화대전』, 홍익재, 2012.

강판권, 『세상을 바꾼 나무』, 도서출판 다른, 2011.

박종우, 『중국 종교의 역사 -도교에서 파룬궁까지』, 살림출판사, 2006.

마노 다카야 저, 이만옥 역, 『도교의 신들』, 도서출판 들녘, 2007.

마르코 폴로, 채의순 역, 『동방견문록』, 동서문화사, 1978.

정인갑, 『중국 문화.com』, 다락원, 2002.

권응상, 『중국의 대중문화』, 차이나하우스, 2020.

권응상, 『중국 공연예술의 이해』, 신아사, 2015.

권응상, 『멀티엔터테이너로서의 중국 고대 기녀』, 소명출판사, 2014.

김학주, 『중국문학사』, 신아사, 2014.

구성희, 『중국의 전통문화와 대중문화: 중국문화 한 권으로 끝내기』, 이담북스, 2014.

공봉진, 이강인, 조윤경, 『한권으로 읽는 중국문화: 중국의 전통문화와 소수민족 문화 그리고 대중문화』, 산지니, 2016.

중국문화연구회, 『중국문화의 즐거움』, 차이나하우스, 2009.

김상균, 신동윤, 『사진으로 보고 배우는 중국문화』, 동양북스, 2019.

박정희, 『중국 고도를 거닐다』, 서울대학교출판문화원, 2020.

3. 논문류 및 기타

오원경, 「婚禮, 喪祭禮中의 茶禮俗」, 『중국사연구』 제22권, 2003.

오수경, 「중국 재신(財神) 신앙의 형성과 그 의미 확장」, 『중국문학』 86집, 2016.

박종한, 「중국어 브랜드 네이밍 연구 : 중국에 진출한 외국기업의 사례를 중심으로」, 『중국언어연구』 15권, 2002.

박종한, 「광고와 수사 : 자주 쓰이는 몇 가지 수사 기교를 중심으로」, 『중국언어연구』 12권, 2001.

한인회, '중국 역사상 10대 요리사', <프레시안>, 2016-03-08.

김민영, '2억4천만원 'ILOVEYOU' 번호판 보셨나요. 홍콩의 이색 번호판', <카가이>, 2019-08-12.

'숫자 成語 홍수 이루는 중국 정치', <한국경제>, 2002-03-08.

권응상

대구대학교 중국어중국학과 교수 / 인문대학 학장

1962년 경남 의령에서 태어나 대구에서 초, 중, 고를 다녔고, 영남대학교 중문학과를 거쳐 서울대학교 대학원에서 석사학위(1988.2)와 박사학위(1993.2)를 취득했다. 서울대학교, 가톨릭대학교, 상명대학교, 세종대학교, 한국방송대학교 등에서 강의를 하고, 1994년 대구대학교 중국어중국학과 교수로 부임했다. 중국 蘇州大學(2000년 한국학술진흥재단 해외 파견교수)과 미국 Murray State University(2010년 Visiting Scholar)에서 연구했으며, 대구대학교 국제교류처장, 기획처장 등을 역임하고 현재는 인문대학 학장으로 있다.

논문으로는 「최근 중국 곤곡현상에 대한 평가와 전망」, 「예술과 산업으로서의 중국 실경무대극에 대한 평가와 전망」, 「북경 동악묘 묘회의 내용과 문화콘텐츠로서의 의미」, 「역사적 네거티브 문화재 기반의 다크투어리즘 개발 가능성 연구」, 「좐타후통과 번쓰후통의 공연예술사적 장소성」 등 다수가 있으며, 저서로는 『중국 사곡의 이해』(중문출판사, 1995), 『서위의 삶과 시문론』(중문출판사, 1999), 『서위 희곡 연구』(도서출판 연극과인간, 2000), 『멀티 엔터테이너로서의 중국 고대 기녀』(소명출판, 2014), 『중국공연예술의 이해』(신아사, 2015), 『중국의 대중문화』(차이나하우스, 2019) 등이 있다.

중국인의 생활문화

초판 1쇄 인쇄 2020년 8월 20일
초판 1쇄 발행 2020년 8월 28일

지 은 이   권응상
펴 낸 이   이대현

책임편집   이태곤
편   집   문선희 권분옥 임애정 백초혜
디 자 인   안혜진 최선주 김주화
기획/마케팅   박태훈 안현진

펴 낸 곳   도서출판 역락
주   소   서울시 서초구 동광로46길 6-6 문창빌딩 2층 (우06589)
전   화   02-3409-2055(대표), 2058(영업), 2060(편집) FAX 02-3409-2059
이 메 일   youkrack@hanmail.net
홈페이지   www.youkrackbooks.com
등   록   1999년 4월 19일 제303-2002-000014호

ISBN 979-11-6244-552-5   03910

이 도서의 국립중앙도서관 출판예정도서목록(CIP)은 서지정보유통지원시스템 홈페이지(http://seoji.nl.go.kr)와 국가자료종합목록 구축시스템(http://kolis-net.nl.go.kr)에서 이용하실 수 있습니다. (CIP제어번호 : CIP2020032023)

＊이 저서는 2019학년도 대구대학교 학술연구비에 의한 것임.